AF345887

Édition bilingue
ANGLAIS-FRANÇAIS
avec lecture audio intégrée

Pour écouter la lecture de ce livre
dans sa version anglaise ou dans sa traduction française
scannez le code en début de chapitre
avec votre téléphone portable, tablette
ou encore votre webcam depuis le site HTTPS://WEBQR.COM

Essai
Littérature britannique

Titre original :

THE SUBJECTION OF WOMEN

Traduction française :
Émile-Honoré Cazelles

Lecture en anglais :
Collectif

Lecture en français :
Sophie

ISBN : 978-2-37808-039-6
© L'Accolade Éditions, 2018

JOHN STUART MILL

L'ASSERVISSEMENT DES
FEMMES

1

The object of this Essay is to explain as clearly as I am able, the grounds of an opinion which I have held from the very earliest period when I had formed any opinions at all on social or political matters, and which, instead of being weakened or modified, has been constantly growing stronger by the progress of reflection and the experience of life. That the principle which regulates the existing social relations between the two sexes—the legal subordination of one sex to the other—is wrong in itself, and now one of the chief hindrances to human improvement; and that it ought to be replaced by a principle of perfect equality, admitting no power or privilege on the one side, nor disability on the other.

The very words necessary to express the task I have undertaken, show how arduous it is. But it would be a mistake to suppose that the difficulty of the case must lie in the insufficiency or obscurity of the grounds of reason on which my conviction rests. The difficulty is that which exists in all cases in which there is a mass of feeling to be contended against.

1

Je me propose, dans cet essai, d'expliquer aussi clairement que possible les raisons sur lesquelles repose une opinion que j'ai embrassée dès que mes premières convictions sur les questions sociales et politiques se sont formées, et qui, bien loin de s'affaiblir et de se modifier par la réflexion et l'expérience de la vie, n'en est devenue que plus forte. Je crois que les relations sociales des deux sexes, qui subordonnent un sexe à l'autre au nom de la loi, sont mauvaises en elles-mêmes et forment aujourd'hui l'un des principaux obstacles qui s'opposent au progrès de l'humanité ; je crois qu'elles doivent faire place à une égalité parfaite, sans privilège ni pouvoir pour un sexe, comme sans incapacité pour l'autre.

Voilà ce que je me propose de démontrer, quelque difficile que cela paraisse. On aurait tort de supposer que la difficulté que j'ai à surmonter tient à l'insuffisance ou à l'obscurité des raisons sur lesquelles repose ma conviction : cette difficulté n'est pas autre que celle que doit affronter tout homme qui engage la lutte contre un sentiment général et puissant.

So long as an opinion is strongly rooted in the feelings, it gains rather than loses in stability by having a preponderating weight of argument against it. For if it were accepted as a result of argument, the refutation of the argument might shake the solidity of the conviction; but when it rests solely on feeling, the worse it fares in argumentative contest, the more persuaded its adherents are that their feeling must have some deeper ground, which the arguments do not reach; and while the feeling remains, it is always throwing up fresh intrenchments of argument to repair any breach made in the old. And there are so many causes tending to make the feelings connected with this subject the most intense and most deeply-rooted of all those which gather round and protect old institutions and customs, that we need not wonder to find them as yet less undermined and loosened than any of the rest by the progress of the great modern spiritual and social transition; nor suppose that the barbarisms to which men cling longest must be less barbarisms than those which they earlier shake off.

In every respect the burthen is hard on those who attack an almost universal opinion. They must be very fortunate as well as unusually capable if they obtain a hearing at all. They have more difficulty in obtaining a trial, than any other litigants have in getting a verdict. If they do extort a hearing, they are subjected to a set of logical requirements totally different from those exacted from other people. In all other cases, the burthen of proof is supposed to lie with the affirmative. If a person is charged with a murder, it rests with those who accuse him to give proof of his guilt,

Tant qu'une opinion est implantée sur les sentiments, elle défie les arguments les plus décisifs ; elle en tire de la force au lieu d'en être affaiblie : si elle n'était que le résultat du raisonnement, le raisonnement une bonne fois réfuté, les fondements de la conviction seraient ébranlés ; mais, quand une opinion n'a d'autre base que le sentiment, plus elle sort maltraitée d'un débat, plus les hommes qui l'adoptent sont persuadés que leur sentiment doit reposer sur quelque raison restée hors d'atteinte. Tant que le sentiment subsiste, il n'est jamais à court de théories ; il a bientôt réparé les brèches de ses retranchements. Or, nos sentiments sur l'inégalité des sexes sont pour bien des causes les plus vivaces et les plus enracinés de tous ceux qui entourent et protègent les coutumes et les institutions du passé. Il ne faut donc pas s'étonner qu'ils soient les plus fermes de tous, qu'ils aient le mieux résisté à la grande révolution intellectuelle et sociale des temps modernes, il ne faut pas croire non plus que les institutions le plus longtemps respectées soient moins barbares que celles qu'on a détruites.

C'est toujours une lourde tâche que d'attaquer une opinion à peu près universelle. À moins d'un très grand bonheur ou d'un talent exceptionnel, on n'arrive pas même à se faire écouter. On a plus de peine à trouver un tribunal qu'on n'en aurait ailleurs à obtenir un jugement favorable. Parvient-on à arracher un moment d'attention, il faut, pour le payer, subir des conditions inouïes. Partout la charge de faire la preuve incombe à celui qui affirme. Quand un individu est accusé de meurtre, c'est à l'accusateur de fournir les preuves de la culpabilité de l'accusé,

not with himself to prove his innocence. If there is a difference of opinion about the reality of any alleged historical event, in which the feelings of men in general are not much interested, as the Siege of Troy for example, those who maintain that the event took place are expected to produce their proofs, before those who take the other side can be required to say anything; and at no time are these required to do more than show that the evidence produced by the others is of no value. Again, in practical matters, the burthen of proof is supposed to be with those who are against liberty; who contend for any restriction or prohibition; either any limitation of the general freedom of human action, or any disqualification or disparity of privilege affecting one person or kind of persons, as compared with others. The *à priori* presumption is in favour of freedom and impartiality. It is held that there should be no restraint not required by the general good, and that the law should be no respecter of persons, but should treat all alike, save where dissimilarity of treatment is required by positive reasons, either of justice or of policy. But of none of these rules of evidence will the benefit be allowed to those who maintain the opinion I profess. It is useless for me to say that those who maintain the doctrine that men have a right to command and women are under an obligation to obey, or that men are fit for government and women unfit, are on the affirmative side of the question, and that they are bound to show positive evidence for the assertions, or submit to their rejection. It is equally unavailing for me to say that those who deny to women any freedom

non à celui-ci de démontrer son innocence. Dans une contestation sur la réalité d'un événement historique qui intéresse médiocrement les sentiments de la plupart des hommes, la guerre de Troie par exemple, ceux qui soutiennent la réalité de l'événement sont tenus de produire leurs preuves avant leurs adversaires, et ceux-ci ne sont jamais astreints qu'à démontrer la nullité des témoignages allégués. Dans les questions d'administration, on admet que le fardeau de la preuve doit être supporté par les adversaires de la liberté, par les partisans des mesures restrictives ou prohibitives, qu'il s'agisse d'apporter une restriction à la liberté, qu'il s'agisse de frapper d'une incapacité ou d'une inégalité de droits une personne ou une classe de personnes. La présomption *a priori* est en faveur de la liberté et de l'égalité ; les seules restrictions légitimes sont celles que réclame le bien général ; la loi ne doit faire aucune exception, elle doit à tous le même traitement, à moins que des raisons de justice ou de politique n'exigent que l'on fasse une différence entre les personnes. Pourtant ceux qui soutiennent l'opinion que je défends ici n'ont à se prévaloir d'aucune de ces règles. Quant aux autres, qui prétendent que l'homme a droit au commandement, et que la femme est naturellement soumise à l'obligation d'obéir ; que l'homme a, pour exercer le gouvernement, des qualités que la femme ne possède pas, je perdrais mon temps à leur dire qu'ils doivent être tenus de prouver leur opinion sous peine de la voir rejeter. Il ne me servirait de rien de leur représenter qu'en refusant aux femmes la liberté

or privilege rightly allowed to men, having the double presumption against them that they are opposing freedom and recommending partiality, must be held to the strictest proof of their case, and unless their success be such as to exclude all doubt, the judgment ought to go against them.

These would be thought good pleas in any common case; but they will not be thought so in this instance. Before I could hope to make any impression, I should be expected not only to answer all that has ever been said by those who take the other side of the question, but to imagine all that could be said by them—to find them in reasons, as well as answer all I find: and besides refuting all arguments for the affirmative, I shall be called upon for invincible positive arguments to prove a negative. And even if I could do all this, and leave the opposite party with a host of unanswered arguments against them, and not a single unrefuted one on their side, I should be thought to have done little; for a cause supported on the one hand by universal usage, and on the other by so great a preponderance of popular sentiment, is supposed to have a presumption in its favour, superior to any conviction which an appeal to reason has power to produce in any intellects but those of a high class.

I do not mention these difficulties to complain of them; first, because it would be useless; they are inseparable from having to contend through people's understandings against the hostility of their feelings and practical tendencies: and truly the understandings of the majority of mankind would need to be much better cultivated than has ever yet been the case, before they can be asked to place such reliance in their own power of estimating arguments,

ou les droits dont les hommes doivent jouir, ils se rendent doublement suspects d'attenter à la liberté et de se déclarer en faveur de l'inégalité, et qu'en conséquence ils ont à fournir des preuves palpables de leur opinion, ou à passer condamnation.

Dans tout autre débat, il en serait ainsi ; mais, dans celui-ci, c'est autre chose. Si je veux faire quelque impression, je dois non seulement répondre à tout ce qu'ont pu dire ceux qui soutiennent l'opinion contraire, mais encore imaginer et réfuter tout ce qu'ils pourraient dire, trouver pour eux des raisons et les détruire, et puis, quand tous leurs arguments sont réfutés, je n'ai pas fini ; on me somme de démontrer mon opinion par des preuves positives irréfutables. Bien plus, eussé-je rempli cette tâche, et rangé en bataille en face de mes adversaires une armée d'arguments péremptoires ; eussé-je couché par terre jusqu'au dernier de leurs arguments, je serais encore censé n'avoir rien fait ; car une cause qui s'appuie d'une part sur un usage universel, et de l'autre sur des sentiments d'une puissance extraordinaire, aura en sa faveur une présomption bien supérieure à l'espèce de conviction qu'un appel à la raison peut produire dans les intelligences, à l'exception des plus hautes.

Si je rappelle ces difficultés, ce n'est pas pour m'en plaindre, cela ne servirait de rien ; elles se dressent sur le chemin de tous ceux qui attaquent des sentiments et des habitudes par un appel à la raison. Les esprits de la plupart des hommes ont besoin d'être plus cultivés qu'ils ne l'ont jamais été, pour qu'on puisse leur demander de s'en rapporter à leur propre raison et d'abandonner des règles puisées avec le sang, sur lesquelles repose une bonne partie de l'ordre actuel du monde,

as to give up practical principles in which they have been born and bred and which are the basis of much of the existing order of the world, at the first argumentative attack which they are not capable of logically resisting. I do not therefore quarrel with them for having too little faith in argument, but for having too much faith in custom and the general feeling. It is one of the characteristic prejudices of the reaction of the nineteenth century against the eighteenth, to accord to the unreasoning elements in human nature the infallibility which the eighteenth century is supposed to have ascribed to the reasoning elements. For the apotheosis of Reason we have substituted that of Instinct; and we call everything instinct which we find in ourselves and for which we cannot trace any rational foundation.

This idolatry, infinitely more degrading than the other, and the most pernicious of the false worships of the present day, of all of which it is now the main support, will probably hold its ground until it gives way before a sound psychology, laying bare the real root of much that is bowed down to as the intention of Nature and the ordinance of God.

As regards the present question, I am willing to accept the unfavourable conditions which the prejudice assigns to me. I consent that established custom, and the general feeling, should be deemed conclusive against me, unless that custom and feeling from age to age can be shown to have owed their existence to other causes than their soundness, and to have derived their power from the worse rather than the better parts of human nature. I am willing that judgment should go against me, unless I can show that my judge has been tampered with. The concession is not so great as it might appear; for to prove this, is by far the easiest portion of my task.

à la sommation du premier raisonnement auquel ils ne pourront résister par la logique. Je ne leur reproche pas de n'avoir pas assez de foi au raisonnement, mais d'en avoir trop à la coutume et au sentiment général. C'est un des préjugés qui caractérisent la réaction du dix-neuvième siècle contre le dix-huitième que d'accorder aux éléments non rationnels de la nature humaine l'infaillibilité que le dix-huitième attribuait, dit-on, aux éléments rationnels. Au lieu de l'apothéose de la raison, nous faisons celle de l'instinct ; et nous appelons instinct tout ce que nous ne pouvons établir sur une base rationnelle.

Cette idolâtrie, infiniment plus triste que l'autre, de toutes les superstitions de notre temps la plus dangereuse et l'appui de toutes, subsistera tant qu'une saine psychologie ne l'aura pas renversée, en montrant la véritable origine de la plupart des sentiments que nous révérons sous le nom d'intentions de la nature et de dispensations de Dieu.

Mais, pour la question qui m'occupe, je veux bien accepter les conditions défavorables que le préjugé m'impose. Je consens à ce que la coutume établie et le sentiment général soient considérés comme des raisons sans réplique, si je ne fais pas voir que, dans cette matière, la coutume et le sentiment ont tiré de tout temps leur existence non de leur justesse, mais de causes différentes, et qu'ils sortent de la pire, non de la meilleure partie de l'homme. Je passe condamnation si je ne prouve pas que mon jugement a été gagné. Mes concessions ne sont pas aussi grandes qu'elles le paraissent ; cette démonstration est la partie la plus facile de ma tâche.

The generality of a practice is in some cases a strong presumption that it is, or at all events once was, conducive to laudable ends. This is the case, when the practice was first adopted, or afterwards kept up, as a means to such ends, and was grounded on experience of the mode in which they could be most effectually attained. If the authority of men over women, when first established, had been the result of a conscientious comparison between different modes of constituting the government of society; if, after trying various other modes of social organization — the government of women over men, equality between the two, and such mixed and divided modes of government as might be invented — it had been decided, on the testimony of experience, that the mode in which women are wholly under the rule of men, having no share at all in public concerns, and each in private being under the legal obligation of obedience to the man with whom she has associated her destiny, was the arrangement most conducive to the happiness and well being of both; its general adoption might then be fairly thought to be some evidence that, at the time when it was adopted, it was the best: though even then the considerations which recommended it may, like so many other primeval social facts of the greatest importance, have subsequently, in the course of ages, ceased to exist. But the state of the case is in every respect the reverse of this.

In the first place, the opinion in favour of the present system, which entirely subordinates the weaker sex to the stronger, rests upon theory only; for there never has been trial made of any other: so that experience, in the sense in which it is vulgarly opposed to theory, cannot be pretended to have pronounced any verdict. And in the second place,

Quand une coutume est générale, il y a souvent de fortes présomptions pour croire qu'elle tend, ou au moins qu'elle a tendu jadis à des fins louables. Telles sont les coutumes qui ont été adoptées d'abord, ou qui se sont conservées par la suite, parce qu'elles étaient un sûr moyen d'atteindre des fins louables, et le résultat incontesté de l'expérience. Si l'autorité de l'homme au moment de son établissement a été le résultat d'une comparaison consciencieuse des divers moyens de constituer la société ; si c'est après l'essai des divers modes d'organisation sociale, le gouvernement de l'homme par la femme, l'égalité des sexes, ou bien telle ou telle forme mixte qu'on ait pu imaginer, et seulement après, qu'on a décidé sur le témoignage de l'expérience que la forme de gouvernement qui conduit le plus sûrement au bonheur des deux sexes est celle qui soumet absolument la femme à l'homme, ne lui laisse aucune part dans les affaires publiques, et l'astreint, dans la vie privée, au nom de la loi, à obéir à l'homme auquel elle a uni sa destinée ; si les choses se sont passées ainsi, il faut voir dans l'adoption générale de cette forme de société la preuve qu'au moment où elle fut mise en pratique elle était la meilleure. Mais on peut penser aussi que les considérations qui militaient alors en sa faveur, ont cessé d'exister comme tant d'autres faits sociaux primitifs de la plus grande importance. Or, c'est tout le contraire qui est arrivé.

D'abord, l'opinion favorable au système actuel, qui subordonne le sexe faible au sexe fort, ne repose que sur la théorie ; on n'en a jamais essayé d'autre, et l'on ne peut prétendre que l'expérience, ce qu'on regarde généralement comme l'opposé de la théorie, ait prononcé. Ensuite,

the adoption of this system of inequality never was the result of deliberation, or forethought, or any social ideas, or any notion whatever of what conduced to the benefit of humanity or the good order of society.

It arose simply from the fact that from the very earliest twilight of human society, every woman (owing to the value attached to her by men, combined with her inferiority in muscular strength) was found in a state of bondage to some man. Laws and systems of polity always begin by recognising the relations they find already existing between individuals. They convert what was a mere physical fact into a legal right, give it the sanction of society, and principally aim at the substitution of public and organized means of asserting and protecting these rights, instead of the irregular and lawless conflict of physical strength. Those who had already been compelled to obedience became in this manner legally bound to it. Slavery, from being a mere affair of force between the master and the slave, became regularized and a matter of compact among the masters, who, binding themselves to one another for common protection, guaranteed by their collective strength the private possessions of each, including his slaves.

In early times, the great majority of the male sex were slaves, as well as the whole of the female. And many ages elapsed, some of them ages of high cultivation, before any thinker was bold enough to question the rightfulness, and the absolute social necessity, either of the one slavery or of the other. By degrees such thinkers did arise: and (the general progress of society assisting) the slavery of the male sex has, in all the countries of Christian Europe at least

l'adoption du régime de l'inégalité n'a jamais été le résultat de la délibération, de la pensée libre, d'une théorie sociale, ou d'une connaissance quelconque des moyens d'assurer le bonheur de l'humanité ou d'établir dans la société le bon ordre.

Ce régime vient de ce que, dès les premiers jours de la société humaine, la femme s'est trouvée livrée en esclave à l'homme, qui avait intérêt à la posséder et auquel elle ne pouvait résister à cause de l'infériorité de sa force musculaire. Les lois et les systèmes sociaux commencent toujours par reconnaître les rapports qui existent déjà entre les personnes. Ce qui n'était d'abord qu'un fait brutal devient un droit légal, garanti pat la société, appuyé et protégé par les forces sociales substituées aux compétitions sans ordre et sans frein de la force physique. Les individus qui d'abord étaient contraints à l'obéissance par la force, y sont plus tard tenus au nom de la loi. L'esclavage, qui n'était au début qu'une affaire de force entre le maître et l'esclave, devint une institution légale ; les esclaves furent compris dans le pacte social par lequel les maîtres s'engageaient à se protéger et à se garantir mutuellement leur propriété particulière par l'emploi de leur force collective.

Dans les premiers temps historiques, la grande majorité du sexe masculin était esclave comme la totalité du sexe féminin. Il s'est écoulé bien des siècles, et des siècles illustrés par une brillante culture intellectuelle, avant que des penseurs aient eu l'audace de contester la légitimité ou la nécessité absolue de l'un et de l'autre esclavage. Enfin ces penseurs ont paru ; et, le progrès général de la société aidant, l'esclavage du sexe masculin a fini pat être aboli chez toutes les nations chrétiennes de l'Europe

(though, in one of them, only within the last few years) been at length abolished, and that of the female sex has been gradually changed into a milder form of dependence.

But this dependence, as it exists at present, is not an original institution, taking a fresh start from considerations of justice and social expediency—it is the primitive state of slavery lasting on, through successive mitigations and modifications occasioned by the same causes which have softened the general manners, and brought all human relations more under the control of justice and the influence of humanity. It has not lost the taint of its brutal origin. No presumption in its favour, therefore, can be drawn from the fact of its existence. The only such presumption which it could be supposed to have, must be grounded on its having lasted till now, when so many other things which came down from the same odious source have been done away with. And this, indeed, is what makes it strange to ordinary ears, to hear it asserted that the inequality of rights between men and women has no other source than the law of the strongest.

That this statement should have the effect of a paradox, is in some respects creditable to the progress of civilization, and the improvement of the moral sentiments of mankind. We now live—that is to say, one or two of the most advanced nations of the world now live—in a state in which the law of the strongest seems to be entirely abandoned as the regulating principle of the world's affairs: nobody professes it, and, as regards most of the relations between human beings, nobody is permitted to practise it.

(il existait encore il y a cinq ou six ans chez l'une de ces nations), et l'esclavage de la femme s'est changé peu a peu en une dépendance mitigée.

Mais cette dépendance, telle qu'elle existe aujourd'hui, n'est pas une institution adoptée après mûre délibération pour des considérations de justice et d'utilité sociale ; c'est l'état primitif d'esclavage qui se perpétue à travers une série d'adoucissements et de modifications dues aux mêmes causes, qui ont de plus en plus poli la rudesse des manières, et soumis dans une certaine mesure toutes les actions des hommes au contrôle de la justice et à l'influence des idées d'humanité : la tache de sa brutale origine n'est pas effacée. Il n'y a donc nulle présomption à tirer de l'existence de ce régime en faveur de sa légitimité. Tout ce qu'on peut dire, c'est qu'il a duré jusqu'à ce jour, tandis que d'autres institutions, sorties comme lui de cette hideuse source, ont disparu ; et, au fond, c'est bien cela qui donne un air étrange à l'affirmation que l'inégalité des droits de l'homme et de la femme n'a pas d'autre origine que la loi du plus fort.

Si cette proposition semble paradoxale, c'est jusqu'à un certain point l'effet du progrès de la civilisation, et de l'amélioration des sentiments moraux de l'humanité. Nous vivons, ou du moins une ou deux des nations les plus avancées du monde vivent, dans un état où la loi du plus fort paraît totalement abolie, et ne semble plus servir de règle aux affaires des hommes : personne ne l'invoque, et, dans la plupart des relations sociales, personne n'a le droit de l'appliquer ;

When any one succeeds in doing so, it is under cover of some pretext which gives him the semblance of having some general social interest on his side. This being the ostensible state of things, people flatter themselves that the rule of mere force is ended; that the law of the strongest cannot be the reason of existence of anything which has remained in full operation down to the present time. However any of our present institutions may have begun, it can only, they think, have been preserved to this period of advanced civilization by a well-grounded feeling of its adaptation to human nature, and conduciveness to the general good.

They do not understand the great vitality and durability of institutions which place right on the side of might; how intensely they are clung to; how the good as well as the bad propensities and sentiments of those who have power in their hands, become identified with retaining it; how slowly these bad institutions give way, one at a time, the weakest first, beginning with those which are least interwoven with the daily habits of life; and how very rarely those who have obtained legal power because they first had physical, have ever lost their hold of it until the physical power had passed over to the other side. Such shifting of the physical force not having taken place in the case of women; this fact, combined with all the peculiar and characteristic features of the particular case, made it certain from the first that this branch of the system of right founded on might, though softened in its most atrocious features at an earlier period than several of the others, would be the very last to disappear.

si quelqu'un le fait, il a bien soin, pour réussir, de se couvrir de quelque prétexte d'intérêt social. Tel est l'état apparent des choses, et l'on se flatte que le règne de la force brutale est fini ; on se laisse aller à croire que la loi du plus fort ne peut être l'origine des choses qui continuent à se faire encore aujourd'hui ; que les institutions actuelles, quels qu'en aient pu être les commencements, ne se sont conservées jusqu'à cette époque de civilisation avancée, que parce qu'on sentait avec toute raison qu'elles convenaient parfaitement à la nature humaine, et servaient au bien général.

On ne se fait pas une idée de la vitalité des institutions qui mettent le droit du côté de la force ; on ne sait pas avec quelle ténacité on s'y accroche ; on ne remarque pas avec quelle force les bons et les mauvais sentiments de ceux qui détiennent le pouvoir s'unissent pour le retenir ; on ne se figure pas la lenteur avec laquelle les mauvaises institutions s'effacent, l'une après l'autre, à commencer par les plus faibles, par celles qui sont le moins intimement mêlées aux habitudes quotidiennes de la vie ; on oublie que ceux qui exerçaient un pouvoir légal, parce qu'ils avaient eu d'abord la force physique pour eux, l'ont rarement perdu, avant que la force physique eût passé aux mains de leurs adversaires ; et l'on ne songe pas que la force physique n'est pas du côté des femmes. Qu'on tienne compte aussi de tout ce qu'il y a de particulier et de caractéristique dans le sujet qui nous occupe, et on comprendra facilement que ce fragment du système des droits fondés sur la force, bien qu'il ait perdu ses traits les plus atroces, et qu'il se soit adouci longtemps avant d'autres, soit le dernier à disparaître,

It was inevitable that this one case of a social relation grounded on force, would survive through generations of institutions grounded on equal justice, an almost solitary exception to the general character of their laws and customs; but which, so long as it does not proclaim its own origin, and as discussion has not brought out its true character, is not felt to jar with modern civilization, any more than domestic slavery among the Greeks jarred with their notion of themselves as a free people.

The truth is, that people of the present and the last two or three generations have lost all practical sense of the primitive condition of humanity; and only the few who have studied history accurately, or have much frequented the parts of the world occupied by the living representatives of ages long past, are able to form any mental picture of what society then was. People are not aware how entirely, in former ages, the law of superior strength was the rule of life; how publicly and openly it was avowed, I do not say cynically or shamelessly—for these words imply a feeling that there was something in it to be ashamed of, and no such notion could find a place in the faculties of any person in those ages, except a philosopher or a saint. History gives a cruel experience of human nature, in shewing how exactly the regard due to the life, possessions, and entire earthly happiness of any class of persons, was measured by what they had the power of enforcing; how all who made any resistance to authorities that had arms in their hands, however dreadful might be the provocation, had not only the law of force but all other laws, and all the notions of social obligation against them.

et que ce vestige de l'ancien état social survive parmi des générations qui n'admettent que des institutions basées sur la justice. C'est une exception unique qui trouble l'harmonie des lois et des coutumes modernes ; mais comme elle ne fait pas montre de son origine, et qu'elle n'est pas discutée à fond, elle ne nous semble pas un démenti donné à la civilisation moderne, pas plus que l'esclavage domestique chez les Grecs ne les empêchait de se croire un peuple libre.

En effet, la génération actuelle, comme les deux ou trois dernières générations, a perdu toute idée vraie de la condition primitive de l'humanité ; quelques personnes seulement qui ont étudié l'histoire avec soin, ou visité les parties du monde occupées par les derniers représentants des siècles passés, sont capables de se figurer ce qu'était alors la société. On ne sait pas que, dans les premiers siècles, la loi de la force régnait sans partage, qu'on la pratiquait publiquement, ouvertement, je ne dis pas avec cynisme et sans pudeur, ce serait impliquer qu'il s'attachait à cet usage quelque idée honteuse, tandis qu'une telle idée ne pouvait, à cette époque, entrer dans l'entendement de personne, à l'exception d'un philosophe ou d'un saint. L'histoire nous donne une triste expérience de l'espèce humaine en nous apprenant quelle rigoureuse proportion réglait les égards pour la vie, les biens et le bonheur d'une classe, sur le pouvoir qu'elle avait de se défendre. Nous y voyons que la résistance à l'autorité armée, quelque horrible que pût être la provocation, avait contre elle non seulement la loi du plus fort, mais toutes les autres lois et toutes les idées des devoirs sociaux.

And in the eyes of those whom they resisted, were not only guilty of crime, but of the worst of all crimes, deserving the most cruel chastisement which human beings could inflict. The first small vestige of a feeling of obligation in a superior to acknowledge any right in inferiors, began when he had been induced, for convenience, to make some promise to them. Though these promises, even when sanctioned by the most solemn oaths, were for many ages revoked or violated on the most trifling provocation or temptation, it is probable that this, except by persons of still worse than the average morality, was seldom done without some twinges of conscience. The ancient republics, being mostly grounded from the first upon some kind of mutual compact, or at any rate formed by an union of persons not very unequal in strength, afforded, in consequence, the first instance of a portion of human relations fenced round, and placed under the dominion of another law than that of force. And though the original law of force remained in full operation between them and their slaves, and also (except so far as limited by express compact) between a commonwealth and its subjects, or other independent commonwealths; the banishment of that primitive law even from so narrow a field, commenced the regeneration of human nature, by giving birth to sentiments of which experience soon demonstrated the immense value even for material interests, and which thenceforward only required to be enlarged, not created.

Ceux qui résistaient étaient, pour le public, non seulement coupables d'un crime, mais du plus grand des crimes, et méritaient le plus cruel châtiment qu'il était au pouvoir des hommes d'infliger. La première fois qu'un supérieur éprouva un faible sentiment d'obligation à l'égard d'un inférieur, ce fut quand, pour des motifs intéressés, il se trouva amené à lui faire des promesses. Malgré les serments solennels qui les appuyaient, ces promesses n'empêchèrent pas durant plusieurs siècles ceux qui les avaient faites de refondre à la plus légère provocation, ou de céder à la plus faible tentation, en les révoquant ou en les violant. Il est pourtant probable que ces violations ne s'accomplissaient pas sans que le coupable éprouvât des tiraillements de conscience, si sa moralité n'était pas du plus bas étage. Les anciennes républiques reposaient pour la plupart sur un contrat réciproque, elles formaient du moins une association de personnes qui ne différaient pas beaucoup en force : aussi nous offrent-elles le premier exemple d'une partie des relations humaines groupées sous l'empire d'une autre loi que la force. La loi primitive de la force réglait seule les rapports du maître et de l'esclave ; et, excepté dans des cas prévus par des conventions quelconques, ceux de la république avec ses sujets, ou avec les autres États indépendants. Mais pourtant il suffisait que la loi primitive fût bannie de ce tout petit coin, pour que la régénération humaine commençât par la naissance de sentiments dont l'expérience démontra bientôt l'immense valeur au point de vue même des intérêts matériels, et qui, dès lors, n'avaient plus qu'à se développer.

Though slaves were no part of the commonwealth, it was in the free states that slaves were first felt to have rights as human beings.

The Stoics were, I believe, the first (except so far as the Jewish law constitutes an exception) who taught as a part of morality that men were bound by moral obligations to their slaves. No one, after Christianity became ascendant, could ever again have been a stranger to this belief, in theory; nor, after the rise of the Catholic Church, was it ever without persons to stand up for it. Yet to enforce it was the most arduous task which Christianity ever had to perform. For more than a thousand years the Church kept up the contest, with hardly any perceptible success. It was not for want of power over men's minds. Its power was prodigious. It could make kings and nobles resign their most valued possessions to enrich the Church. It could make thousands, in the prime of life and the height of worldly advantages, shut themselves up in convents to work out their salvation by poverty, fasting, and prayer. It could send hundreds of thousands across land and sea, Europe and Asia, to give their lives for the deliverance of the Holy Sepulchre. It could make kings relinquish wives who were the object of their passionate attachment, because the Church declared that they were within the seventh (by our calculation the fourteenth) degree of relationship. All this it did; but it could not make men fight less with one another, nor tyrannize less cruelly over the serfs, and when they were able, over burgesses. It could not make them renounce either of the applications of force; force militant, or force triumphant.

Les esclaves ne faisaient pas partie de la république, et pourtant ce fut dans les États libres que l'on reconnut pour la première fois aux esclaves quelques droits, en qualité d'êtres humains.

Les stoïciens furent les premiers, sauf peut-être les Juifs, à enseigner que les maîtres avaient des obligations morales à remplir envers leurs esclaves. Après la propagation du christianisme, personne ne put rester étranger à cette croyance, et après l'établissement de l'Église catholique elle ne manqua jamais de défenseurs. Pourtant la tâche la plus ardue du christianisme fut de l'imposer ; car l'Église a lutté plus de mille ans sans obtenir un résultat appréciable. Ce n'était pas le pouvoir sur les esprits qui lui manquait ; elle en possédait un immense ; elle amenait les rois et les nobles à se dépouiller de leurs plus beaux domaines pour l'enrichir ; elle poussait des milliers d'hommes à la fleur de l'âge à renoncer à tous les avantages du monde pour s'enfermer dans des couvents, et y chercher le salut par la pauvreté, le jeûne et la prière ; elle envoyait des centaines de mille hommes à travers les terres et les mers, l'Europe et l'Asie, sacrifier leur vie pour la délivrance du Saint-Sépulcre ; elle contraignait les rois à abandonner des femmes dont ils étaient passionnément épris, sans faire plus que de les déclarer parents au septième, et, d'après les calculs de la loi anglaise, au quatorzième degré. L'Église a pu faire tout cela, mais elle n'avait pas le pouvoir d'empêcher les nobles de se battre, ni d'exercer leur cruauté sur leurs serfs et au besoin sur les bourgeois ; elle ne pouvait les faire renoncer ni à l'une ni à l'autre des deux applications de la force, la militante et la triomphante.

This they could never be induced to do until they were themselves in their turn compelled by superior force. Only by the growing power of kings was an end put to fighting except between kings, or competitors for kingship; only by the growth of a wealthy and warlike bourgeoisie in the fortified towns, and of a plebeian infantry which proved more powerful in the field than the undisciplined chivalry, was the insolent tyranny of the nobles over the bourgeoisie and peasantry brought within some bounds.

It was persisted in not only until, but long after, the oppressed had obtained a power enabling them often to take conspicuous vengeance; and on the Continent much of it continued to the time of the French Revolution, though in England the earlier and better organization of the democratic classes put an end to it sooner, by establishing equal laws and free national institutions.

If people are mostly so little aware how completely, during the greater part of the duration of our species, the law of force was the avowed rule of general conduct, any other being only a special and exceptional consequence of peculiar ties—and from how very recent a date it is that the affairs of society in general have been even pretended to be regulated according to any moral law; as little do people remember or consider, how institutions and customs which never had any ground but the law of force, last on into ages and states of general opinion which never would have permitted their first establishment.

Les puissants du monde n'ont été amenés à la modération, que le jour où à leur tour ils ont eu à subir la contrainte d'une force supérieure. Le pouvoir grandissant des rois put seul mettre fin à cette lutte générale, en la réservant aux rois et aux compétiteurs à la couronne. L'accroissement d'une bourgeoisie riche et intrépide qui se défendait dans des villes fortifiées, et l'apparition d'une infanterie plébéienne qui révéla sur le champ de bataille une puissance supérieure à celle de la chevalerie indisciplinée, purent seules imposer quelque limite à l'insolente tyrannie des seigneurs féodaux.

Cette tyrannie dura encore longtemps après que les opprimés furent assez forts pour en tirer d'éclatantes vengeances. Sur le continent, beaucoup de pratiques tyranniques se continuèrent jusqu'à la révolution française ; mais en Angleterre, bien avant cette époque, les classes démocratiques mieux organisées que sur le continent y mirent fin par des lois d'égalité et des institutions libres.

On sait en général fort peu que, dans la plus grande partie de l'histoire, la loi de la force fut l'unique et absolue règle de conduite, toute autre n'étant que la conséquence spéciale et exceptionnelle de relations particulières. On ne sait pas que le temps n'est pas encore éloigné, où l'on a commencé à croire que les affaires de la société doivent être réglées d'après des lois morales ; mais on ignore encore davantage que des institutions et des coutumes sans autre fondement que la loi de la force se conservent à des époques, et sous l'empire d'opinions qui n'eussent jamais souffert leur établissement.

Less than forty years ago, Englishmen might still by law hold human beings in bondage as saleable property: within the present century they might kidnap them and carry them off, and work them literally to death. This absolutely extreme case of the law of force, condemned by those who can tolerate almost every other form of arbitrary power, and which, of all others, presents features the most revolting to the feelings of all who look at it from an impartial position, was the law of civilized and Christian England within the memory of persons now living: and in one half of Anglo-Saxon America three or four years ago, not only did slavery exist, but the slave trade, and the breeding of slaves expressly for it, was a general practice between slave states. Yet not only was there a greater strength of sentiment against it, but, in England at least, a less amount either of feeling or of interest in favour of it, than of any other of the customary abuses of force: for its motive was the love of gain, unmixed and undisguised; and those who profited by it were a very small numerical fraction of the country, while the natural feeling of all who were not personally interested in it, was unmitigated abhorrence.

So extreme an instance makes it almost superfluous to refer to any other: but consider the long duration of absolute monarchy.

In England at present it is the almost universal conviction that military despotism is a case of the law of force, having no other origin or justification. Yet in all the great nations of Europe except England it either still exists, or has only just ceased to exist, and has even now a strong party favourable

Les Anglais pouvaient, il n'y a pas encore quarante ans, tenir en servitude des êtres humains, les vendre et les acheter ; au commencement de ce siècle, ils pouvaient encore s'emparer d'eux dans leurs pays. Cet extrême abus de la force condamné par ceux qui pouvaient souffrir presque toutes les autres formes de pouvoir arbitraire, et plus susceptible qu'aucun autre de révolter les sentiments des gens qui n'y avaient pas un intérêt personnel, était, des personnes encore vivantes s'en souviennent, consacré par la loi de l'Angleterre civilisée et chrétienne. Dans une moitié de l'Amérique anglo-saxonne, l'esclavage existait encore il y a trois ou quatre ans, et de plus on y faisait généralement le commerce et l'élevage des esclaves. Et pourtant, non seulement les sentiments hostiles à cet abus de la force, étaient plus vifs, mais, du moins en Angleterre, les sentiments ou les intérêts qui le soutenaient étaient plus faibles que pour tout autre abus, car si le maintien de l'esclavage avait pour lui l'amour du gain étalé sans pudeur et sans déguisement par la petite fraction de la nation qui en profitait, par contre, les sentiments naturels de ceux qui n'y étaient pas intéressés personnellement révélaient une horreur profonde.

Après ce monstrueux abus il est inutile d'en citer un autre : voyez pourtant la longue durée de la monarchie absolue.

En Angleterre, on est unanimement convaincu que le despotisme militaire n'est qu'une forme de la loi de la force, et n'a pas d'autre titre. Cependant, chez toutes les autres grandes nations de l'Europe, il existe encore, ou cesse à peine d'exister, et conserve un grand parti dans la nation

to it in all ranks of the people, especially among persons of station and consequence. Such is the power of an established system, even when far from universal; when not only in almost every period of history there have been great and well-known examples of the contrary system, but these have almost invariably been afforded by the most illustrious and most prosperous communities. In this case, too, the possessor of the undue power, the person directly interested in it, is only one person, while those who are subject to it and suffer from it are literally all the rest. The yoke is naturally and necessarily humiliating to all persons, except the one who is on the throne, together with, at most, the one who expects to succeed to it. How different are these cases from that of the power of men over women!

I am not now prejudging the question of its justifiableness. I am showing how vastly more permanent it could not but be, even if not justifiable, than these other dominations which have nevertheless lasted down to our own time. Whatever gratification of pride there is in the possession of power, and whatever personal interest in its exercise, is in this case not confined to a limited class, but common to the whole male sex. Instead of being, to most of its supporters, a thing desirable chiefly in the abstract, or, like the political ends usually contended for by factious, of little private importance to any but the leaders; it comes home to the person and hearth of every male head of a family, and of every one who looks forward to being so. The clodhopper exercises, or is to exercise, his share of the power equally with the highest nobleman.

et surtout dans les classes élevées. Telle est la puissance d'un système en vigueur, lors même qu'il n'est pas universel, lors même que toutes les périodes de l'histoire, et surtout les communautés les plus prospères et les plus illustres, présentent de nobles et grands exemples du système contraire. Dans un gouvernement despotique, celui qui s'approprie le pouvoir et a intérêt à le garder est seul, tandis que les sujets qui subissent sa domination forment à la lettre tout le reste de la nation. Le joug est nécessairement et naturellement une humiliation pour tous, à l'exception de l'homme qui occupe le trône, et tout au plus de celui qui espère lui succéder. Quelle différence entre ces pouvoirs et celui de l'homme sur la femme !

Je ne préjuge pas la question de savoir s'il est justifiable, je montre seulement que, ne le fût-il pas, il est et ne peut pas ne pas être plus stable que les autres genres de domination qui se sont perpétués jusqu'à nos jours. Quelque satisfaction d'orgueil qu'il y ait à posséder le pouvoir, quelque intérêt personnel qu'il y ait à l'exercer, cette satisfaction, cet intérêt ne sont point le privilège d'une classe, ils appartiennent au sexe masculin tout entier. Au lieu d'être pour la plupart de ses partisans une chose désirable d'une manière abstraite, ou comme les fins politiques que les partis poursuivent à travers leurs débats, d'une médiocre importance pour l'intérêt privé de tous, les meneurs exceptés ; ce pouvoir a sa racine dans le cœur de tout individu mâle chef de famille, et de tous ceux qui se voient dans l'avenir investis de cette dignité. Le rustre exerce ou peut exercer sa part de domination comme le plus noble personnage.

And the case is that in which the desire of power is the strongest: for every one who desires power, desires it most over those who are nearest to him, with whom his life is passed, with whom he has most concerns in common, and in whom any independence of his authority is oftenest likely to interfere with his individual preferences.

If, in the other cases specified, powers manifestly grounded only on force, and having so much less to support them, are so slowly and with so much difficulty got rid of, much more must it be so with this, even if it rests on no better foundation than those.

We must consider, too, that the possessors of the power have facilities in this case, greater than in any other, to prevent any uprising against it. Every one of the subjects lives under the very eye, and almost, it may be said, in the hands, of one of the masters—in closer intimacy with him than with any of her fellow-subjects; with no means of combining against him, no power of even locally overmastering him, and, on the other hand, with the strongest motives for seeking his favour and avoiding to give him offence. In struggles for political emancipation, everybody knows how often its champions are bought off by bribes, or daunted by terrors. In the case of women, each individual of the subject-class is in a chronic state of bribery and intimidation combined.

In setting up the standard of resistance, a large number of the leaders, and still more of the followers, must make an almost complete sacrifice of the pleasures or the alleviations of their own individual lot. If ever any system of privilege

C'est même pour celui-là que le désir du pouvoir est le plus intense, car celui qui désire le pouvoir veut surtout l'exercer sur ceux qui l'entourent, avec qui sa vie s'écoule, auxquels il est uni par des intérêts communs, et qui, s'ils étaient indépendants de son autorité, pourraient le plus souvent en profiter pour contrarier ses préférences particulières.

Si, dans les exemples cités, on n'a renversé qu'au prix de tant d'efforts et de temps des pouvoirs manifestement basés sur la force seule et beaucoup moins bien étayés, à plus forte raison le pouvoir de l'homme sur la femme, ne reposât-il pas sur un fondement plus solide, doit-il être inexpugnable.

Nous remarquerons aussi que les possesseurs de ce pouvoir sont bien mieux placés que les autres pour empêcher qu'on ne se soulève pour l'abattre. Ici le sujet vit sous l'œil, et on peut dire sous la propre main du maître : dans une union bien plus intime avec le maître qu'avec tout autre compagnon de servitude ; il n'a pas de moyen de comploter contre lui, pas de force pour le vaincre même sur un seul point, et d'un autre côté il a les plus fortes raisons de rechercher sa faveur et d'éviter de l'offenser. Dans les luttes politiques pour la liberté, qui n'a vu ses propres partisans dispersés par la corruption ou la terreur ? Dans la question des femmes, tous les membres de la classe asservie sont dans un état chronique de corruption ou d'intimidation combinées.

Quand ils lèvent l'étendard de la résistance, la plupart des chefs et surtout la plupart des simples combattants doivent faire un sacrifice à peu près complet des plaisirs et des douceurs de la vie. Si un système de privilège

and enforced subjection had its yoke tightly riveted on the necks of those who are kept down by it, this has. I have not yet shown that it is a wrong system: but every one who is capable of thinking on the subject must see that even if it is, it was certain to outlast all other forms of unjust authority. And when some of the grossest of the other forms still exist in many civilized countries, and have only recently been got rid of in others, it would be strange if that which is so much the deepest-rooted had yet been perceptibly shaken anywhere. There is more reason to wonder that the protests and testimonies against it should have been so numerous and so weighty as they are.

Some will object, that a comparison cannot fairly be made between the government of the male sex and the forms of unjust power which I have adduced in illustration of it, since these are arbitrary, and the effect of mere usurpation, while it on the contrary is natural. But was there ever any domination which did not appear natural to those who possessed it? There was a time when the division of mankind into two classes, a small one of masters and a numerous one of slaves, appeared, even to the most cultivated minds, to be a natural, and the only natural, condition of the human race. No less an intellect, and one which contributed no less to the progress of human thought, than Aristotle, held this opinion without doubt or misgiving; and rested it on the same premises on which the same assertion in regard to the dominion of men over women is usually based, namely that there are different natures among mankind, free natures, and slave natures; that the Greeks were of a free nature, the barbarian races of Thracians and Asiatics of a slave nature.

et de servitude forcée a jamais rivé le joug sur le col qu'il fait plier, c'est celui-là. Je n'ai pas encore montré que ce système est mauvais ; mais quiconque est capable de réfléchir sur cette question doit voir que, même mauvais, il devait durer plus que toutes les autres formes injustes d'autorité ; qu'à une époque où les plus grossières existent encore chez plusieurs nations civilisées, et n'ont été détruites que depuis peu chez d'autres, il serait étrange que la plus enracinée de toutes eût subi quelque part des atteintes appréciables. On a bien plutôt lieu de s'étonner qu'elle ait soulevé des protestations si nombreuses et si fortes.

On objectera qu'on a tort de comparer le gouvernement du sexe masculin avec les formes de domination injuste que nous avons rappelées, parce que celles-ci sont arbitraires et l'effet d'une usurpation, tandis que celle-là, au contraire, est naturelle. Mais quelle domination paraît jamais contre nature à ceux qui la possèdent ? Il fut un temps où les esprits les plus avancés regardaient comme naturelle la division de l'espèce humaine en deux parties, une petite composée de maîtres, une nombreuse composée d'esclaves, et y voyaient le seul état naturel de la race. Aristote lui-même, ce génie qui fit tant pour le progrès de la pensée, Aristote soutint cette opinion ! Il n'eut pas de doute, pas d'hésitation ; il la déduisait des prémisses d'où on tire ordinairement que la domination de l'homme sur la femme est chose naturelle. Il pensait qu'il y avait dans l'humanité différentes natures d'hommes, les unes libres, les autres esclaves ; que les Grecs étaient de nature libre, et les races barbares, les Thraces et les Asiatiques, de nature esclave.

But why need I go back to Aristotle? Did not the slaveowners of the Southern United States maintain the same doctrine, with all the fanaticism with which men cling to the theories that justify their passions and legitimate their personal interests? Did they not call heaven and earth to witness that the dominion of the white man over the black is natural, that the black race is by nature incapable of freedom, and marked out for slavery? some even going so far as to say that the freedom of manual labourers is an unnatural order of things anywhere. Again, the theorists of absolute monarchy have always affirmed it to be the only natural form of government; issuing from the patriarchal, which was the primitive and spontaneous form of society, framed on the model of the paternal, which is anterior to society itself, and, as they contend, the most natural authority of all. Nay, for that matter, the law of force itself, to those who could not plead any other, has always seemed the most natural of all grounds for the exercise of authority.

Conquering races hold it to be Nature's own dictate that the conquered should obey the conquerors, or, as they euphoniously paraphrase it, that the feebler and more unwarlike races should submit to the braver and manlier. The smallest acquaintance with human life in the middle ages, shows how supremely natural the dominion of the feudal nobility over men of low condition appeared to the nobility themselves, and how unnatural the conception seemed, of a person of the inferior class claiming equality with them, or exercising authority over them. It hardly seemed less so to the class held in subjection.

Mais pourquoi remonter à Aristote ? Est-ce que dans les États du Sud de l'Union Américaine, les propriétaires d'esclaves ne soutenaient pas la même doctrine avec tout le fanatisme que les hommes mettent à défendre les théories qui justifient leurs passions ou légitiment leurs intérêts ? N'ont-ils pas attesté le ciel et la terre que la domination de l'homme blanc sur le noir est naturelle, que la race noire est naturellement incapable de liberté, et née pour l'esclavage ? Quelques-uns n'allaient-ils pas jusqu'à dire que la liberté de l'homme qui travaille de ses mains est partout contraire à l'ordre naturel des choses ? Les théoriciens de la monarchie absolue n'ont-ils pas toujours affirmé qu'elle était la seule forme naturelle du gouvernement, qu'elle dérivait de la forme patriarcale, type primitif et spontané de la société ; qu'elle était modelée sur l'autorité paternelle, forme d'autorité antérieure à la société même, et d'après eux la plus naturelle de toutes ? Bien plus, la loi de la force a toujours paru, à ceux qui n'en avaient pas d'autre à invoquer, le fondement le plus naturel de l'autorité.

Les races conquérantes prétendent que c'est la propre loi de la nature que les races vaincues obéissent aux vainqueurs, ou, par euphémisme, que la race la plus faible et la moins guerrière doit obéir à la race la plus brave et la plus belliqueuse. On n'a pas besoin de connaître à fond la vie au Moyen Age pour voir à quel point la noblesse féodale trouvait naturelle sa domination sur les hommes de basse extraction, et peu naturelle l'idée qu'une personne de la classe inférieure fût mise sur le pied d'égalité avec elle, ou exerçât l'autorité sur elle. La classe subordonnée ne pensait pas autrement.

The emancipated serfs and burgesses, even in their most vigorous struggles, never made any pretension to a share of authority; they only demanded more or less of limitation to the power of tyrannizing over them. So true is it that unnatural generally means only uncustomary, and that everything which is usual appears natural.

The subjection of women to men being a universal custom, any departure from it quite naturally appears unnatural. But how entirely, even in this case, the feeling is dependent on custom, appears by ample experience. Nothing so much astonishes the people of distant parts of the world, when they first learn anything about England, as to be told that it is under a queen: the thing seems to them so unnatural as to be almost incredible. To Englishmen this does not seem in the least degree unnatural, because they are used to it; but they do feel it unnatural that women should be soldiers or members of parliament. In the feudal ages, on the contrary, war and politics were not thought unnatural to women, because not unusual; it seemed natural that women of the privileged classes should be of manly character, inferior in nothing but bodily strength to their husbands and fathers. The independence of women seemed rather less unnatural to the Greeks than to other ancients, on account of the fabulous Amazons (whom they believed to be historical), and the partial example afforded by the Spartan women; who, though no less subordinate by law than in other Greek states, were more free in fact, and being trained to bodily exercises in the same manner

Les serfs émancipés et les bourgeois, au milieu même des luttes les plus acharnées, n'ont jamais élevé la prétention de partager l'autorité ; ils demandaient uniquement qu'on reconnût quelques bornes au pouvoir de les tyranniser. Tant il est vrai que le mot contre nature veut dire contre l'usage, et pas autre chose, et que tout ce qui est habituel paraît naturel.

La subordination de la femme à l'homme est une coutume universelle : une dérogation à cette coutume apparaît donc tout naturellement contre nature. Mais l'expérience montre à quel point ici le sentiment dépend d'une coutume. Rien n'étonne plus les habitants d'une partie éloignée du globe, quand ils entendent parler de l'Angleterre pour la première fois, que d'apprendre que ce pays a à sa tête une reine : la chose leur paraît à ce point contre nature, qu'ils la trouvent incroyable. Les Anglais ne la trouvent pas le moins du monde contre nature, parce qu'ils y sont faits, mais ils trouveraient contre nature que des femmes fussent soldats ou membres du parlement. Dans les temps féodaux, au contraire, on ne trouvait pas contre nature que les femmes fissent la guerre et dirigeassent la politique, parce que ce n'était pas rare. On trouvait naturel que les femmes des classes privilégiées eussent un caractère viril, qu'elles ne le cédassent en rien à leurs maris ou à leurs pères, si ce n'est en force physique. Les Grecs ne trouvaient pas l'indépendance des femmes aussi contraire à la nature que les autres peuples anciens, à cause de la fable des Amazones, qu'ils croyaient historique, et de l'exemple des femmes de Sparte qui, tout en étant subordonnées par la loi autant que celles des autres États de la Grèce, étaient plus libres en fait, s'adonnaient aux mêmes exercices de corps

with men, gave ample proof that they were not naturally disqualified for them. There can be little doubt that Spartan experience suggested to Plato, among many other of his doctrines, that of the social and political equality of the two sexes.

But, it will be said, the rule of men over women differs from all these others in not being a rule of force: it is accepted voluntarily; women make no complaint, and are consenting parties to it. In the first place, a great number of women do not accept it. Ever since there have been women able to make their sentiments known by their writings (the only mode of publicity which society permits to them), an increasing number of them have recorded protests against their present social condition: and recently many thousands of them, headed by the most eminent women known to the public, have petitioned Parliament for their admission to the Parliamentary Suffrage. The claim of women to be educated as solidly, and in the same branches of knowledge, as men, is urged with growing intensity, and with a great prospect of success; while the demand for their admission into professions and occupations hitherto closed against them, becomes every year more urgent.

Though there are not in this country, as there are in the United States, periodical Conventions and an organized party to agitate for the Rights of Women, there is a numerous and active Society organized and managed by women, for the more limited object of obtaining the political franchise.

que les hommes et prouvaient qu'elles n'étaient pas dépourvues des qualités qui font le guerrier. Nul doute que l'exemple de Sparte n'ait inspiré à Platon, entre autres idées, celle de l'égalité politique et sociale des sexes.

Mais, dira-t-on, la domination de l'homme sur la femme diffère de tous les autres genres de domination, en ce qu'elle n'emploie pas la force : elle est volontairement acceptée ; les femmes ne s'en plaignent pas, et s'y soumettent de plein gré. D'abord un grand nombre de femmes ne l'acceptent pas. Depuis qu'il s'est trouvé des femmes capables de faire connaître leurs sentiments par leurs écrits, seul mode de publicité que la société leur permette, il y en a toujours eu, et il y en a toujours davantage pour protester contre leur condition sociale actuelle. Récemment, plusieurs milliers de femmes, à commencer par les plus distinguées, ont adressé au parlement des pétitions pour obtenir le droit de suffrage aux élections parlementaires. Les réclamations des femmes qui demandent une éducation aussi solide et aussi étendue que celle des hommes deviennent de plus en plus pressantes, et leur succès paraît de plus en plus certain. D'un autre côté, les femmes insistent toujours davantage pour être admises aux professions et aux occupations qui leur ont été jusqu'à présent fermées.

Il n'y a pas sans doute, en Angleterre comme aux États-Unis, des conventions périodiques et un parti organisé pour faire de la propagande en faveur des droits des femmes ; mais il y a une société composée de membres nombreux et actifs, organisée et conduite par des femmes pour un but moins étendu, l'obtention du droit de suffrage.

Nor is it only in our own country and in America that women are beginning to protest, more or less collectively, against the disabilities under which they labour. France, and Italy, and Switzerland, and Russia now afford examples of the same thing.

How many more women there are who silently cherish similar aspirations, no one can possibly know; but there are abundant tokens how many *would* cherish them, were they not so strenuously taught to repress them as contrary to the proprieties of their sex. It must be remembered, also, that no enslaved class ever asked for complete liberty at once. When Simon de Montfort called the deputies of the commons to sit for the first time in Parliament, did any of them dream of demanding that an assembly, elected by their constituents, should make and destroy ministries, and dictate to the king in affairs of state? No such thought entered into the imagination of the most ambitious of them. The nobility had already these pretensions; the commons pretended to nothing but to be exempt from arbitrary taxation, and from the gross individual oppression of the king's officers. It is a political law of nature that those who are under any power of ancient origin, never begin by complaining of the power itself, but only of its oppressive exercise. There is never any want of women who complain of ill usage by their husbands. There would be infinitely more, if complaint were not the greatest of all provocatives to a repetition and increase of the ill usage. It is this which frustrates all attempts to maintain the power but protect the woman against its abuses.

Ce n'est pas seulement en Angleterre et en Amérique que les femmes commencent à protester, en s'unissant plus ou moins, contre les incapacités qui les frappent. La France, l'Italie, la Suisse et la Russie nous offrent le spectacle du même mouvement.

Qui peut dire combien de femmes nourrissent en silence les mêmes aspirations ? Il y a bien des raisons de penser qu'elles seraient beaucoup plus nombreuses si on ne les dressait pas si bien à réprimer ces aspirations comme des sentiments contraires au rôle de leur sexe. Rappelons-nous que jamais des esclaves n'ont réclamé du premier coup leur liberté complète. Quand Simon de Montfort appela les députés des communes à siéger pour la première fois au parlement, y en eut-il un seul qui songeât à demander qu'une assemblée élective pût faire et défaire les ministères, et dicter au roi sa conduite dans les affaires de l'État ? Cette prétention n'entra jamais dans l'imagination des plus ambitieux d'entre eux. La noblesse l'avait déjà ; mais les communes n'en montraient pas d'autre que de se soustraire aux impôts arbitraires et à l'oppression brutale des officiers royaux. C'est une loi politique naturelle que ceux qui subissent un pouvoir d'origine ancienne ne commencent jamais à se plaindre du pouvoir lui-même, mais seulement de ce qu'on l'exerce d'une manière oppressive. Il y a toujours eu des femmes pour se plaindre des mauvais traitements de leurs maris. Il y en aurait eu bien davantage, si la plainte n'était pas la plus grave des provocations qui appellent un redoublement de mauvais traitements. On ne peut à la fois maintenir le pouvoir du mari et protéger la femme contre ses abus ; tous les efforts sont inutiles : voici ce qui les déjoue.

In no other case (except that of a child) is the person who has been proved judicially to have suffered an injury, replaced under the physical power of the culprit who inflicted it. Accordingly wives, even in the most extreme and protracted cases of bodily ill usage, hardly ever dare avail themselves of the laws made for their protection: and if, in a moment of irrepressible indignation, or by the interference of neighbours, they are induced to do so, their whole effort afterwards is to disclose as little as they can, and to beg off their tyrant from his merited chastisement.

All causes, social and natural, combine to make it unlikely that women should be collectively rebellious to the power of men. They are so far in a position different from all other subject classes, that their masters require something more from them than actual service. Men do not want solely the obedience of women, they want their sentiments. All men, except the most brutish, desire to have, in the woman most nearly connected with them, not a forced slave but a willing one, not a slave merely, but a favourite. They have therefore put everything in practice to enslave their minds. The masters of all other slaves rely, for maintaining obedience, on fear; either fear of themselves, or religious fears. The masters of women wanted more than simple obedience, and they turned the whole force of education to effect their purpose. All women are brought up from the very earliest years in the belief that their ideal of character is the very opposite to that of men; not self-will, and government by self-control, but submission, and yielding to the control of others.

Il n'y a que la femme qui, les enfants exceptés, après avoir prouvé devant des juges qu'elle a souffert une injustice, soit replacée sous la main du coupable. Aussi les femmes n'osent-elles guère, même après les mauvais traitements les plus odieux et les plus prolongés, se prévaloir des lois faites pour les protéger, et si, dans l'excès de leur indignation, ou cédant à des conseils, elles y recourent, elles ne tardent pas à faire tout pour ne dévoiler que le moins possible de leurs misères, pour intercéder en faveur de leur tyran, et lui éviter le châtiment qu'il a mérité.

Toutes les conditions sociales et naturelles concourent à rendre à peu près impossible une rébellion générale des femmes contre le pouvoir des hommes. Leur position est bien différente de celle des autres classes de sujets. Leurs maîtres en attendent plus que leur service. Les hommes ne se contentent pas de l'obéissance des femmes, ils s'arrogent un droit sur leurs sentiments. Tous, à l'exception des plus brutaux, veulent avoir, dans la femme qui leur est le plus étroitement unie, non seulement une esclave, mais une favorite. En conséquence ils ne négligent rien pour asservir leur esprit. Les maîtres des autres esclaves comptent, pour maintenir l'obéissance, sur la crainte qu'ils inspirent eux-mêmes ou qu'inspire la religion, Les maîtres des femmes veulent plus que l'obéissance, aussi ont-ils tourné au profit de leur dessein toute la force de l'éducation. Toutes les femmes sont élevées dès l'enfance dans la croyance que l'idéal de leur caractère est tout le contraire de celui de l'homme ; elles sont dressées à ne pas vouloir par elles-mêmes, à ne pas se conduire d'après leur volonté, mais à se soumettre et à céder à la volonté d'autrui.

All the moralities tell them that it is the duty of women, and all the current sentimentalities that it is their nature, to live for others; to make complete abnegation of themselves, and to have no life but in their affections. And by their affections are meant the only ones they are allowed to have—those to the men with whom they are connected, or to the children who constitute an additional and indefeasible tie between them and a man. When we put together three things—first, the natural attraction between opposite sexes; secondly, the wife's entire dependence on the husband, every privilege or pleasure she has being either his gift, or depending entirely on his will; and lastly, that the principal object of human pursuit, consideration, and all objects of social ambition, can in general be sought or obtained by her only through him, it would be a miracle if the object of being attractive to men had not become the polar star of feminine education and formation of character.

And, this great means of influence over the minds of women having been acquired, an instinct of selfishness made men avail themselves of it to the utmost as a means of holding women in subjection, by representing to them meekness, submissiveness, and resignation of all individual will into the hands of a man, as an essential part of sexual attractiveness. Can it be doubted that any of the other yokes which mankind have succeeded in breaking, would have subsisted till now if the same means had existed, and had been as sedulously used, to bow down their minds to it? If it had been made the object of the life of every young plebeian to find personal favour in the eyes of some patrician, of every young serf with some seigneur;

On nous dit au nom de la morale que la femme a le devoir de vivre pour les autres, et au nom du sentiment que sa nature le veut : on entend qu'elle fasse complète abnégation d'elle-même, qu'elle ne vive que dans ses affections, c'est-à-dire dans les seules qu'on lui permet, l'homme auquel elle est unie, ou les enfants qui constituent entre elle et l'homme un lien nouveau et irrévocable. Que si nous considérons d'abord l'attraction naturelle qui rapproche les deux sexes, puis l'entier assujettissement de la femme à l'autorité du mari, de la grâce duquel elle attend tout, honneurs et plaisirs, et enfin l'impossibilité où elle est de rechercher et d'obtenir le principal objet de l'ambition humaine, la considération, et tous les autres biens de la société, autrement que par lui, nous voyons bientôt qu'il faudrait un miracle pour que le désir de plaire à l'homme ne devînt pas, dans l'éducation et la formation du caractère de la femme, une sorte d'étoile polaire.

Une fois en possession de ce grand moyen d'influence sur l'esprit des femmes, les hommes s'en sont servis avec un égoïsme instinctif, comme du moyen suprême de les tenir assujetties ; ils leur représentent la faiblesse, l'abnégation, l'abdication de toute volonté dans les mains de l'homme, comme l'essence de la séduction féminine. Peut-on douter que les autres jougs que l'humanité a réussi à briser n'eussent subsisté jusqu'à nos jours, si on avait pris tant de soin d'y plier les esprits ? Si on avait donné pour but à l'ambition de tout jeune plébéien d'obtenir la faveur de quelque patricien, de tout jeune serf celle de quelque seigneur ;

if domestication with him, and a share of his personal affections, had been held out as the prize which they all should look out for, the most gifted and aspiring being able to reckon on the most desirable prizes; and if, when this prize had been obtained, they had been shut out by a wall of brass from all interests not centering in him, all feelings and desires but those which he shared or inculcated; would not serfs and seigneurs, plebeians and patricians, have been as broadly distinguished at this day as men and women are? and would not all but a thinker here and there, have believed the distinction to be a fundamental and unalterable fact in human nature?

The preceding considerations are amply sufficient to show that custom, however universal it may be, affords in this case no presumption, and ought not to create any prejudice, in favour of the arrangements which place women in social and political subjection to men.

But I may go farther, and maintain that the course of history, and the tendencies of progressive human society, afford not only no presumption in favour of this system of inequality of rights, but a strong one against it; and that, so far as the whole course of human improvement up to this time, the whole stream of modern tendencies, warrants any inference on the subject, it is, that this relic of the past is discordant with the future, and must necessarily disappear.

si devenir le serviteur d'un grand et partager ses affections personnelles avaient été les récompenses proposées à leur zèle ; si les mieux doués et les plus ambitieux avaient pu viser aux plus hauts prix ; et si, une fois ces prix obtenus, le plébéien et le serf avaient été séparés par un mur d'airain de tous les intérêts qui ne se concentraient pas dans la personne du maître, de tout sentiment, de tout désir, autres que ceux qu'ils partageaient avec lui, n'y aurait-il pas entre les seigneurs et les serfs, entre les patriciens et les plébéiens, une distinction aussi profonde qu'entre les hommes et les femmes ? Tout autre qu'un penseur eût-il cru que cette distinction n'était pas un fait fondamental et inaltérable de la nature humaine ?

Les considérations qui précèdent suffisent à montrer que l'habitude, quelque universelle qu'elle soit, ne peut rien préjuger en faveur des institutions qui placent la femme dans un état d'assujettissement social et politique à l'égard de l'homme.

Mais je vais plus loin, et je prétends que le cours de l'histoire et les tendances d'une société en progrès non seulement n'apportent aucune présomption en faveur de ce système d'inégalité des droits, mais qu'elles en créent une très forte contre lui ; je soutiens que, si la marche du perfectionnement des institutions humaines jusqu'à ce jour et le courant des tendances modernes nous permettent de tirer une induction à ce sujet, c'est la disparition nécessaire de ce vestige du passé qui jure avec l'avenir.

For, what is the peculiar character of the modern world—the difference which chiefly distinguishes modern institutions, modern social ideas, modern life itself, from those of times long past? It is, that human beings are no longer born to their place in life, and chained down by an inexorable bond to the place they are born to, but are free to employ their faculties, and such favourable chances as offer, to achieve the lot which may appear to them most desirable.

Human society of old was constituted on a very different principle. All were born to a fixed social position, and were mostly kept in it by law, or interdicted from any means by which they could emerge from it. As some men are born white and others black, so some were born slaves and others freemen and citizens; some were born patricians, others plebeians; some were born feudal nobles, others commoners and *roturiers*. A slave or serf could never make himself free, nor, except by the will of his master, become so. In most European countries it was not till towards the close of the middle ages, and as a consequence of the growth of regal power, that commoners could be ennobled. Even among nobles, the eldest son was born the exclusive heir to the paternal possessions, and a long time elapsed before it was fully established that the father could disinherit him. Among the industrious classes, only those who were born members of a guild, or were admitted into it by its members, could lawfully practise their calling within its local limits; and nobody could practise any calling deemed important, in any but the legal manner—by processes authoritatively prescribed.

En effet, quel est le caractère particulier du monde moderne ? qu'est-ce qui distingue surtout les institutions, les idées sociales, la vie des temps modernes de celles du passé lointain ? C'est que l'homme ne naît plus à la place qu'il occupera dans la vie, qu'il n'y est plus enchaîné par un lien indissoluble, mais qu'il est libre d'employer ses facultés et les chances favorables qu'il peut rencontrer pour se faire le sort qui lui semble le plus désirable.

Jadis la société humaine était constituée sur d'autres principes. Tout le monde naissait dans une position sociale fixe, et le plus grand nombre y était retenu par la loi, ou se trouvait privé du droit de travailler à en sortir. De même que les uns naissent noirs et les autres blancs, les uns naissaient esclaves, les autres libres et citoyens, quelques-uns naissaient patriciens, les autres plébéiens, quelques-uns nobles et possesseurs de fiefs, les autres *roturiers*. Un esclave, un serf ne pouvait se rendre libre lui-même et ne le devenait que par la volonté de son maître. Dans la plupart des contrées de l'Europe ce ne fut qu'à la fin du Moyen Age et à la suite de l'accroissement du pouvoir royal, que les roturiers purent être anoblis. Même chez les nobles, l'aîné était par droit de naissance l'unique héritier des domaines paternels ; il s'écoula beaucoup de temps avant qu'on reconnût au père le droit de le déshériter. Dans les classes industrieuses, les individus qui étaient nés membres d'une corporation, ou y avaient été admis par ses membres, pouvaient seuls exercer légalement leur profession dans les limites imposées à la corporation, et personne ne pouvait exercer une profession estimée importante autrement que de la manière fixée par la loi ;

Manufacturers have stood in the pillory for presuming to carry on their business by new and improved methods. In modern Europe, and most in those parts of it which have participated most largely in all other modern improvements, diametrically opposite doctrines now prevail. Law and government do not undertake to prescribe by whom any social or industrial operation shall or shall not be conducted, or what modes of conducting them shall be lawful. These things are left to the unfettered choice of individuals.

Even the laws which required that workmen should serve an apprenticeship, have in this country been repealed: there being ample assurance that in all cases in which an apprenticeship is necessary, its necessity will suffice to enforce it. The old theory was, that the least possible should be left to the choice of the individual agent; that all he had to do should, as far as practicable, be laid down for him by superior wisdom. Left to himself he was sure to go wrong. The modern conviction, the fruit of a thousand years of experience, is, that things in which the individual is the person directly interested, never go right but as they are left to his own discretion; and that any regulation of them by authority, except to protect the rights of others, is sure to be mischievous. This conclusion, slowly arrived at, and not adopted until almost every possible application of the contrary theory had been made with disastrous result, now (in the industrial department) prevails universally in the most advanced countries, almost universally in all that have pretensions to any sort of advancement. It is not that all processes are supposed to be equally good, or all persons to be equally qualified for everything;

des manufacturiers ont subi la peine du pilori, après un procès légal, pour avoir eu la présomption de faire leurs affaires avec des méthodes perfectionnées. Dans l'Europe moderne, et surtout dans les parties qui ont pris la plus grande part au progrès, les doctrines les plus opposées à ces anciens principes règnent aujourd'hui. La loi ne détermine pas par qui une opération industrielle sera ou ne sera pas conduite, ni quels procédés seront légaux. C'est aux individus à choisir librement.

En Angleterre, on a même rapporté les lois qui obligeaient les ouvriers à faire un apprentissage ; on croit fermement que, dans toutes les professions où un apprentissage est indispensable, sa nécessité suffira pour l'imposer. L'ancienne théorie voulait qu'on laissât le moins possible au choix libre de l'individu, que toutes ses actions fussent autant que possible dirigées par une sagesse supérieure ; on était assuré que, livré à lui-même, il tournerait mal. Dans la théorie moderne, fruit de l'expérience de mille ans, on soutient que les choses où l'individu est seul directement intéressé ne vont jamais bien, que laissées à sa direction exclusive ; et que l'intervention de l'autorité, excepté pour protéger les droits d'autrui, est pernicieuse. On a mis longtemps à tirer cette conclusion, on ne l'a adoptée que lorsque presque toutes les applications de la théorie contraire eurent produit leurs désastreux résultats, mais elle prévaut maintenant partout dans les pays les plus avancés, et à peu près partout, du moins en ce qui regarde l'industrie, chez les nations qui ont la prétention d'être en progrès. On ne veut pas dire que tous les procédés soient également bons, et toutes les personnes également aptes à tout,

but that freedom of individual choice is now known to be the only thing which procures the adoption of the best processes, and throws each operation into the hands of those who are best qualified for it. Nobody thinks it necessary to make a law that only a strong-armed man shall be a blacksmith. Freedom and competition suffice to make blacksmiths strong-armed men, because the weak-armed can earn more by engaging in occupations for which they are more fit. In consonance with this doctrine, it is felt to be an overstepping of the proper bounds of authority to fix beforehand, on some general presumption, that certain persons are not fit to do certain things. It is now thoroughly known and admitted that if some such presumptions exist, no such presumption is infallible. Even if it be well grounded in a majority of cases, which it is very likely not to be, there will be a minority of exceptional cases in which it does not hold: and in those it is both an injustice to the individuals, and a detriment to society, to place barriers in the way of their using their faculties for their own benefit and for that of others. In the cases, on the other hand, in which the unfitness is real, the ordinary motives of human conduct will on the whole suffice to prevent the incompetent person from making, or from persisting in, the attempt.

If this general principle of social and economical science is not true; if individuals, with such help as they can derive from the opinion of those who know them, are not better judges than the law and the government, of their own capacities and vocation; the world cannot too soon abandon this principle, and return to the old system of regulations

mais on admet aujourd'hui que la liberté qu'a tout individu de choisir par lui-même est l'unique moyen de faire adopter les meilleurs procédés et de mettre chaque opération aux mains du plus capable. Personne ne croit utile de faire une loi pour que les forgerons aient tous des bras vigoureux. La liberté et la concurrence suffisent à faire des hommes pourvus de bras vigoureux des forgerons, parce que les hommes qui ont les bras faibles peuvent gagner davantage en s'engageant dans une occupation à laquelle ils sont plus propres. C'est au nom de cette doctrine, qu'on refuse à l'autorité le droit de décider par avance sur quelque présomption générale, que certains individus ne sont pas propres à faire certaines choses : on y voit un abus de pouvoir. Il est parfaitement reconnu aujourd'hui que, lors même qu'une présomption existerait, elle ne saurait être infaillible. Fût-elle même bien fondée dans le plus grand nombre des cas, ce qui peut bien ne pas être, il en resterait toujours un petit nombre pour lequel elle ne le serait pas, et alors il y aurait injustice pour les particuliers, et dommage pour la société, à élever des barrières qui défendent à certains individus de tirer tout ce qu'ils peuvent de leurs facultés pour leur profit et celui des autres. D'autre part, si l'incapacité est réelle, les motifs ordinaires qui dirigent la conduite des hommes suffisent en définitive à empêcher l'incapable d'essayer, ou de persister dans sa tentative.

Si ce principe général de science sociale et économique n'est pas vrai ; si les individus aidés de l'opinion de ceux qui les connaissent ne sont pas meilleurs juges de leur propre vocation que les lois et le gouvernement ; le monde ne saurait trop tôt y renoncer et revenir au vieux système de réglementation

and disabilities. But if the principle is true, we ought to act as if we believed it, and not to ordain that to be born a girl instead of a boy, any more than to be born black instead of white, or a commoner instead of a nobleman, shall decide the person's position through all life—shall interdict people from all the more elevated social positions, and from all, except a few, respectable occupations. Even were we to admit the utmost that is ever pretended as to the superior fitness of men for all the functions now reserved to them, the same argument applies which forbids a legal qualification for members of Parliament. If only once in a dozen years the conditions of eligibility exclude a fit person, there is a real loss, while the exclusion of thousands of unfit persons is no gain; for if the constitution of the electoral body disposes them to choose unfit persons, there are always plenty of such persons to choose from. In all things of any difficulty and importance, those who can do them well are fewer than the need, even with the most unrestricted latitude of choice: and any limitation of the field of selection deprives society of some chances of being served by the competent, without ever saving it from the incompetent.

At present, in the more improved countries, the disabilities of women are the only case, save one, in which laws and institutions take persons at their birth, and ordain that they shall never in all their lives be allowed to compete for certain things.

et d'incapacités. Mais si le principe est vrai, nous devons agir comme si nous y croyions, et ne pas décréter que le fait d'être né fille au lieu de garçon doive plus décider de la position d'une personne, toute sa vie, que le fait d'être né noir au lieu de blanc, ou roturier au lieu de noble. Il ne faut pas que le hasard de la naissance exclue personne de toutes les positions sociales élevées et de toutes les occupations respectables, à quelques exceptions près. Lors même que nous admettrions, ce qu'on nous objecte toujours, que les hommes sont plus propres à remplir toutes les fonctions qui leur sont réservées de nos jours, nous pourrions invoquer l'argument qui interdit de faire des catégories d'éligibilité pour les membres du parlement. Que la condition d'éligibilité exclue seulement en douze ans une personne capable de bien remplir la fonction de député, il y a une perte réelle, tandis qu'on ne gagne rien à l'exclusion de mille incapables : si le corps électoral est constitué de manière à choisir des personnes incapables, il trouvera toujours en abondance des candidats de cette espèce. Pour toutes les choses difficiles et importantes, le nombre des gens capables de s'en bien acquitter est plus petit qu'il ne faudrait, lors même qu'on laisse toute latitude au choix ; toute restriction à la liberté du choix prive la société de quelque chance de choisir un individu compétent qui la serve bien, sans jamais la préserver d'élire un incompétent.

À présent, dans les pays les plus avancés, les incapacités de la femme sont l'unique exemple, un excepté, un excepté, où les lois et les institutions prennent des personnes à leur naissance, et décrètent qu'elles ne seront jamais, durant toute leur vie, autorisées à concourir pour certaines positions.

The one exception is that of royalty. Persons still are born to the throne; no one, not of the reigning family, can ever occupy it, and no one even of that family can, by any means but the course of hereditary succession, attain it. All other dignities and social advantages are open to the whole male sex: many indeed are only attainable by wealth, but wealth may be striven for by any one, and is actually obtained by many men of the very humblest origin. The difficulties, to the majority, are indeed insuperable without the aid of fortunate accidents; but no male human being is under any legal ban: neither law nor opinion superadd artificial obstacles to the natural ones. Royalty, as I have said, is excepted: but in this case every one feels it to be an exception—an anomaly in the modern world, in marked opposition to its customs and principles, and to be justified only by extraordinary special expediencies, which, though individuals and nations differ in estimating their weight, unquestionably do in fact exist. But in this exceptional case, in which a high social function is, for important reasons, bestowed on birth instead of being put up to competition, all free nations contrive to adhere in substance to the principle from which they nominally derogate; for they circumscribe this high function by conditions avowedly intended to prevent the person to whom it ostensibly belongs from really performing it; while the person by whom it is performed, the responsible minister, does obtain the post by a competition from which no full-grown citizen of the male sex is legally excluded. The disabilities, therefore,

La seule exception, c'est la royauté. Il y a encore des personnes qui naissent pour le trône ; nul ne peut y monter à moins d'être de la famille régnante, et, dans cette famille même, nul n'y peut parvenir que par le cours héréditaire de la succession. Toutes les autres dignités, tous les autres avantages sociaux sont ouverts au sexe masculin tout entier ; plusieurs, il est vrai, ne peuvent être obtenus que par la richesse, mais tout le monde a le droit de conquérir la richesse ; et bien des personnes de la plus humble origine y parviennent. La plupart rencontrent sans doute des obstacles qu'on ne peut surmonter sans le secours d'accidents heureux, mais nul individu mâle n'est frappé d'interdiction légale : nulle loi, nulle opinion n'ajoute aux obstacles naturels un obstacle artificiel. La royauté, comme je l'ai dit, fait exception, mais tout le monde sent que cette exception est une anomalie dans le monde moderne, qu'elle est opposée à ses coutumes et à ses principes, et ne se justifie que par des motifs extraordinaires d'utilité qui existent en réalité, quoique les individus et les nations ne les apprécient pas de même. Si, dans cette unique exception, nous trouvons une fonction sociale suprême soustraite à la compétition et réservée à la naissance pour des raisons majeures, toutes les nations n'en continuent pas moins d'adhérer au fond au principe qu'elles enfreignent nominalement. En effet, elles entourent cette haute fonction de conditions calculées évidemment pour empêcher la personne à laquelle elle appartient d'une manière ostensible, de l'exercer réellement ; tandis que la personne qui l'exerce en réalité, le ministre responsable, ne l'acquiert que par une compétition d'où nul citoyen arrivé à l'âge d'homme n'est exclu. Par conséquent, les incapacités

to which women are subject from the mere fact of their birth, are the solitary examples of the kind in modern legislation. In no instance except this, which comprehends half the human race, are the higher social functions closed against any one by a fatality of birth which no exertions, and no change of circumstances, can overcome; for even religious disabilities (besides that in England and in Europe they have practically almost ceased to exist) do not close any career to the disqualified person in case of conversion.

The social subordination of women thus stands out an isolated fact in modern social institutions; a solitary breach of what has become their fundamental law; a single relic of an old world of thought and practice exploded in everything else, but retained in the one thing of most universal interest; as if a gigantic dolmen, or a vast temple of Jupiter Olympius, occupied the site of St. Paul's and received daily worship, while the surrounding Christian churches were only resorted to on fasts and festivals. This entire discrepancy between one social fact and all those which accompany it, and the radical opposition between its nature and the progressive movement which is the boast of the modern world, and which has successively swept away everything else of an analogous character, surely affords, to a conscientious observer of human tendencies, serious matter for reflection. It raises a primâ facie presumption on the unfavourable side, far outweighing any which custom and usage could in such circumstances create on the favourable; and should at least suffice to make this, like the choice between republicanism and royalty, a balanced question.

qui frappent les femmes pour le seul fait de leur naissance sont l'unique exemple d'exclusion qui se rencontre dans la législation. Dans aucun cas, à l'exception du sexe qui comprend la moitié de l'espèce humaine, les hautes fonctions sociales ne sont fermées à personne par une fatalité de naissance que nul effort, nul changement ne peut vaincre. Les incapacités religieuses (qui d'ailleurs ont à peu près cessé d'exister de fait en Angleterre et sur le continent) ne ferment pas irrévocablement une carrière ; l'incapable devient capable en se convertissant.

La subordination sociale des femmes ressort comme un fait isolé, au milieu des institutions sociales modernes ; c'est une lacune unique dans leur principe fondamental ; c'est le seul vestige d'un vieux monde intellectuel et moral détruit partout, mais conservé en un seul point, celui qui présente l'intérêt le plus universel. C'est comme si un dolmen gigantesque ou un vaste temple de Jupiter Olympien s'élevait à la place qu'occupe Saint-Paul, servant au culte quotidien, tandis qu'autour de lui les églises chrétiennes ne s'ouvriraient qu'aux jours fériés. Cette dissonance entre un fait social unique et tous les autres faits qui l'entourent, et la contradiction que ce fait oppose au mouvement progressif, orgueil du monde moderne, qui a balayé l'une après l'autre toutes les institutions frappées du même caractère d'inégalité, ont de quoi fournir aux réflexions d'un observateur sérieux des tendances de l'humanité. De là contre l'inégalité des sexes une présomption *primâ facie* bien plus forte que celle que la coutume et l'usage peuvent créer en sa faveur dans les circonstances actuelles, et qui suffirait seule à laisser la question indécise, comme le choix entre la république et la monarchie.

The least that can be demanded is, that the question should not be considered as prejudged by existing fact and existing opinion, but open to discussion on its merits, as a question of justice and expediency: the decision on this, as on any of the other social arrangements of mankind, depending on what an enlightened estimate of tendencies and consequences may show to be most advantageous to humanity in general, without distinction of sex. And the discussion must be a real discussion, descending to foundations, and not resting satisfied with vague and general assertions. It will not do, for instance, to assert in general terms, that the experience of mankind has pronounced in favour of the existing system. Experience cannot possibly have decided between two courses, so long as there has only been experience of one. If it be said that the doctrine of the equality of the sexes rests only on theory, it must be remembered that the contrary doctrine also has only theory to rest upon. All that is proved in its favour by direct experience, is that mankind have been able to exist under it, and to attain the degree of improvement and prosperity which we now see; but whether that prosperity has been attained sooner, or is now greater, than it would have been under the other system, experience does not say. On the other hand, experience does say, that every step in improvement has been so invariably accompanied by a step made in raising the social position of women, that historians and philosophers have been led to adopt their elevation or debasement as on the whole the surest test and most correct measure of the civilization of a people or an age. Through all the progessive period of human history, the condition of women has been approaching nearer

Le moins qu'on puisse demander, c'est que la question ne soit pas préjugée par le fait existant et l'opinion régnante, qu'elle reste ouverte au contraire, que la discussion s'en empare, et l'agite au double point de vue de la justice et de l'utilité : ici comme pour toutes les autres institutions sociales, la solution devrait dépendre des avantages que, d'après une appréciation éclairée, l'humanité sans distinction de sexe en pourra retirer. La discussion doit être sérieuse ; il faut qu'elle aille au fond et ne se contente pas d'aperçus généraux et vagues. Par exemple, on ne doit pas poser en principe que l'expérience a prononcé en faveur du système existant. L'expérience n'a pu décider entre deux systèmes tant que l'un d'eux seulement a été mis en pratique. On dit que l'idée de l'égalité des sexes ne repose que sur la théorie, mais nous rappellerons que l'idée opposée n'a pas d'autre fondement que la théorie. Tout ce qu'on peut dire en sa faveur au nom de l'expérience, c'est que l'humanité a pu vivre sous ce régime, et acquérir le degré de développement et de prospérité où nous la voyons aujourd'hui. Mais l'expérience ne dit pas que cette prospérité n'eût pas été réalisée plus tôt, ou qu'elle ne serait pas dépassée aujourd'hui, si l'humanité avait vécu sous l'autre régime. D'un autre côte, l'expérience nous apprend que chaque pas dans la voie du progrès a été invariablement accompagné d'une élévation d'un degré dans la position sociale des femmes ; ce qui a conduit des historiens et des philosophes à prendre l'élévation ou l'abaissement des femmes pour le plus sûr et le meilleur criterium, pour la mesure la plus commode de la civilisation d'un peuple ou d'un siècle. Durant toute la période de progrès, l'histoire nous montre que la condition des femmes a toujours été en se rapprochant

to equality with men. This does not of itself prove that the assimilation must go on to complete equality; but it assuredly affords some presumption that such is the case.

Neither does it avail anything to say that the *nature* of the two sexes adapts them to their present functions and position, and renders these appropriate to them. Standing on the ground of common sense and the constitution of the human mind, I deny that any one knows, or can know, the nature of the two sexes, as long as they have only been seen in their present relation to one another. If men had ever been found in society without women, or women without men, or if there had been a society of men and women in which the women were not under the control of the men, something might have been positively known about the mental and moral differences which may be inherent in the nature of each. What is now called the nature of women is an eminently artificial thing—the result of forced repression in some directions, unnatural stimulation in others. It may be asserted without scruple, that no other class of dependents have had their character so entirely distorted from its natural proportions by their relation with their masters; for, if conquered and slave races have been, in some respects, more forcibly repressed, whatever in them has not been crushed down by an iron heel has generally been let alone, and if left with any liberty of development, it has developed itself according to its own laws; but in the case of women, a hot-house and stove cultivation has always been carried on of some of the capabilities of their nature, for the benefit and pleasure of their masters.

de l'égalité avec celle de l'homme. Cela ne prouve pas que l'assimilation doive aller jusqu'à une égalité complète ; mais assurément cela fournit en faveur de cette induction une forte présomption.

Il ne sert de rien non plus de dire que la nature des sexes les destine à leur position présente, et les y rend propres. Au nom du sens commun, et en me fondant sur la constitution de l'esprit humain, je nie qu'on puisse savoir qu'elle est la nature des deux sexes, tant qu'on ne les observera que dans les rapports réciproques où ils sont aujourd'hui. Si l'on avait trouvé des sociétés composées d'hommes sans femmes, ou de femmes sans hommes, ou d'hommes et de femmes, sans que celles-ci fussent assujetties aux hommes, on pourrait savoir quelque chose de positif sur les différences intellectuelles ou morales qui peuvent tenir à la constitution des deux sexes. Ce qu'on appelle aujourd'hui la nature de la femme est un produit éminemment artificiel ; c'est le résultat d'une compression forcée dans un sens, et d'une stimulation contre nature dans un autre. On peut affirmer hardiment que le caractère des sujets n'a jamais été déformé si complètement par leurs rapports avec leurs maîtres dans les autres sortes de dépendance ; car si des races d'esclaves ou des peuples soumis par la conquête ont été à quelques égards comprimés plus énergiquement, toutes leurs tendances qu'un joug de fer n'a pas écrasées, si elles ont eu quelque liberté de se développer, ont suivi une évolution naturelle. Mais chez les femmes, on a toujours employé, à développer certaines aptitudes de leur nature, une culture de serre chaude, en vue des intérêts et des plaisirs de leurs maîtres.

Then, because certain products of the general vital force sprout luxuriantly and reach a great development in this heated atmosphere and under this active nurture and watering, while other shoots from the same root, which are left outside in the wintry air, with ice purposely heaped all round them, have a stunted growth, and some are burnt off with fire and disappear; men, with that inability to recognise their own work which distinguishes the unanalytic mind, indolently believe that the tree grows of itself in the way they have made it grow, and that it would die if one half of it were not kept in a vapour bath and the other half in the snow.

Of all difficulties which impede the progress of thought, and the formation of well-grounded opinions on life and social arrangements, the greatest is now the unspeakable ignorance and inattention of mankind in respect to the influences which form human character. Whatever any portion of the human species now are, or seem to be, such, it is supposed, they have a natural tendency to be: even when the most elementary knowledge of the circumstances in which they have been placed, clearly points out the causes that made them what they are. Because a cottier deeply in arrears to his landlord is not industrious, there are people who think that the Irish are naturally idle. Because constitutions can be overthrown when the authorities appointed to execute them turn their arms against them, there are people who think the French incapable of free government.

Puis, voyant que certains produits de leurs forces vitales germent et se développent rapidement, dans cette atmosphère chauffée où l'on n'épargne aucune culture, tandis que d'autres jets de la même racine laissés au dehors dans un air d'hiver, et entourés de glace à dessein, ne produisent rien, se brûlent et disparaissent, les hommes, avec l'incapacité de reconnaître leur propre ouvrage qui caractérise les esprits impropres à l'analyse, se figurent sans plus s'en inquiéter que la plante pousse spontanément de la façon qu'ils la font pousser, et qu'elle mourrait si l'on n'en tenait la moitié dans un bain de vapeur et l'autre moitié dans la neige.

De toutes les difficultés qui mettent obstacle au progrès des idées, et à la formation d'opinions justes sur la vie et les institutions sociales, la plus grande est aujourd'hui l'ignorance inexprimable et l'indifférence où l'on est en général au sujet des influences qui forment le caractère de l'homme. Dès qu'une partie de l'humanité est ou paraît être de telle manière, quelle que soit cette manière, on suppose qu'elle a une tendance naturelle à être ainsi, lors même que la connaissance la plus élémentaire des circonstances où elle a été placée indique clairement les causes qui en ont fait ce que nous la voyons. De ce qu'un fermier irlandais sans bail, arriéré dans le payement de ses fermages, n'est pas diligent au travail, il y a des gens qui pensent que les Irlandais sont naturellement fainéants. Parce que, en France, les constitutions peuvent être renversées quand les autorités nommées pour les faire respecter tournent leurs armes contre elles, il y a des gens qui pensent que les Français ne sont pas faits pour un gouvernement libre.

Because the Greeks cheated the Turks, and the Turks only plundered the Greeks, there are persons who think that the Turks are naturally more sincere: and because women, as is often said, care nothing about politics except their personalities, it is supposed that the general good is naturally less interesting to women than to men. History, which is now so much better understood than formerly, teaches another lesson: if only by showing the extraordinary susceptibility of human nature to external influences, and the extreme variableness of those of its manifestations which are supposed to be most universal and uniform. But in history, as in travelling, men usually see only what they already had in their own minds; and few learn much from history, who do not bring much with them to its study.

Hence, in regard to that most difficult question, what are the natural differences between the two sexes—a subject on which it is impossible in the present state of society to obtain complete and correct knowledge—while almost everybody dogmatizes upon it, almost all neglect and make light of the only means by which any partial insight can be obtained into it. This is, an analytic study of the most important department of psychology, the laws of the influence of circumstances on character. For, however great and apparently ineradicable the moral and intellectual differences between men and women might be, the evidence of their being natural differences could only be negative. Those only could be inferred to be natural which could not possibly be artificial—the residuum, after deducting every characteristic of either sex which can admit of being explained from education or external circumstances.

Parce que les Grecs trompent les Turcs qui pillent les Grecs sans vergogne, il y a des gens qui pensent que les Turcs sont naturellement plus sincères que les Grecs. Parce qu'on dit souvent que les femmes n'accordent en politique leur attention qu'aux personnages, on suppose que c'est par une disposition naturelle qu'elles s'intéressent moins que les hommes au bien général. L'histoire mieux comprise aujourd'hui qu'autrefois nous donne d'autres enseignements ; elle nous montre l'extrême susceptibilité de la nature humaine à subir l'influence des causes extérieures et l'excessive variabilité de cela même qui chez elle passe pour le plus constant et le plus universel. Mais, dans l'histoire comme dans les voyages, les hommes ne voient d'ordinaire que ce qu'ils ont déjà dans l'esprit, et en général on n'y apprend guère, si, avant d'étudier, on ne savait déjà beaucoup.

Il en résulte que sur cette difficile question de savoir quelle est la différence naturelle des deux sexes, sur laquelle, dans l'état présent de la société, il est impossible d'acquérir une connaissance complète et exacte, presque tout le monde dogmatise sans recourir à la lumière qui seule peut éclairer ce sujet, l'étude analytique du chapitre le plus important de la psychologie : les lois qui règlent l'influence des circonstances sur le caractère. En effet, quelque grandes et en apparence ineffaçables que soient les différences morales et intellectuelles entre l'homme et la femme, la preuve que ces différences sont naturelles ne peut jamais être que négative. On ne doit considérer comme naturelles que celles qui ne peuvent pas du tout être artificielles : ce qui restera quand on aura retiré toute particularité qui dans l'un et dans l'autre sexe pourra s'expliquer par l'éducation ou les circonstances extérieures.

The profoundest knowledge of the laws of the formation of character is indispensable to entitle any one to affirm even that there is any difference, much more what the difference is, between the two sexes considered as moral and rational beings; and since no one, as yet, has that knowledge, (for there is hardly any subject which, in proportion to its importance, has been so little studied), no one is thus far entitled to any positive opinion on the subject. Conjectures are all that can at present be made; conjectures more or less probable, according as more or less authorized by such knowledge as we yet have of the laws of psychology, as applied to the formation of character.

Even the preliminary knowledge, what the differences between the sexes now are, apart from all question as to how they are made what they are, is still in the crudest and most incomplete state. Medical practitioners and physiologists have ascertained, to some extent, the differences in bodily constitution; and this is an important element to the psychologist: but hardly any medical practitioner is a psychologist. Respecting the mental characteristics of women; their observations are of no more worth than those of common men. It is a subject on which nothing final can be known, so long as those who alone can really know it, women themselves, have given but little testimony, and that little, mostly suborned. It is easy to know stupid women. Stupidity is much the same all the world over. A stupid person's notions and feelings may confidently be inferred from those which prevail in the circle by which the person is surrounded. Not so with those whose opinions and feelings are an emanation from their own nature and faculties.

Il faut posséder la plus profonde connaissance des lois de la formation du caractère pour avoir le droit d'affirmer qu'il y a une différence, et, à plus forte raison, de dire quelle est la différence qui distingue les deux sexes aux points de vue moral et intellectuel. Personne jusqu'à présent ne possède cette science ; car il n'y a guère de sujet qu'on ait moins étudié, eu égard à son importance, aussi personne n'a-t-il le droit d'avoir là-dessus une opinion positive. Tout ce qui nous est permis, c'est de faire des conjectures plus ou moins probables, plus ou moins légitimes, suivant la connaissance que nous avons des applications de la psychologie à la formation du caractère.

Si, laissant les origines des différences, nous demandons ce qu'elles sont, on nous apprend fort peu de chose. Les médecins et les physiologistes ont constaté jusqu'à un certain point des différences dans la constitution du corps, et c'est là un fait important pour un psychologiste, mais il est rare de trouver un médecin qui soit psychologiste. Leurs observations sur les caractères mentaux de la femme n'ont pas plus de valeur que celles du commun des hommes. C'est un point sur lequel on ne saura rien de définitif, tant que les personnes qui seules peuvent le connaître, les femmes elles-mêmes, ne donneront que d'insignifiants renseignements, et, qui pis est, des renseignements subornés. Il est facile de connaître une femme stupide ; la stupidité est la même partout. On peut induire les sentiments et les idées d'une femme stupide quand on connaît les sentiments et les idées qui prévalent dans le cercle où elle vit. Il n'en est pas ainsi des personnes dont les idées et les sentiments sont le produit de leurs propres facultés.

It is only a man here and there who has any tolerable knowledge of the character even of the women of his own family. I do not mean, of their capabilities; these nobody knows, not even themselves, because most of them have never been called out. I mean their actually existing thoughts and feelings. Many a man thinks he perfectly understands women, because he has had amatory relations with several, perhaps with many of them. If he is a good observer, and his experience extends to quality as well as quantity, he may have learnt something of one narrow department of their nature—an important department, no doubt. But of all the rest of it, few persons are generally more ignorant, because there are few from whom it is so carefully hidden. The most favourable case which a man can generally have for studying the character of a woman, is that of his own wife: for the opportunities are greater, and the cases of complete sympathy not so unspeakably rare. And in fact, this is the source from which any knowledge worth having on the subject has, I believe, generally come. But most men have not had the opportunity of studying in this way more than a single case: accordingly one can, to an almost laughable degree, infer what a man's wife is like, from his opinions about women in general. To make even this one case yield any result, the woman must be worth knowing, and the man not only a competent judge, but of a character so sympathetic in itself, and so well adapted to hers, that he can either read her mind by sympathetic intuition, or has nothing in himself which makes her shy of disclosing it.

Il y a tout au plus çà et là un homme qui ait une connaissance passable du caractère des femmes de sa famille, sans rien savoir des autres. Je ne parle pas de leurs aptitudes ; personne ne les connaît, pas même elles-mêmes, parce que la plupart n'ont jamais été mises en jeu. Je ne parle que de leurs idées et de leurs sentiments actuels. Il y a des hommes qui pensent connaître parfaitement les femmes parce qu'ils ont entretenu un commerce de galanterie avec quelques-unes, peut-être avec beaucoup. S'ils sont bons observateurs, et si leur expérience unit la qualité à la quantité, ils ont pu apprendre quelque chose sur un petit côté de la nature des femmes, qui n'est pas sans importance. Mais sur le reste ils sont les plus ignorants des hommes, parce qu'il y en a peu pour qui ce reste soit plus soigneusement dissimulé. Le sujet le plus propice sur lequel un homme puisse étudier le caractère des femmes, c'est sa propre femme ; les occasions sont plus favorables, et les exemples d'une sympathie parfaite entre deux époux ne sont pas introuvables. En fait, c'est de cette source, je crois, que vient tout ce qui vaut la peine d'être connu. Mais la plupart des hommes n'ont pas eu l'occasion d'étudier de la sorte plus d'une femme, aussi peut-on, avec une exactitude risible, deviner le caractère d'une femme quand on connaît les opinions de son mari sur les femmes en général. Pour tirer de ce cas unique quelque résultat, il faut que la femme vaille la peine d'être connue, et que l'homme soit non seulement un juge compétent, mais aussi qu'il ait un caractère si sympathique et si bien adapté à celui de sa femme, qu'il puisse lire dans son esprit par une sorte d'intuition, ou que sa femme n'ait aucune confusion à lui montrer le fond de ses sentiments.

Hardly anything, I believe, can be more rare than this conjunction. It often happens that there is the most complete unity of feeling and community of interests as to all external things, yet the one has as little admission into the internal life of the other as if they were common acquaintance. Even with true affection, authority on the one side and subordination on the other prevent perfect confidence. Though nothing may be intentionally withheld, much is not shown. In the analogous relation of parent and child, the corresponding phenomenon must have been in the observation of every one. As between father and son, how many are the cases in which the father, in spite of real affection on both sides, obviously to all the world does not know, nor suspect, parts of the son's character familiar to his companions and equals. The truth is, that the position of looking up to another is extremely unpropitious to complete sincerity and openness with him. The fear of losing ground in his opinion or in his feelings is so strong, that even in an upright character, there is an unconscious tendency to show only the best side, or the side which, though not the best, is that which he most likes to see: and it may be confidently said that thorough knowledge of one another hardly ever exists, but between persons who, besides being intimates, are equals. How much more true, then, must all this be, when the one is not only under the authority of the other, but has it inculcated on her as a duty to reckon everything else subordinate to his comfort and pleasure, and to let him neither see nor feel anything coming from her,

Rien n'est peut-être plus rare qu'une telle rencontre. Il y a souvent entre une femme et son mari une unité complète de sentiments et une communauté de vues quant aux choses extérieures, et pourtant l'un ne pénètre pas plus profondément dans les vues de l'autre que s'ils n'étaient que de simples connaissances. Alors même qu'une véritable affection les unit, l'autorité d'une part et la subordination de l'autre empêchent qu'une confiance entière s'établisse. Il se peut que la femme n'ait pas l'intention de dissimuler, mais il y a bien des choses qu'elle ne laisse pas paraître. Entre les parents et les enfants, on peut voir la même chose. Malgré l'affection réciproque qui unit réellement un père à son fils, il arrive quelquefois, au su de tout le monde, que le père ignore et même ne soupçonne pas certaines parties du caractère de son enfant, tandis que les camarades et les égaux du fils les connaissent à merveille. La vérité est que, dès qu'on est dans une position à attendre d'une personne de la déférence, on est très mal placé pour trouver en elle une sincérité et une franchise complètes. La crainte de baisser dans l'opinion ou l'affection de la personne que l'on regarde avec respect est si forte, que même avec un caractère très droit on se laisse aller, sans s'en apercevoir, à ne lui montrer que le plus beau côté, ou sinon le plus beau, le plus agréable à ses yeux : on peut dire avec assurance que deux personnes ne peuvent avoir l'une de l'autre une connaissance complète qu'à la condition d'être non seulement intimes, mais égales. À plus forte raison, est-il impossible d'arriver à connaître une femme soumise à l'autorité conjugale, à qui l'on a enseigné que son devoir consiste à subordonner tout au bien-être et au plaisir de son mari, à ne lui laisser voir ni sentir chez elle

except what is agreeable to him. All these difficulties stand in the way of a man's obtaining any thorough knowledge even of the one woman whom alone, in general, he has sufficient opportunity of studying. When we further consider that to understand one woman is not necessarily to understand any other woman; that even if he could study many women of one rank, or of one country, he would not thereby understand women of other ranks or countries; and even if he did, they are still only the women of a single period of history; we may safely assert that the knowledge which men can acquire of women, even as they have been and are, without reference to what they might be, is wretchedly imperfect and superficial, and always will be so, until women themselves have told all that they have to tell.

And this time has not come; nor will it come otherwise than gradually. It is but of yesterday that women have either been qualified by literary accomplishments, or permitted by society, to tell anything to the general public. As yet very few of them dare tell anything, which men, on whom their literary success depends, are unwilling to hear. Let us remember in what manner, up to a very recent time, the expression, even by a male author, of uncustomary opinions, or what are deemed eccentric feelings, usually was, and in some degree still is, received; and we may form some faint conception under what impediments a woman, who is brought up to think custom and opinion her sovereign rule, attempts to express in books

rien que d'agréable. Toutes ces difficultés empêchent qu'un homme acquière une connaissance complète de l'unique femme qu'il ait le plus souvent l'occasion d'étudier sérieusement. Si, de plus, nous considérons que comprendre une femme, ce n'est pas nécessairement en comprendre une autre ; que, pussions-nous étudier les femmes d'un certain rang et d'un certain pays, nous ne comprendrions pas pour cela les femmes d'un autre rang et d'un autre pays ; que, parvinssions-nous à remplit cette tâche, nous ne connaîtrions encore que les femmes d'une seule période de l'histoire ; nous nous sentons le droit d'affirmer que l'homme n'a pu acquérir sur la femme, telle qu'elle a été ou telle qu'elle est, sans se préoccuper de ce qu'elle pourrait être, qu'une connaissance déplorablement incomplète et superficielle, et qu'il n'en acquerra pas d'autre, tant que les femmes elles-mêmes n'auront pas dit tout ce qu'elles ont à nous apprendre.

Ce temps ne viendra et ne peut venir que lentement. C'est d'hier seulement que les femmes ont acquis par leur talent littéraire, ou par la permission de la société, le droit de s'adresser au public. Jusqu'ici peu de femmes avaient osé dire ce que les hommes dont dépend leur succès littéraire ne veulent pas entendre. Rappelons-nous comment, jusqu'à ces derniers temps, l'on recevait l'expression d'opinions peu répandues et de sentiments prétendus excentriques, alors qu'ils avaient pour auteur un homme. Voyons comment on la reçoit encore, et nous aurons une faible idée des empêchements auxquels est soumise une femme élevée dans l'idée que la coutume et l'opinion doivent être les lois souveraines de sa conduite, quand elle veut mettre dans un livre

anything drawn from the depths of her own nature. The greatest woman who has left writings behind her sufficient to give her an eminent rank in the literature of her country, thought it necessary to prefix as a motto to her boldest work, *«Un homme peut braver l'opinion; une femme doit s'y soumettre.»*[1] The greater part of what women write about women is mere sycophancy to men. In the case of married women, much of it seems only intended to increase their chance of a husband. Many, both married and unmarried, overstep the mark, and inculcate a servility beyond what is desired or relished by any man, except the very vulgarest. But this is not so often the case as, even at a quite late period, it still was. Literary women are becoming more freespoken, and more willing to express their real sentiments. Unfortunately, in this country especially, they are themselves such artificial products, that their sentiments are compounded of a small element of individual observation and consciousness, and a very large one of acquired associations. This will be less and less the case, but it will remain true to a great extent, as long as social institutions do not admit the same free development of originality in women which is possible to men. When that time comes, and not before, we shall see, and not merely hear, as much as it is necessary to know of the nature of women, and the adaptation of other things to it.

---

1. Title-page of Mme. de Stael's «Delphine.»

un peu de ce qu'elle tire du fond de son âme. La femme la plus illustre qui ait laissé des œuvres assez belles pour lui donner une place éminente dans la littérature de son pays, a cru nécessaire de mettre cette épigraphe à son ouvrage le plus hardi : « Un homme peut braver l'opinion ; une femme doit s'y soumettre[1]. » La plus grande partie de ce que les femmes écrivent sur leur sexe n'est que flatterie pour les hommes. Si la femme qui écrit n'est pas mariée, il semble qu'elle n'écrive que pour trouver un mari. Beaucoup de femmes mariées ou non vont au-delà ; elles propagent sur la soumission de leur sexe des idées dont la servilité dépasse les désirs de tout homme, à l'exception des plus vulgaires. Aujourd'hui, il est vrai, cela n'arrive pas aussi souvent que dans un temps encore peu éloigné de nous. Les femmes prennent de l'assurance et osent affirmer leurs sentiments réels. En Angleterre surtout, le caractère des femmes est une production si artificielle, que leurs sentiments se composent d'un petit nombre d'observations et d'idées personnelles, mêlées à un grand nombre de préjugés acceptés. Cet état de choses s'effacera de jour en jour, mais il persistera en grande partie tant que nos institutions sociales n'autoriseront pas les femmes à développer leur originalité aussi librement que l'homme. Quand ce temps sera venu, mais pas avant, nous entendrons et, qui plus est, nous verrons tout ce qu'il faut apprendre pour connaître la nature des femmes, et savoir comment les autres choses s'y adaptent.

---

1. Madame de Staël, *Delphine*.

I have dwelt so much on the difficulties which at present obstruct any real knowledge by men of the true nature of women, because in this as in so many other things *«opinio copiæ inter maximas causas inopiæ est;»* and there is little chance of reasonable thinking on the matter, while people flatter themselves that they perfectly understand a subject of which most men know absolutely nothing, and of which it is at present impossible that any man, or all men taken together, should have knowledge which can qualify them to lay down the law to women as to what is, or is not, their vocation. Happily, no such knowledge is necessary for any practical purpose connected with the position of women in relation to society and life. For, according to all the principles involved in modern society, the question rests with women themselves—to be decided by their own experience, and by the use of their own faculties. There are no means of finding what either one person or many can do, but by trying—and no means by which any one else can discover for them what it is for their happiness to do or leave undone.

One thing we may be certain of—that what is contrary to women's nature to do, they never will be made to do by simply giving their nature free play. The anxiety of mankind to interfere in behalf of nature, for fear lest nature should not succeed in effecting its purpose, is an altogether unnecessary solicitude. What women by nature cannot do, it is quite superfluous to forbid them from doing. What they can do, but not so well as the men who are their competitors, competition suffices to exclude them from; since nobody asks for protective duties and bounties in favour of women;

Si j'ai insisté si longuement sur les difficultés qui empêchent les hommes d'acquérir une véritable connaissance de la nature réelle des femmes, c'est que sur ce point, comme sur bien d'autres, *opinio copiæ inter maximas causas inopiæ est*, et qu'il y a peu de chances d'acquérir sur ce sujet des idées raisonnables tant qu'on se flattera de comprendre parfaitement un sujet dont la plupart des hommes ne savent absolument rien, et dont il est à présent impossible qu'un homme en particulier, ou tous les hommes pris ensemble, aient assez de connaissance pour avoir le droit de prescrire aux femmes leur vocation. Heureusement il n'est pas besoin d'une connaissance aussi complète pour régler les questions relatives à la position des femmes dans la société ; car, suivant tous les principes constitutifs de la société moderne, c'est aux femmes elles-mêmes de les régler, c'est à elles qu'il appartient de les trancher d'après leur propre expérience et avec l'aide de leurs propres facultés. Il n'y a pas d'autre moyen d'apprendre ce qu'une personne ou plusieurs peuvent faire, que de les laisser essayer ; nul ne peut se mettre à leur place pour découvrir ce qu'elles doivent faire, ou ce dont elles doivent s'abstenir pour leur bonheur.

Nous pouvons être tranquilles sur un point. Ce qui répugne aux femmes, on ne le leur fera pas faire en leur donnant pleine liberté. L'humanité n'a que faire de se substituer à la nature de peur qu'elle ne réussisse pas à atteindre son but. Il est tout à fait superflu d'interdire aux femmes ce que leur constitution ne leur permit pas. La concurrence suffit pour leur défendre tout ce qu'elles ne peuvent faire aussi bien que les hommes, leurs compétiteurs naturels, puisqu'on ne demande en leur faveur ni primes ni droits protecteurs ;

it is only asked that the present bounties and protective duties in favour of men should be recalled. If women have a greater natural inclination for some things than for others, there is no need of laws or social inculcation to make the majority of them do the former in preference to the latter. Whatever women's services are most wanted for, the free play of competition will hold out the strongest inducements to them to undertake. And, as the words imply, they are most wanted for the things for which they are most fit; by the apportionment of which to them, the collective faculties of the two sexes can be applied on the whole with the greatest sum of valuable result.

The general opinion of men is supposed to be, that the natural vocation of a woman is that of a wife and mother. I say, is supposed to be, because, judging from acts—from the whole of the present constitution of society—one might infer that their opinion was the direct contrary. They might be supposed to think that the alleged natural vocation of women was of all things the most repugnant to their nature; insomuch that if they are free to do anything else—if any other means of living, or occupation of their time and faculties, is open, which has any chance of appearing desirable to them—there will not be enough of them who will be willing to accept the condition said to be natural to them. If this is the real opinion of men in general, it would be well that it should be spoken out. I should like to hear somebody openly enunciating the doctrine (it is already implied in much that is written on the subject)—»It is necessary to society that women should marry and produce children. They will not do so unless they are compelled. Therefore it is necessary to compel them.»

tout ce qu'on demande, c'est l'abolition des primes et des droits protecteurs dont jouissent les hommes. Si les femmes ont une inclination naturelle plus forte pour une certaine chose que pour une autre, il n'est pas besoin de lois ni de pression sociale pour forcer la majorité des femmes à faire la première plutôt que la seconde. Le service des femmes le plus demandé sera, quel qu'il soit, celui-là même que la liberté de la concurrence les excitera le plus vivement à entreprendre ; et, ainsi que le sens des mots l'indique, elles seront le plus demandées pour ce qu'elles sont le plus propres à faire, de sorte que ce qu'on aura fait en leur faveur assurera aux facultés collectives des deux sexes l'emploi le plus avantageux.

Dans l'opinion générale des hommes, prétend-on, la vocation naturelle des femmes est le mariage et la maternité. Je dis qu'on le prétend, parce qu'à en juger par les actes, par l'ensemble de la constitution actuelle de la société, on pourrait conclure que l'opinion est diamétralement le contraire. À voir les choses, les hommes semblent croire que la prétendue vocation des femmes est ce qui répugne le plus à leur nature ; que, si elles avaient la liberté de faire toute autre chose, si on leur laissait un moyen quelque peu souhaitable d'employer leur temps et leurs facultés, le nombre de celles qui accepteraient volontairement la condition qu'on dit leur être naturelle serait insuffisant. Si telle est l'opinion de la plupart des hommes, il serait bon de le déclarer. Sans doute cette théorie est au fond de presque tout ce qu'on a écrit sur ce sujet, mais je voudrais voir quelqu'un l'avouer hautement, et venir nous dire : « Il est nécessaire que les femmes se marient et fassent des enfants. Elles ne le feraient pas si elles n'y étaient forcées. Donc il faut les forcer. »

The merits of the case would then be clearly defined. It would be exactly that of the slaveholders of South Carolina and Louisiana. «It is necessary that cotton and sugar should be grown. White men cannot produce them. Negroes will not, for any wages which we choose to give. *Ergo* they must be compelled.» An illustration still closer to the point is that of impressment. Sailors must absolutely be had to defend the country. It often happens that they will not voluntarily enlist. Therefore there must be the power of forcing them. How often has this logic been used! and, but for one flaw in it, without doubt it would have been successful up to this day. But it is open to the retort—First pay the sailors the honest value of their labour. When you have made it as well worth their while to serve you, as to work for other employers, you will have no more difficulty than others have in obtaining their services. To this there is no logical answer except «I will not:» and as people are now not only ashamed, but are not desirous, to rob the labourer of his hire, impressment is no longer advocated. Those who attempt to force women into marriage by closing all other doors against them, lay themselves open to a similar retort. If they mean what they say, their opinion must evidently be, that men do not render the married condition so desirable to women, as to induce them to accept it for its own recommendations. It is not a sign of one's thinking the boon one offers very attractive, when one allows only Hobson's choice, «that or none.» And here, I believe, is the clue to the feelings of those men, who have a real antipathy to the equal freedom of women.

On verrait alors le nœud de la question. Ce langage aurait une ressemblance frappante avec celui des défenseurs de l'esclavage dans la Caroline du Sud et la Louisiane. « Il est nécessaire, disaient-ils, de cultiver le sucre et le coton. L'homme blanc ne le peut pas, les noirs ne le veulent pas au prix que nous prétendons leur donner. *Ergo*, il faut les contraindre. » Un autre exemple encore plus saisissant, c'est la presse des matelots qu'on jugeait absolument nécessaire pour la défense du pays. « Il arrive souvent, disait-on, qu'ils ne veulent pas s'enrôler volontairement, donc il faut que nous ayons le pouvoir de les contraindre. » Que de fois n'a-t-on pas raisonné de la sorte ! S'il n'y avait eu un certain vice dans ce raisonnement, il eût triomphé jusqu'à présent. Mais on pouvait répliquer : commencez par payer aux matelots la valeur de leur travail, quand vous l'aurez rendu aussi lucratif chez vous qu'au service des autres employeurs, vous n'aurez pas plus de difficulté qu'eux à obtenir ce que vous désirez. À cela, pas d'autre réponse logique que, « nous ne voulons pas » : et comme aujourd'hui on rougit de voler au travailleur son salaire et qu'on a même cessé de le vouloir, la presse n'a plus de défenseurs. Ceux qui prétendent contraindre la femme au mariage en lui fermant toutes les autres issues s'exposent à une pareille réplique. S'ils pensent ce qu'ils disent, leur opinion signifie que les hommes ne rendent pas le mariage assez désirable aux femmes, pour les tenter par les avantages qu'il présente. On ne parait pas avoir une haute opinion de ce qu'on offre quand on dit en le présentant : Prenez ceci ou vous n'aurez rien. Voici, selon moi, ce qui explique le sentiment des hommes qui ressentent une antipathie réelle pour la liberté et l'égalité des femmes.

I believe they are afraid, not lest women should be unwilling to marry, for I do not think that any one in reality has that apprehension; but lest they should insist that marriage should be on equal conditions; lest all women of spirit and capacity should prefer doing almost anything else, not in their own eyes degrading, rather than marry, when marrying is giving themselves a master, and a master too of all their earthly possessions. And truly, if this consequence were necessarily incident to marriage, I think that the apprehension would be very well founded. I agree in thinking it probable that few women, capable of anything else, would, unless under an irresistible *entrainement*, rendering them for the time insensible to anything but itself, choose such a lot, when any other means were open to them of filling a conventionally honourable place in life: and if men are determined that the law of marriage shall be a law of despotism, they are quite right, in point of mere policy, in leaving to women only Hobson's choice. But, in that case, all that has been done in the modern world to relax the chain on the minds of women, has been a mistake. They never should have been allowed to receive a literary education. Women who read, much more women who write, are, in the existing constitution of things, a contradiction and a disturbing element: and it was wrong to bring women up with any acquirements but those of an odalisque, or of a domestic servant.

Ils ont peur, non pas que les femmes ne veuillent plus se marier, je ne crois pas qu'un seul éprouve réellement cette appréhension, mais qu'elles n'exigent dans le mariage des conditions d'égalité ils redoutent que toutes les femmes de talent et de caractère n'aiment mieux faire toute autre chose, qui ne leur semble pas dégradante, que de se marier, si en se mariant elles ne font que se donner un maître, et lui donner tout ce qu'elles possèdent sur la terre. Vraiment si cette conséquence était un accessoire obligé du mariage, je crois que l'appréhension serait très bien fondée. Je la partage ; il me semble très probable que bien peu de femmes capables de faire toute autre chose aimeraient mieux, à moins d'un *entraînement* irrésistible qui les aveugle, choisir un sort aussi indigne si elles avaient à leur disposition d'autres moyens d'occuper dans la société une place honorable. Si les hommes sont disposés à soutenir que la loi du mariage doit être le despotisme, ils ont bien raison pour leur intérêt de ne laisser aux femmes que le choix dont nous parlions. Mais alors tout ce qu'on a fait dans le monde moderne pour alléger les chaînes qui pèsent sur l'esprit des femmes a été une faute. Il n'aurait jamais fallu leur donner une éducation littéraire. Des femmes qui lisent, et à plus forte raison des femmes qui écrivent, sont, dans l'état actuel, une contradiction et un élément de perturbation : on a eu tort d'apprendre aux femmes autre chose qu'à bien remplir leur rôle d'odalisque ou de servante.

2

It will be well to commence the detailed discussion of the subject by the particular branch of it to which the course of our observations has led us: the conditions which the laws of this and all other countries annex to the marriage contract. Marriage being the destination appointed by society for women, the prospect they are brought up to, and the object which it is intended should be sought by all of them, except those who are too little attractive to be chosen by any man as his companion; one might have supposed that everything would have been done to make this condition as eligible to them as possible, that they might have no cause to regret being denied the option of any other. Society, however, both in this, and, at first, in all other cases, has preferred to attain its object by foul rather than fair means: but this is the only case in which it has substantially persisted in them even to the present day. Originally women were taken by force, or regularly sold by their father to the husband. Until a late period in European history, the father had the power to dispose of his daughter in marriage at his own will and pleasure, without any regard to hers. The Church, indeed, was so far faithful

2

Il convient d'entrer dans la discussion des détails de la question par le point où nous sommes arrivés : la condition que les lois ajoutent au contrat matrimonial. Comme le mariage est la destinée que la société fait aux femmes, l'avenir pour lequel on les élève, et le but qu'on entend qu'elles poursuivent toutes, à l'exception de celles qui n'ont pas assez d'attraits qu'un homme veuille choisir parmi elles la compagne de sa vie, on pourrait croire qu'on a tout fait pour rendre cette condition aussi enviable que possible, afin que les femmes n'aient aucun motif de regretter de n'avoir pu en choisir une autre. Il n'en est rien ; la société a dans ce cas comme dans tous les autres mieux aimé arriver à son but par des moyens honteux que par moyens honnêtes. C'est le seul cas où elle ait au fond persisté dans ces mauvais errements. Dans le principe on prenait les femmes par la force, ou le père les vendait au mari. Il n'y a pas encore longtemps qu'en Europe un père avait le pouvoir de disposer de sa fille, de la marier à son propre gré, sans égard pour ses sentiments. L'Église restait assez fidèle

to a better morality as to require a formal «yes» from the woman at the marriage ceremony; but there was nothing to shew that the consent was other than compulsory; and it was practically impossible for the girl to refuse compliance if the father persevered, except perhaps when she might obtain the protection of religion by a determined resolution to take monastic vows. After marriage, the man had anciently (but this was anterior to Christianity) the power of life and death over his wife. She could invoke no law against him; he was her sole tribunal and law. For a long time he could repudiate her, but she had no corresponding power in regard to him. By the old laws of England, the husband was called the *lord* of the wife; he was literally regarded as her sovereign, inasmuch that the murder of a man by his wife was called treason (*petty* as distinguished from *high* treason), and was more cruelly avenged than was usually the case with high treason, for the penalty was burning to death. Because these various enormities have fallen into disuse (for most of them were never formally abolished, or not until they had long ceased to be practised) men suppose that all is now as it should be in regard to the marriage contract; and we are continually told that civilization and Christianity have restored to the woman her just rights. Meanwhile the wife is the actual bond-servant of her husband: no less so, as far as legal obligation goes, than slaves commonly so called. She vows a lifelong obedience to him at the altar, and is held to it all through her life by law. Casuists may say that the obligation of obedience stops short of participation in crime, but it certainly extends

à une morale supérieure pour exiger un *oui* formel de la femme au moment du mariage ; mais cela ne prouvait nullement que le consentement ne fût pas forcé ; il était tout à fait impossible à une jeune fille de refuser l'obéissance si le père persistait à l'exiger, à moins d'obtenir la protection de la religion par une ferme résolution de prononcer des vœux monastiques. Une fois marié, l'homme avait autrefois (avant le christianisme) le pouvoir de vie et de mort sur sa femme. Elle ne pouvait invoquer la loi contre lui ; il était son unique juge, son unique loi. Longtemps il put la répudier, tandis qu'elle n'avait pas contre lui le même droit. Dans les vieilles lois d'Angleterre, le mari s'appelle le seigneur de sa femme, il était considéré à la lettre comme son souverain, en sorte que le meurtre d'un homme par sa femme s'appelait trahison (basse trahison pour la distinguer de la haute trahison) et était vengé plus cruellement que le crime de haute trahison, puisque la peine était d'être brûlée vive. De ce que ces atrocités sont tombées en désuétude (car la plupart n'ont pas été abolies, ou ne l'ont été qu'après avoir depuis longtemps cessé d'être mises en pratique), on suppose que tout est pour le mieux dans le pacte matrimonial tel qu'il est aujourd'hui, et l'on ne cesse de répéter que la civilisation et le christianisme ont rétabli la femme dans ses justes droits. Il n'en est pas moins vrai que l'épouse est réellement l'esclave de son mari non moins, dans les limites de l'obligation légale, que les esclaves proprement dits. Elle jure à l'autel une obéissance de toute la vie à son mari, et elle y est tenue par la loi toute la vie. Les casuistes diront que cette obligation a une limite, qu'elle s'arrête au point où la femme deviendrait complice d'un crime, mais elle s'étend

to everything else. She can do no act whatever but by his permission, at least tacit. She can acquire no property but for him; the instant it becomes hers, even if by inheritance, it becomes *ipso facto* his. In this respect the wife's position under the common law of England is worse than that of slaves in the laws of many countries: by the Roman law, for example, a slave might have his peculium, which to a certain extent the law guaranteed to him for his exclusive use. The higher classes in this country have given an analogous advantage to their women, through special contracts setting aside the law, by conditions of pin-money, &c.: since parental feeling being stronger with fathers than the class feeling of their own sex, a father generally prefers his own daughter to a son-in-law who is a stranger to him. By means of settlements, the rich usually contrive to withdraw the whole or part of the inherited property of the wife from the absolute control of the husband: but they do not succeed in keeping it under her own control; the utmost they can do only prevents the husband from squandering it, at the same time debarring the rightful owner from its use. The property itself is out of the reach of both; and as to the income derived from it, the form of settlement most favourable to the wife (that called *«to her separate use»*) only precludes the husband from receiving it instead of her: it must pass through her hands, but if he takes it from her by personal violence as soon as she receives it, he can neither be punished, nor compelled to restitution. This is the amount of the protection which, under the laws of this country,

à tout le reste. La femme ne peut rien faire que par la permission au moins tacite de son mari. Elle ne peut acquérir de bien que pour lui ; dès l'instant qu'une propriété est à elle, fût-ce par héritage, elle est, *ipso facto*, à lui. En cela la situation faite à la femme par la loi anglaise est pire que celle des esclaves, d'après les codes de plusieurs pays. Dans la loi romaine, par exemple, l'esclave pouvait avoir un petit pécule à lui, qui lui était jusqu'à un certain point garanti par la loi, pour son usage exclusif. Les classes élevées d'Angleterre ont donné aux femmes un avantage analogue par des contrats spéciaux qui tournent la loi en stipulant pour la femme la libre disposition de certaines sommes. Comme les sentiments paternels l'emportent chez les pères sur l'esprit de corps de leur sexe, un père préfère généralement sa propre fille à son gendre, qui n'est pour lui qu'un étranger. Les riches tâchent de soustraire par des dispositions appropriées la totalité ou une partie au moins des bien patrimoniaux de la femme à la direction du mari : mais ils ne réussissent pas à les mettre sous la propre direction de la femme. Tout ce qu'ils peuvent faire, c'est d'empêcher le mari de les gaspiller, mais en même temps ils privent le légitime propriétaire du libre usage de ses biens. La propriété reste hors des mains des deux époux, et le revenu qui en provient doit être touché par la femme, non par le mari, d'après les dispositions les plus favorables à la femme, ce qu'on appelle le *régime de la séparation* : il faut que le revenu passe par les mains de la femme ; mais si le mari le lui arrache par la violence, il n'encourt aucune punition et ne peut être contraint de le rendre. Telle est la protection que les lois de l'Angleterre

the most powerful nobleman can give to his own daughter as respects her husband. In the immense majority of cases there is no settlement: and the absorption of all rights, all property, as well as all freedom of action, is complete. The two are called *«one person in law,»* for the purpose of inferring that whatever is hers is his, but the parallel inference is never drawn that whatever is his is hers; the maxim is not applied against the man, except to make him responsible to third parties for her acts, as a master is for the acts of his slaves or of his cattle. I am far from pretending that wives are in general no better treated than slaves; but no slave is a slave to the same lengths, and in so full a sense of the word, as a wife is. Hardly any slave, except one immediately attached to the master's person, is a slave at all hours and all minutes; in general he has, like a soldier, his fixed task, and when it is done, or when he is off duty, he disposes, within certain limits, of his own time, and has a family life into which the master rarely intrudes. «Uncle Tom» under his first master had his own life in his «cabin,» almost as much as any man whose work takes him away from home, is able to have in his own family. But it cannot be so with the wife. Above all, a female slave has (in Christian countries) an admitted right, and is considered under a moral obligation, to refuse to her master the last familiarity. Not so the wife: however brutal a tyrant she may unfortunately be chained to—though she may know that he hates her, though it may be his daily pleasure to torture her, and though she may feel it impossible not to loathe him—he can claim from her and enforce

permettent aux membres de la plus haute noblesse de donner à leur fille contre leur mari. Dans l'immense majorité des cas il n'y a pas de disposition légale particulière ; le mari absorbe tout, les droits, les propriétés, la liberté de sa femme. Le mari et la femme ne font qu'une *personne légale* ; ce qui veut dire que tout ce qui est à elle est à lui, mais non la réciproque, tout ce qui est à lui est à elle ; cette dernière maxime ne s'applique pas à l'homme, si ce n'est pour le rendre responsable envers autrui des actes de sa femme, comme un maître des faits et gestes de ses esclaves ou de son bétail. Je suis bien loin de prétendre que les femmes ne soient pas mieux traitées en général que les esclaves ; mais il n'y a pas d'esclave dont l'esclavage aille aussi loin que celui de la femme. Il est rare qu'un esclave, à moins d'être attaché à la personne de son maître, soit esclave à toutes les heures et à toutes les minutes ; en général, il a comme un soldat sa tâche fixe ; cette tâche remplie, dès qu'il n'est plus de service, il dispose de son temps jusqu'à un certain point ; il a une vie de famille où le maître pénètre rarement. L'oncle Tom, sous son premier maître, avait sa vie de famille à lui dans sa case, presque autant que tout ouvrier qui travaille au dehors peut en avoir dans son logis : il n'en est pas ainsi de l'épouse. Avant tout, une femme esclave jouit d'un droit reconnu (dans les pays chrétiens) ; il y a même pour elle une obligation morale de refuser ses dernières faveurs à son maître : il n'en est pas ainsi de l'épouse, à quelque être brutal et tyrannique qu'elle soit enchaînée, bien qu'elle se sache l'objet de sa haine, qu'il prenne plaisir à la torturer sans cesse, qu'elle ne puisse absolument pas s'empêcher de ressentir pour lui une aversion profonde, ce brutal peut exiger d'elle qu'elle se soumette

the lowest degradation of a human being, that of being made the instrument of an animal function contrary to her inclinations. While she is held in this worst description of slavery as to her own person, what is her position in regard to the children in whom she and her master have a joint interest? They are by law *his* children. He alone has any legal rights over them. Not one act can she do towards or in relation to them, except by delegation from him. Even after he is dead she is not their legal guardian, unless he by will has made her so. He could even send them away from her, and deprive her of the means of seeing or corresponding with them, until this power was in some degree restricted by Serjeant Talfourd's Act. This is her legal state. And from this state she has no means of withdrawing herself. If she leaves her husband, she can take nothing with her, neither her children nor anything which is rightfully her own. If he chooses, he can compel her to return, by law, or by physical force; or he may content himself with seizing for his own use anything which she may earn, or which may be given to her by her relations. It is only legal separation by a decree of a court of justice, which entitles her to live apart, without being forced back into the custody of an exasperated jailer—or which empowers her to apply any earnings to her own use, without fear that a man whom perhaps she has not seen for twenty years will pounce upon her some day and carry all off. This legal separation, until lately, the courts of justice would only give at an expense which made it inaccessible to any one out of the higher ranks.

à la plus ignoble dégradation où un être humain puisse descendre, en la contraignant à se faire malgré elle l'instrument d'une fonction animale. Mais, tandis qu'elle est soumise de sa personne au pire des esclavages, quelle est sa position à l'égard de ses enfants, objet d'un intérêt commun pour elle et pour son maître ? Par la loi ils sont les enfants du mari : lui seul a sur eux des droits légaux ; elle ne peut rien faire pour eux, ni à leur sujet, sans une délégation du mari ; et, même après la mort de son mari, la femme n'est pas la gardienne légale de ses enfants, à moins qu'il ne l'ait expressément désignée ; il pouvait les séparer d'elle, la priver de les voir, lui interdire de correspondre avec eux, jusqu'à l'époque récente où ce pouvoir fut restreint par une loi. Voilà l'état légal de la femme ; elle n'a aucun moyen de s'y soustraire ; si elle quitte son mari, elle ne peut rien prendre avec elle, ni ses enfants, ni rien qui soit légitimement sa propriété ; s'il le veut, il peut au nom de la loi la contraindre à revenir, il peut employer la force physique, ou se borner à saisir pour son propre usage tout ce qu'elle peut gagner, ou tout ce qui lui est donné par ses parents. Il n'y a qu'un arrêt de justice qui puisse l'autoriser à vivre séparée, la dispenser de rentrer sous la garde d'un geôlier exaspéré, et lui donner le pouvoir d'appliquer à ses propres besoins les gains qu'elle fait, sans craindre qu'un homme, qu'elle n'a pas vu depuis vingt ans peut-être, vienne fondre sur elle quelque jour et lui ravir tout ce qu'elle possède. Jusqu'à ces derniers temps, les cours de justice ne pouvaient prononcer cette séparation qu'au prix de frais énormes, ce qui la rendait inaccessible aux personnes qui n'appartenaient pas aux premiers rangs de la société.

Even now it is only given in cases of desertion, or of the extreme of cruelty; and yet complaints are made every day that it is granted too easily. Surely, if a woman is denied any lot in life but that of being the personal body-servant of a despot, and is dependent for everything upon the chance of finding one who may be disposed to make a favourite of her instead of merely a drudge, it is a very cruel aggravation of her fate that she should be allowed to try this chance only once. The natural sequel and corollary from this state of things would be, that since her all in life depends upon obtaining a good master, she should be allowed to change again and again until she finds one. I am not saying that she ought to be allowed this privilege. That is a totally different consideration. The question of divorce, in the sense involving liberty of remarriage, is one into which it is foreign to my purpose to enter. All I now say is, that to those to whom nothing but servitude is allowed, the free choice of servitude is the only, though a most insufficient, alleviation. Its refusal completes the assimilation of the wife to the slave—and the slave under not the mildest form of slavery: for in some slave codes the slave could, under certain circumstances of ill usage, legally compel the master to sell him. But no amount of ill usage, without adultery superadded, will in England free a wife from her tormentor.

I have no desire to exaggerate, nor does the case stand in any need of exaggeration. I have described the wife's legal position, not her actual treatment. The laws of most countries

Aujourd'hui encore la séparation n'est accordée que pour les cas d'abandon, ou les derniers excès de mauvais traitements, et encore on se plaint tous les jours qu'elle soit accordée trop facilement. Assurément si une femme n'a qu'un sort dans la vie, celui d'être esclave d'un despote, si tout dépend pour elle de la chance d'en trouver un qui fasse d'elle une favorite au lieu d'un souffre-douleur, c'est une cruelle aggravation de sa destinée que de ne pouvoir tenter cette chance qu'une seule fois. Puisque tout dans la vie dépend pour elle du hasard de trouver un bon maître, il faudrait, comme conséquence naturelle de cet état de choses, qu'elle eût le droit de changer et de changer encore, jusqu'à ce qu'elle en eût trouvé un. Je ne veux pas dire qu'il faille lui conférer ce privilège, c'est une tout autre question. Je n'ai pas l'intention d'entrer dans la question du divorce avec la liberté d'un nouveau mariage. Je me borne à dire à présent que pour ceux qui n'ont pas d'autre sort que la servitude, il n'y a qu'un moyen d'en atténuer la rigueur, et un bien insuffisant encore, c'est le droit de choisir librement leur maître. Le déni de cette liberté complète l'assimilation de la femme à l'esclave, et à l'esclave dans la plus dure servitude, car il y a eu des codes qui accordaient à l'esclave pour certains cas de mauvais traitement le droit de contraindre légalement son maître à le vendre. Mais en Angleterre il n'y a pas de mauvais traitements si répétés qu'ils soient, à moins que l'adultère du mari ne vienne les aggraver, qui puissent délivrer une femme de son bourreau.

Je ne veux pas exagérer, et je n'en ai pas besoin. J'ai décrit la position légale de la femme, non le traitement qui lui est fait réellement. Les lois de la plupart des pays

are far worse than the people who execute them, and many of them are only able to remain laws by being seldom or never carried into effect. If married life were all that it might be expected to be, looking to the laws alone, society would be a hell upon earth. Happily there are both feelings and interests which in many men exclude, and in most, greatly temper, the impulses and propensities which lead to tyranny: and of those feelings, the tie which connects a man with his wife affords, in a normal state of things, incomparably the strongest example. The only tie which at all approaches to it, that between him and his children, tends, in all save exceptional cases, to strengthen, instead of conflicting with, the first. Because this is true; because men in general do not inflict, nor women suffer, all the misery which could be inflicted and suffered if the full power of tyranny with which the man is legally invested were acted on; the defenders of the existing form of the institution think that all its iniquity is justified, and that any complaint is merely quarrelling with the evil which is the price paid for every great good. But the mitigations in practice, which are compatible with maintaining in full legal force this or any other kind of tyranny, instead of being any apology for despotism, only serve to prove what power human nature possesses of reacting against the vilest institutions, and with what vitality the seeds of good as well as those of evil in human character diffuse and propagate themselves. Not a word can be said for despotism in the family which cannot be said for political despotism. Every absolute king does not sit at his window to enjoy the groans of his tortured subjects,

sont bien pires que les gens qui les exécutent et beaucoup de ces lois ne doivent leur durée qu'à la rareté de leur application. Si la vie conjugale était tout ce qu'elle pourrait être, au point de vue légal seulement, la société serait un enfer sur la terre. Heureusement, il existe en même temps des sentiments et des intérêts qui chez beaucoup d'hommes excluent, et chez la plupart modèrent les impulsions et les penchants qui mènent à la tyrannie : de tous ces sentiments le lien qui unit un mari à sa femme est incomparablement le plus fort ; le seul qui en approche, celui qui attache un père à ses enfants, tend toujours, sauf les cas exceptionnels, à resserrer le premier au lieu de le relâcher. Mais parce que les choses se passent ainsi, parce qu'en général les hommes ne font pas subir aux femmes toutes les misères qu'ils pourraient leur faire souffrir, s'ils usaient du plein pouvoir qu'ils ont de les tyranniser, les défenseurs de la forme actuelle du mariage s'imaginent que tout ce qu'elle a d'inique est justifié, et que les plaintes qu'on en fait ne sont que de vaines récriminations à propos du mal dont il faut toujours payer un grand bien. Mais les adoucissements que la pratique peut concilier avec le maintien rigoureux de telle ou telle forme de tyrannie, au lieu de faire l'apologie du despotisme, ne servent qu'à démontrer la force de la nature humaine pour réagir contre les institutions les plus honteuses, et la vitalité avec laquelle les semences du bien comme celles du mal contenues dans le caractère de l'homme se répandent et se propagent. Tout ce qu'on peut dire du despotisme domestique s'applique au despotisme politique. Tous les rois absolus ne se mettent pas à la fenêtre pour se régaler des gémissements de leurs sujets qu'on torture,

nor strips them of their last rag and turns them out to shiver in the road. The despotism of Louis XVI. was not the despotism of Philippe le Bel, or of Nadir Shah, or of Caligula; but it was bad enough to justify the French Revolution, and to palliate even its horrors. If an appeal be made to the intense attachments which exist between wives and their husbands, exactly as much may be said of domestic slavery. It was quite an ordinary fact in Greece and Rome for slaves to submit to death by torture rather than betray their masters. In the proscriptions of the Roman civil wars it was remarked that wives and slaves were heroically faithful, sons very commonly treacherous. Yet we know how cruelly many Romans treated their slaves. But in truth these intense individual feelings nowhere rise to such a luxuriant height as under the most atrocious institutions. It is part of the irony of life, that the strongest feelings of devoted gratitude of which human nature seems to be susceptible, are called forth in human beings towards those who, having the power entirely to crush their earthly existence, voluntarily refrain from using that power. How great a place in most men this sentiment fills, even in religious devotion, it would be cruel to inquire. We daily see how much their gratitude to Heaven appears to be stimulated by the contemplation of fellow-creatures to whom God has not been so merciful as he has to themselves.

tous ne les dépouillent pas de leur dernier lambeau de vêtements pour les renvoyer se morfondre sur la voie publique. Le despotisme de Louis XVI n'était pas celui de Philippe le Bel, de Nadir-Schah ou de Caligula, mais il était assez mauvais pour justifier la Révolution française, et jusqu'à un certain point pour en faire excuser les horreurs. C'est en vain qu'on invoque l'attachement puissant de quelques femmes pour leurs maris ; on pourrait ainsi invoquer des exemples tirés de l'esclavage domestique. Dans la Grèce et à Rome, il n'était pas rare de voir des esclaves périr dans les tourments plutôt que de trahir leurs maîtres. Pendant les proscriptions qui suivirent les guerres civiles des Romains, on a remarqué que les femmes et les esclaves étaient fidèles jusqu'à l'héroïsme, et que bien souvent les fils étaient des traîtres. Pourtant nous savons avec quelle cruauté les Romains traitaient leurs esclaves. Mais on peut dire en toute vérité que nulle part ces sentiments individuels prononcés n'atteignent une aussi grande beauté que sous les institutions les plus atroces. C'est l'ironie de la vie, que les plus énergiques sentiments de reconnaissance et de dévouement, dont la nature humaine semble susceptible, se développent en nous à l'égard de ceux qui, pouvant anéantir notre existence terrestre, veulent bien s'en abstenir. Il y aurait de la cruauté à rechercher quelle place ce sentiment tient le plus souvent dans la dévotion religieuse elle-même. Nous avons fréquemment occasion de voir que ce qui développe le plus la reconnaissance des hommes pour le Ciel, c'est la vue de ceux de leurs semblables pour qui Dieu ne s'est pas montré aussi miséricordieux que pour eux-mêmes.

Whether the institution to be defended is slavery, political absolutism, or the absolutism of the head of a family, we are always expected to judge of it from its best instances; and we are presented with pictures of loving exercise of authority on one side, loving submission to it on the other—superior wisdom ordering all things for the greatest good of the dependents, and surrounded by their smiles and benedictions. All this would be very much to the purpose if any one pretended that there are no such things as good men. Who doubts that there may be great goodness, and great happiness, and great affection, under the absolute government of a good man? Meanwhile, laws and institutions require to be adapted, not to good men, but to bad. Marriage is not an institution designed for a select few. Men are not required, as a preliminary to the marriage ceremony, to prove by testimonials that they are fit to be trusted with the exercise of absolute power. The tie of affection and obligation to a wife and children is very strong with those whose general social feelings are strong, and with many who are little sensible to any other social ties; but there are all degrees of sensibility and insensibility to it, as there are all grades of goodness and wickedness in men, down to those whom no ties will bind, and on whom society has no action but through its *ultima ratio*, the penalties of the law. In every grade of this descending scale are men to whom are committed all the legal powers of a husband. The vilest malefactor has some wretched woman tied to him, against whom he can commit any atrocity except killing her,

Quelle que soit l'institution despotique qu'on ait à défendre, l'esclavage, l'absolutisme politique, ou l'absolutisme du chef de la famille, on veut toujours que nous la jugions sur les exemples les plus favorables. On nous fait voir des tableaux où la tendresse de la soumission répond à la sollicitude de l'autorité, où un maître sage règle tout pour le plus grand bien des subordonnés, et vit entouré de bénédictions. Tout cela serait à propos, si nous prétendions qu'il n'existe pas d'hommes bons. Qui doute que le gouvernement absolu d'un homme bon ne puisse s'exercer avec une grande bonté, produire une grande somme de bonheur et exciter une grande reconnaissance ? Mais c'est en vue des hommes méchants qu'il faut établir des lois. Le mariage n'est pas une institution faite pour un petit nombre d'élus. On ne demande pas aux hommes, avant le mariage, de prouver par témoins qu'on peut se fier à leur façon d'exercer le pouvoir absolu. Les liens d'affection et d'obligation qui unissent un mari à sa femme et à ses enfants sont très forts pour ceux qui sentent fortement leurs obligations sociales, et même pour un grand nombre de ceux qui ne sont guère sensibles à leurs autres devoirs sociaux. Mais il y a tous les degrés dans la manière de sentir ces devoirs, comme on trouve tous les degrés dans la bonté ou la méchanceté, en descendant jusqu'aux individus qui ne respectent aucun lien, et sur lesquels la société n'a d'autre moyen d'action que l'*ultima ratio*, les pénalités édictées par la loi. À tous les degrés de cette échelle descendante, il y a des hommes qui possèdent tous les pouvoirs légaux d'un mari. Le plus vil malfaiteur a une misérable femme, sur laquelle il peut commettre toutes les atrocités, sauf le meurtre,

and, if tolerably cautious, can do that without much danger of the legal penalty. And how many thousands are there among the lowest classes in every country, who, without being in a legal sense malefactors in any other respect, because in every other quarter their aggressions meet with resistance, indulge the utmost habitual excesses of bodily violence towards the unhappy wife, who alone, at least of grown persons, can neither repel nor escape from their brutality; and towards whom the excess of dependence inspires their mean and savage natures, not with a generous forbearance, and a point of honour to behave well to one whose lot in life is trusted entirely to their kindness, but on the contrary with a notion that the law has delivered her to them as their thing, to be used at their pleasure, and that they are not expected to practise the consideration towards her which is required from them towards everybody else. The law, which till lately left even these atrocious extremes of domestic oppression practically unpunished, has within these few years made some feeble attempts to repress them. But its attempts have done little, and cannot be expected to do much, because it is contrary to reason and experience to suppose that there can be any real check to brutality, consistent with leaving the victim still in the power of the executioner. Until a conviction for personal violence, or at all events a repetition of it after a first conviction, entitles the woman *ipso facto* to a divorce, or at least to a judicial separation, the attempt to repress these «aggravated assaults» by legal penalties will break down for want of a prosecutor, or for want of a witness.

et même, s'il est adroit, il peut la faire périr sans encourir le châtiment légal. Que de milliers d'individus n'y a-t-il pas dans les plus basses classes de chaque pays, qui, sans être des malfaiteurs au sens de la loi, à tous les autres points de vue, parce que leurs agressions rencontrent partout ailleurs de la résistance, s'abandonnent à tous les excès de la violence sur la malheureuse femme qui seule, avec ses enfants, ne peut ni repousser leur brutalité ni s'y soustraire ! L'excès de dépendance où la femme est réduite inspire à ces natures ignobles et sauvages non de généreux ménagements, ni le point d'honneur de bien traiter celle dont le sort d'ici-bas est confié entièrement à leur bienveillance, mais au contraire l'idée que la loi la leur a livrée comme leur chose, pour en user à discrétion, sans être tenus envers elle au respect qu'ils doivent avoir pour toute autre personne. La loi qui, récemment encore, essayait à peine de punir ces odieux excès d'oppression domestique, a fait ces dernières années de faibles efforts pour les réprimer. Ils ont produit peu d'effet, et on n'en doit guère attendre, parce qu'il est contraire à la raison et à l'expérience qu'on puisse mettre un frein à la brutalité en laissant la victime au pouvoir du bourreau. Tant qu'une condamnation pour voies de fait, ou, si l'on veut, pour une récidive, ne donnera pas à la femme, *ipso facto*, droit au divorce, ou au moins à la séparation judiciaire, les efforts pour réprimer les « sévices graves » par des pénalités resteront sans effet, faute d'un plaignant ou faute d'un témoin.

When we consider how vast is the number of men, in any great country, who are little higher than brutes, and that this never prevents them from being able, through the law of marriage, to obtain a victim, the breadth and depth of human misery caused in this shape alone by the abuse of the institution swells to something appalling. Yet these are only the extreme cases. They are the lowest abysses, but there is a sad succession of depth after depth before reaching them. In domestic as in political tyranny, the case of absolute monsters chiefly illustrates the institution by showing that there is scarcely any horror which may not occur under it if the despot pleases, and thus setting in a strong light what must be the terrible frequency of things only a little less atrocious. Absolute fiends are as rare as angels, perhaps rarer: ferocious savages, with occasional touches of humanity, are however very frequent: and in the wide interval which separates these from any worthy representatives of the human species, how many are the forms and gradations of animalism and selfishness, often under an outward varnish of civilization and even cultivation, living at peace with the law, maintaining a creditable appearance to all who are not under their power, yet sufficient often to make the lives of all who are so, a torment and a burthen to them! It would be tiresome to repeat the commonplaces about the unfitness of men in general for power, which, after the political discussions of centuries, every one knows by heart, were it not that hardly any one thinks of applying these maxims to the case in which above all others they are applicable, that of power, not placed in the hands of a man here and there,

Que si l'on considère le nombre immense des hommes qui dans tous les grands pays ne s'élèvent guère au-dessus des brutes, et si l'on songe que rien ne s'oppose à ce qu'ils acquièrent par la loi du mariage la possession d'une victime, on verra l'effrayante profondeur de misère qui se creuse sous cette seule forme. Pourtant ce ne sont que les cas extrêmes, ce sont les derniers abîmes ; mais, avant d'y parvenir, que de gouffres sombres sur la pente ! Dans la tyrannie domestique comme dans la politique, les monstres font voir ce que vaut l'institution ; par eux on apprend qu'il n'y a pas d'horreur qui ne se puisse commettre sous ce régime, si le despote le veut, et l'on mesure avec exactitude la fréquence épouvantable de crimes un peu moins atroces. Les démons sont aussi rares dans l'espèce humaine que les anges, plus rares peut-être ; mais il est très fréquent de voir des sauvages féroces susceptibles d'accès d'humanité ; et dans l'intervalle qui les sépare des nobles représentants du genre humain, que de formes, que de degrés dans la bestialité et l'égoïsme se cachent souvent sous un vernis de civilisation et de culture ! Les individus y vivent en paix avec la loi ; ils s'offrent sous des dehors honorables à tous ceux qui ne sont pas en leur pouvoir ; ils ont pourtant assez de méchanceté pour rendre à ceux qui y sont la vie insupportable. Il serait fastidieux de répéter les lieux communs qu'on a débités sur l'incapacité des hommes en général pour l'exercice du pouvoir : après des siècles de discussions politiques, tout le monde les sait par cœur, mais presque personne ne songe à appliquer ces maximes au cas où plus qu'à tous les autres elles conviennent, à un pouvoir qui n'est pas confié aux mains d'un ou de plusieurs hommes,

but offered to every adult male, down to the basest and most ferocious. It is not because a man is not known to have broken any of the Ten Commandments, or because he maintains a respectable character in his dealings with those whom he cannot compel to have intercourse with him, or because he does not fly out into violent bursts of ill-temper against those who are not obliged to bear with him, that it is possible to surmise of what sort his conduct will be in the unrestraint of home. Even the commonest men reserve the violent, the sulky, the undisguisedly selfish side of their character for those who have no power to withstand it. The relation of superiors to dependents is the nursery of these vices of character, which, wherever else they exist, are an overflowing from that source. A man who is morose or violent to his equals, is sure to be one who has lived among inferiors, whom he could frighten or worry into submission. If the family in its best forms is, as it is often said to be, a school of sympathy, tenderness, and loving forgetfulness of self, it is still oftener, as respects its chief, a school of wilfulness, overbearingness, unbounded self-indulgence, and a double-dyed and idealized selfishness, of which sacrifice itself is only a particular form: the care for the wife and children being only care for them as parts of the man's own interests and belongings, and their individual happiness being immolated in every shape to his smallest preferences. What better is to be looked for under the existing form of the institution? We know that the bad propensities of human nature are only kept within bounds when they are allowed no scope for their indulgence. We know that from impulse and habit, when not from deliberate purpose,

mais qui est livré à tout adulte du sexe masculin, jusqu'au plus vil et au plus féroce. De ce qu'un homme n'est pas connu pour avoir violé un des dix commandements, ou qu'il jouit d'une bonne réputation parmi ceux qu'il ne peut contraindre à avoir des relations avec lui, ou qu'il ne s'échappe pas en violents éclats contre ceux qui ne sont pas obligés de le supporter, il n'est pas possible de présumer le genre de conduite qu'il tiendra chez lui, quand il sera maître absolu. Les hommes les plus communs réservent le côté violent, morose, ouvertement égoïste de leur caractère pour ceux qui n'ont pas le pouvoir de leur résister. La relation de supérieur à subordonné est la pépinière de ces vices de caractère ; partout où ils existent, c'est de là qu'ils tirent leur sève. Un homme violent et morose avec ses égaux est assurément un homme qui a vécu parmi des inférieurs qu'il pouvait dominer par la crainte ou par les vexations. Si la famille est, comme on le dit souvent, une école de sympathie, de tendresse, d'un affectueux oubli de soi-même, c'est encore plus souvent pour son chef une école d'entêtement, d'arrogance, de laisser aller sans limite, et d'un égoïsme raffiné et idéalisé dont le sacrifice n'est lui-même qu'une forme particulière, puisqu'il ne prend intérêt à sa femme et à ses enfants que parce qu'ils sont une partie de ses propriétés, puisqu'il sacrifie de toutes les façons leur bonheur à ses plus légères préférences. Qu'attendre de mieux de la forme actuelle de l'union conjugale ? Nous savons que les mauvais penchants de la nature humaine ne restent dans leurs limites que lorsqu'il ne leur est pas permis de se donner carrière. On sait que par un penchant, ou par une habitude, sinon de propos délibéré,

almost every one to whom others yield, goes on encroaching upon them, until a point is reached at which they are compelled to resist. Such being the common tendency of human nature; the almost unlimited power which present social institutions give to the man over at least one human being—the one with whom he resides, and whom he has always present—this power seeks out and evokes the latent germs of selfishness in the remotest corners of his nature—fans its faintest sparks and smouldering embers—offers to him a license for the indulgence of those points of his original character which in all other relations he would have found it necessary to repress and conceal, and the repression of which would in time have become a second nature. I know that there is another side to the question. I grant that the wife, if she cannot effectually resist, can at least retaliate; she, too, can make the man's life extremely uncomfortable, and by that power is able to carry many points which she ought, and many which she ought not, to prevail in. But this instrument of self-protection—which may be called the power of the scold, or the shrewish sanction—has the fatal defect, that it avails most against the least tyrannical superiors, and in favour of the least deserving dependents. It is the weapon of irritable and self-willed women; of those who would make the worst use of power if they themselves had it, and who generally turn this power to a bad use. The amiable cannot use such an instrument, the highminded disdain it. And on the other hand, the husbands against whom it is used most effectively are the gentler and more inoffensive; those who cannot be induced,

presque tout le monde empiète toujours sur celui qui cède jusqu'à le forcer à la résistance. C'est en présence de ces tendances actuelles de la nature humaine que nos institutions actuelles donnent à l'homme un pouvoir à peu près illimité sur un membre de l'humanité – celui avec lequel il demeure, qu'il a toujours avec lui. Ce pouvoir va chercher les germes latents d'égoïsme dans les replis les plus cachés du cœur de l'homme, y ranime les plus faibles étincelles, souffle sur le feu qui couvait, et lâche la bride à des penchants que dans d'autres circonstances l'homme aurait senti la nécessité de réprimer et de dissimuler au point de se faire avec le temps une seconde nature. Je sais qu'il y a un revers à la médaille, je reconnais que, si la femme ne peut résister, il lui reste au moins les représailles ; elle a le pouvoir de rendre la vie de l'homme très malheureuse, et s'en sert pour faire prévaloir sa volonté sur bien des points où elle doit l'emporter, et aussi sur beaucoup où elle ne le devrait pas. Mais cet instrument de protection personnelle, qu'on pourrait appeler la puissance de la criaillerie, la sanction de la mauvaise humeur, a un vice fatal ; c'est qu'il sert le plus souvent contre les maîtres les moins tyranniques, et en faveur des subordonnés les moins dignes. C'est l'arme des femmes irritables et volontaires qui feraient le plus mauvais usage du pouvoir, si elles l'avaient, et qui font un mauvais usage de celui dont elles s'emparent. Les femmes d'humeur douce ne peuvent recourir à cette arme, et celles qui ont le cœur haut placé la dédaignent. D'un autre côte, les maris contre qui on l'emploie avec le plus de succès sont les plus doux et les plus inoffensifs,

even by provocation, to resort to any very harsh exercise of authority. The wife's power of being disagreeable generally only establishes a counter-tyranny, and makes victims in their turn chiefly of those husbands who are least inclined to be tyrants.

What is it, then, which really tempers the corrupting effects of the power, and makes it compatible with such amount of good as we actually see? Mere feminine blandishments, though of great effect in individual instances, have very little effect in modifying the general tendencies of the situation; for their power only lasts while the woman is young and attractive, often only while her charm is new, and not dimmed by familiarity; and on many men they have not much influence at any time. The real mitigating causes are, the personal affection which is the growth of time, in so far as the man's nature is susceptible of it, and the woman's character sufficiently congenial with his to excite it; their common interests as regards the children, and their general community of interest as concerns third persons (to which however there are very great limitations); the real importance of the wife to his daily comforts and enjoyments, and the value he consequently attaches to her on his personal account, which, in a man capable of feeling for others, lays the foundation of caring for her on her own; and lastly, the influence naturally acquired over almost all human beings by those near to their persons (if not actually disagreeable to them): who, both by their direct entreaties, and by the insensible contagion of their feelings and dispositions,

ceux que nulle provocation ne peut résoudre à faite un usage un peu sévère de leur autorité. Le pouvoir qu'a la femme d'être désagréable a pour effet général d'établir une contre-tyrannie, et de faire des victimes dans l'autre sexe en s'exerçant surtout sur les maris les moins enclins à devenir des tyrans.

Qu'est-ce donc qui modère réellement les effets corrupteurs du pouvoir, et les rend compatibles avec la somme réelle de bien que nous voyons autour de nous ? Les caresses féminines, qui peuvent avoir un grand effet dans des cas particuliers, en ont très peu pour modifier les tendances générales de la situation. En effet, ce genre de pouvoir dure seulement tant que la femme est jeune et attrayante, ou tant que le charme est nouveau, et qu'il n'est pas détruit par la familiarité ; puis il y a beaucoup d'hommes sur qui ces moyens n'ont jamais beaucoup d'influence. Les causes qui contribuent réellement à adoucir l'institution sont l'affection personnelle que produit le temps dans la mesure où la nature de l'homme est capable d'en ressentir, et où le caractère de la femme est assez sympathique à celui de l'homme pour l'y faire naître ; leurs intérêts communs au sujet des enfants, et d'autres intérêts communs, mais soumis à de très grandes restrictions, au sujet de personnes tierces ; l'importance du rôle de la femme pour embellir la vie de son mari ; la valeur que le mari reconnaît à sa femme à son point de vue personnel, qui, chez un homme généreux, devient l'origine de l'affection qu'il lui porte pour elle-même ; l'influence acquise sur presque tous les êtres humains par ceux qui les approchent, qui, s'ils ne déplaisent pas, peuvent, à la fois par leurs prières et par la communication inconsciente de leurs sentiments et de leurs dispositions,

are often able, unless counteracted by some equally strong personal influence, to obtain a degree of command over the conduct of the superior, altogether excessive and unreasonable. Through these various means, the wife frequently exercises even too much power over the man; she is able to affect his conduct in things in which she may not be qualified to influence it for good—in which her influence may be not only unenlightened, but employed on the morally wrong side; and in which he would act better if left to his own prompting. But neither in the affairs of families nor in those of states is power a compensation for the loss of freedom. Her power often gives her what she has no right to, but does not enable her to assert her own rights. A Sultan's favourite slave has slaves under her, over whom she tyrannizes; but the desirable thing would be that she should neither have slaves nor be a slave. By entirely sinking her own existence in her husband; by having no will (or persuading him that she has no will) but his, in anything which regards their joint relation, and by making it the business of her life to work upon his sentiments, a wife may gratify herself by influencing, and very probably perverting, his conduct, in those of his external relations which she has never qualified herself to judge of, or in which she is herself wholly influenced by some personal or other partiality or prejudice. Accordingly, as things now are, those who act most kindly to their wives, are quite as often made worse, as better, by the wife's influence, in respect to all interests extending beyond the family. She is taught that she has no business with things

obtenir sur la conduite de leurs supérieurs un empire excessif et déraisonnable, à moins d'être contre-carrés par quelque autre influence directe. C'est par ces divers moyens que la femme arrive souvent à exercer un pouvoir exorbitant sur l'homme et à influencer sa conduite sur les points mêmes où elle n'est pas capable de le faire pour le bien, où son influence peut non seulement manquer de lumière, mais s'employer en faveur d'une cause moralement mauvaise, alors que l'homme agirait mieux s'il était laissé à ses propres penchants. Mais, dans la famille comme dans l'État, le pouvoir ne peut remplacer la liberté. La puissance que la femme exerce sur son mari lui dorme souvent ce qu'elle n'a aucun droit d'avoir, et ne lui donne pas les moyens d'assurer ses propres droits. L'esclave favorite d'un sultan possède elle-même des esclaves qu'elle tyrannise ; il vaudrait mieux qu'elle n'en eût pas, et ne fût pas elle-même esclave. En absorbant sa propre existence dans celle de son mari, en n'ayant aucune volonté, ou en lui persuadant qu'elle ne veut que ce qu'il veut dans toutes leurs affaires communes, et en employant toute sa vie à agir sur ses sentiments, elle peut se donner la satisfaction d'influencer et probablement de pervertir sa conduite dans les affaires dont elle ne s'est jamais rendue capable de juger ou dans lesquelles elle est totalement dominée par quelque motif personnel ou par quelque préjugé. En conséquence, dans l'état présent des choses, ceux qui en usent avec le plus de bienveillance avec leur femme sont tout aussi souvent corrompus que raffermis dans l'amour du bien par l'influence de leur femme, quand il s'agit d'intérêts qui s'étendent hors de la famille. On a appris à la femme qu'elle n'avait pas à s'occuper des choses placées

out of that sphere; and accordingly she seldom has any honest and conscientious opinion on them; and therefore hardly ever meddles with them for any legitimate purpose, but generally for an interested one. She neither knows nor cares which is the right side in politics, but she knows what will bring in money or invitations, give her husband a title, her son a place, or her daughter a good marriage.

But how, it will be asked, can any society exist without government? In a family, as in a state, some one person must be the ultimate ruler. Who shall decide when married people differ in opinion? Both cannot have their way, yet a decision one way or the other must be come to.

It is not true that in all voluntary association between two people, one of them must be absolute master: still less that the law must determine which of them it shall be. The most frequent case of voluntary association, next to marriage, is partnership in business: and it is not found or thought necessary to enact that in every partnership, one partner shall have entire control over the concern, and the others shall be bound to obey his orders. No one would enter into partnership on terms which would subject him to the responsibilities of a principal, with only the powers and privileges of a clerk or agent. If the law dealt with other contracts as it does with marriage, it would ordain that one partner should administer the common business as if it was his private concern; that the others should have only delegated powers; and that this one should be designated by some general presumption of law, for example as being the eldest. The law never does this: nor does experience show it to be necessary

hors de sa sphère ; elle n'a donc que rarement une opinion vraie et consciencieuse à leur sujet ; par conséquent elle ne s'en occupe jamais dans un but légitime et n'y touche guère que dans un but intéressé. En politique elle ignore où est le droit, et ne s'en soucie pas, mais elle sait ce qui peut procurer à son mari un titre, à son fils une place, à sa fille un beau mariage.

Mais, demandera-t-on, comment une société peut-elle exister sans un gouvernement ? Dans une famille comme dans un État, il doit y avoir une personne qui commande, qui décide quand les conjoints diffèrent d'opinion ; chacun ne peut aller de son côté, et il faut prendre un parti.

Il n'est pas vrai que, dans toutes les associations volontaires de deux personnes, l'une d'elles doive être maîtresse absolue ; encore moins appartient-il à la loi de déterminer laquelle le sera. Après le mariage, la forme d'association volontaire qui se voit le plus souvent, c'est la société commerciale. On ne juge pas nécessaire de régler par la loi que, dans toute société, un des associés aura toute la direction des affaires, et que les autres seront tenus d'obéir à ses ordres. Personne ne voudrait entrer dans la société ni se soumettre à la responsabilité qui pèse sur un chef, en ne conservant que le pouvoir d'un employé et d'un agent. Si la loi intervenait dans tous les contrats comme dans les contrats de mariage, elle ordonnerait que l'un des associés administrât les affaires communes comme s'il y était seul intéressé, que les autres associés eussent seulement des pouvoirs délégués, et que le chef déterminé par une disposition générale de la loi fût, par exemple, le doyen d'âge. La loi n'a jamais rien fait de semblable, et l'expérience n'a jamais montré la nécessite d'établir

that any theoretical inequality of power should exist between the partners, or that the partnership should have any other conditions than what they may themselves appoint by their articles of agreement. Yet it might seem that the exclusive power might be conceded with less danger to the rights and interests of the inferior, in the case of partnership than in that of marriage, since he is free to cancel the power by withdrawing from the connexion. The wife has no such power, and even if she had, it is almost always desirable that she should try all measures before resorting to it.

It is quite true that things which have to be decided every day, and cannot adjust themselves gradually, or wait for a compromise, ought to depend on one will: one person must have their sole control. But it does not follow that this should always be the same person. The natural arrangement is a division of powers between the two; each being absolute in the executive branch of their own department, and any change of system and principle requiring the consent of both. The division neither can nor should be pre-established by the law, since it must depend on individual capacities and suitabilities. If the two persons chose, they might pre-appoint it by the marriage contract, as pecuniary arrangements are now often pre-appointed. There would seldom be any difficulty in deciding such things by mutual consent, unless the marriage was one of those unhappy ones in which all other things, as well as this, become subjects of bickering and dispute. The division of rights would naturally follow the division of duties and functions; and that is already made by consent, or at all events not by law, but by general custom, modified and modifiable at the pleasure of the persons concerned.

une inégalité théorique entre les associés, ni d'ajouter des conditions à celles que les associés inscrivent eux-mêmes dans les articles de leur traité. On pourrait croire pourtant que l'établissement du pouvoir absolu aurait moins de danger pour les droits et les intérêts des inférieurs dans une société commerciale que dans le mariage, puisque les associés restent libres d'annuler le pouvoir en se retirant de l'association. La femme n'a pas cette liberté, et, l'eût-elle, il est toujours désirable qu'elle essaie de tous les moyens avant d'y recourir.

Il est parfaitement vrai que les choses qu'il faut décider chaque jour, qui ne peuvent pas s'arranger peu à peu ni attendre un compromis, doivent relever seulement d'une volonté ; une seule personne doit trancher ces questions. Mais il n'en résulte pas que cette personne soit toujours la même. Il se présente un mode tout naturel d'arrangement, c'est le partage du pouvoir entre les deux associés, où chacun garde la direction absolue de sa partie, où tout changement de système et de principe exige le consentement des deux personnes. La division ne doit ni ne peut être préétablie par la loi, puisqu'elle doit dépendre de capacités individuelles, si les deux conjoints le préfèrent, ils peuvent l'établir par avance dans leur contrat de mariage, à la manière dont on y règle actuellement les questions d'argent. Il y aurait rarement des difficultés dans ces arrangements pris d'un commun accord, excepté dans un de ces cas malheureux où tout devient sujet de contestation et de dispute entre les époux. La division des droits doit suivre naturellement la division des devoirs et des fonctions, et cela se fait déjà par consentement, et en dehors de la loi d'après la coutume que le gré des personnes intéressées peut modifier et modifie en effet.

The real practical decision of affairs, to whichever may be given the legal authority, will greatly depend, as it even now does, upon comparative qualifications. The mere fact that he is usually the eldest, will in most cases give the preponderance to the man; at least until they both attain a time of life at which the difference in their years is of no importance. There will naturally also be a more potential voice on the side, whichever it is, that brings the means of support. Inequality from this source does not depend on the law of marriage, but on the general conditions of human society, as now constituted. The influence of mental superiority, either general or special, and of superior decision of character, will necessarily tell for much. It always does so at present. And this fact shows how little foundation there is for the apprehension that the powers and responsibilities of partners in life (as of partners in business), cannot be satisfactorily apportioned by agreement between themselves. They always are so apportioned, except in cases in which the marriage institution is a failure. Things never come to an issue of downright power on one side, and obedience on the other, except where the connexion altogether has been a mistake, and it would be a blessing to both parties to be relieved from it. Some may say that the very thing by which an amicable settlement of differences becomes possible, is the power of legal compulsion known to be in reserve; as people submit to an arbitration because there is a court of law in the background, which they know that they can be forced to obey.

La décision réelle des affaires, quel que soit le dépositaire de l'autorité, dépendra beaucoup, comme cela arrive même à présent, des aptitudes relatives. De cela seul que le mari est d'ordinaire plus âgé que sa femme, il aura le plus souvent la prépondérance, au moins jusqu'à ce qu'ils arrivent l'un et l'autre à cette époque de la vie où la différence des années n'a plus d'importance. Il y aura aussi une voix prépondérante du côte, quel qu'il soit, qui fournit les moyens de subsistance. L'inégalité produite par cette cause ne dépendrait plus alors de la loi du mariage, mais des conditions générales de la société humaine telle qu'elle est à présent constituée. Une supériorité mentale due soit à l'ensemble des facultés, soit à des connaissances spéciales, une décision de caractère plus marquée, doivent nécessairement avoir une grande influence. Il en est toujours ainsi à présent, et ce fait montre combien est peu fondée la crainte que les pouvoirs et la responsabilité des associés dans la vie, comme des associés dans les affaires, ne puissent se partager d'une façon satisfaisante d'un commun accord. Les parties s'entendent toujours dans ce partage, excepté dans le cas où le mariage est une affaire manquée. Dans la réalité, on ne voit pas le pouvoir tout d'un côte, et l'obéissance toute de l'autre, si ce n'est dans ces unions qui sont l'effet d'une erreur complète, où ce serait une bénédiction pour les deux parties d'être déchargées de leur fardeau. On viendra me dire que ce qui rend possible un arrangement amiable des différends, c'est que l'une des parties garde en réserve le pouvoir d'user de contrainte et que l'autre le sait ; de même que l'on se soumet à une décision d'arbitres parce qu'on voit sur l'arrière-plan une cour de justice qui peut forcer à obéir.

But to make the cases parallel, we must suppose that the rule of the court of law was, not to try the cause, but to give judgment always for the same side, suppose the defendant. If so, the amenability to it would be a motive with the plaintiff to agree to almost any arbitration, but it would be just the reverse with the defendant. The despotic power which the law gives to the husband may be a reason to make the wife assent to any compromise by which power is practically shared between the two, but it cannot be the reason why the husband does. That there is always among decently conducted people a practical compromise, though one of them at least is under no physical or moral necessity of making it, shows that the natural motives which lead to a voluntary adjustment of the united life of two persons in a manner acceptable to both, do on the whole, except in unfavourable cases, prevail. The matter is certainly not improved by laying down as an ordinance of law, that the superstructure of free government shall be raised upon a legal basis of despotism on one side and subjection on the other, and that every concession which the despot makes may, at his mere pleasure, and without any warning, be recalled. Besides that no freedom is worth much when held on so precarious a tenure, its conditions are not likely to be the most equitable when the law throws so prodigious a weight into one scale; when the adjustment rests between two persons one of whom is declared to be entitled to everything, the other not only entitled to nothing except during the good pleasure of the first, but under the strongest moral and religious obligation not to rebel under any excess of oppression.

Mais, pour rendre l'analogie complète, il faudrait supposer que la jurisprudence des cours n'est pas d'examiner l'affaire, mais de rendre l'arrêt toujours en faveur de la même partie, le défendeur par exemple. Alors, la compétence de ces cours serait pour le demandeur un motif d'entrer en arrangement sur un arbitrage quelconque, mais ce serait tout le contraire pour le défendeur. Le pouvoir despotique que la loi donne au mari peut bien être une raison pour faire consentir la femme à tout compromis qui partage le pouvoir entre elle et son mari, mais non pour que le mari y consente. Chez les gens qui se conduisent honorablement, il se fait un compromis réel sans que l'un des deux conjoints y soit contrait moralement ou physiquement, et cela montre que les motifs naturels, qui mènent à la conclusion volontaire d'un arrangement pour régler la vie des époux d'une façon tolérable pour l'un comme pour l'autre, prévalent en définitive, excepté dans les cas défavorables. Assurément on n'améliore pas la situation en faisant décider par la loi que l'édifice d'un gouvernement libre s'élèvera sur la base légale du despotisme au profit d'une partie, et de la soumission de l'autre ; ni en établissant que toute concession faite par le despote pourra être révoquée selon son bon plaisir sans avertissement. Outre qu'une liberté ne mérite pas ce nom quand elle est si précaire, ses conditions ont peu de chance d'être équitables quand la loi jette un poids si prodigieux dans l'un des plateaux de la balance, quand l'arrangement établi entre deux personnes donne à l'une le droit de tout faire, et à l'autre rien de plus que le droit de faire la volonté de la première, avec l'obligation morale et religieuse la plus forte de ne se révolter contre aucun excès d'oppression.

A pertinacious adversary, pushed to extremities, may say, that husbands indeed are willing to be reasonable, and to make fair concessions to their partners without being compelled to it, but that wives are not: that if allowed any rights of their own, they will acknowledge no rights at all in any one else, and never will yield in anything, unless they can be compelled, by the man's mere authority, to yield in everything. This would have been said by many persons some generations ago, when satires on women were in vogue, and men thought it a clever thing to insult women for being what men made them. But it will be said by no one now who is worth replying to. It is not the doctrine of the present day that women are less susceptible of good feeling, and consideration for those with whom they are united by the strongest ties, than men are. On the contrary, we are perpetually told that women are better than men, by those who are totally opposed to treating them as if they were as good; so that the saying has passed into a piece of tiresome cant, intended to put a complimentary face upon an injury, and resembling those celebrations of royal clemency which, according to Gulliver, the king of Lilliput always prefixed to his most sanguinary decrees. If women are better than men in anything, it surely is in individual self-sacrifice for those of their own family. But I lay little stress on this, so long as they are universally taught that they are born and created for self-sacrifice. I believe that equality of rights would abate the exaggerated self-abnegation

Un adversaire obstiné, acculé à ses derniers retranchements, dira peut-être que les maris veulent bien faire des concessions convenables à leurs associées sans y être forcés, en un mot se montrer raisonnables, mais que les femmes ne le sont pas : que si on accordait aux femmes des droits, elles n'en reconnaîtraient à personne, et qu'elles ne céderaient plus sur rien, si elles n'étaient plus forcées par l'autorité de l'homme à céder sur tout. Il y a quelques générations, beaucoup de personnes auraient tenu ce langage ; alors les satires sur les femmes étaient à la mode, et les hommes croyaient faire merveille en reprochant injurieusement aux femmes d'être ce qu'ils les faisaient. Mais aujourd'hui ce bel argument n'a plus pour lui personne qui mérite une réponse. L'opinion du jour n'est plus que les femmes sont moins que les hommes susceptibles de bons sentiments et de considération pour ceux à qui elles sont unies par les liens les plus forts. Au contraire, les gens qui s'opposent le plus à ce qu'on les traite comme si elles étaient aussi bonnes que les hommes répètent sans cesse qu'elles sont meilleures ; cet aveu a même fini par devenir une formule fastidieuse d'hypocrisie destinée à couvrir une injure par une grimace de compliment, qui nous rappelle les louanges que d'après Gulliver le souverain de Lilliput donnait à sa clémence royale en tête de ses plus sanguinaires décrets. Si les femmes valent mieux que les hommes en quelque chose, c'est assurément par leur abnégation personnelle en faveur des membres de leur famille, mais je n'insiste pas sur ce point, parce qu'on leur enseigne qu'elles sont nées et créées pour faire abnégation de leur personne. Je crois que l'égalité ôterait à cette abnégation ce qu'elle a d'exagéré

which is the present artificial ideal of feminine character, and that a good woman would not be more self-sacrificing than the best man: but on the other hand, men would be much more unselfish and self-sacrificing than at present, because they would no longer be taught to worship their own will as such a grand thing that it is actually the law for another rational being. There is nothing which men so easily learn as this self-worship: all privileged persons, and all privileged classes, have had it. The more we descend in the scale of humanity, the intenser it is; and most of all in those who are not, and can never expect to be, raised above any one except an unfortunate wife and children. The honourable exceptions are proportionally fewer than in the case of almost any other human infirmity. Philosophy and religion, instead of keeping it in check, are generally suborned to defend it; and nothing controls it but that practical feeling of the equality of human beings, which is the theory of Christianity, but which Christianity will never practically teach, while it sanctions institutions grounded on an arbitrary preference of one human being over another.

There are, no doubt, women, as there are men, whom equality of consideration will not satisfy; with whom there is no peace while any will or wish is regarded but their own. Such persons are a proper subject for the law of divorce. They are only fit to live alone, and no human beings ought to be compelled to associate their lives with them. But the legal subordination tends to make such characters among women more, rather than less, frequent.

dans l'idéal qu'on se fait aujourd'hui du caractère des femmes, et que la meilleure ne serait pas plus portée à se sacrifier que l'homme le meilleur ; mais d'autre part les hommes seraient moins égoïstes et plus disposés au sacrifice de leur personne qu'aujourd'hui, parce qu'on ne leur apprendrait plus à adorer leur propre volonté, et à y voir une chose tellement admirable qu'elle doive être la loi d'un autre être raisonnable. L'homme n'apprend rien si facilement qu'à s'adorer lui-même ; les hommes et les classes privilégiées ont toujours été ainsi. Plus on descend dans l'échelle de l'humanité, plus ce culte est fervent ; il l'est surtout chez ceux qui ne s'élèvent, et ne peuvent s'élever qu'au-dessus d'une malheureuse femme et de quelques enfants. C'est de toutes les infirmités humaines celle qui offre le moins d'exceptions ; la philosophie et la religion, au lieu de la combattre, deviennent ordinairement ses mercenaires ; rien ne s'y oppose que le sentiment d'égalité des êtres humains qui fait le fond du christianisme, mais que le christianisme ne fera jamais triompher tant qu'il sanctionnera des institutions fondées sur une préférence arbitraire d'un membre de l'humanité à un autre.

Il y a sans doute des femmes, comme aussi des hommes, que l'égalité ne satisfera pas, avec lesquelles nulle paix n'est possible tant que leur volonté ne règne pas sans partage. C'est surtout pour ces personne-là que la loi du divorce est bonne. Elles ne sont faites que pour vivre seules, et nul être vivant ne devrait être contraint d'associer sa vie à la leur. Mais, au lieu de rendre rares ces caractères chez les femmes, la subordination légale où elles vivent tend plutôt à les rendre fréquents.

If the man exerts his whole power, the woman is of course crushed: but if she is treated with indulgence, and permitted to assume power, there is no rule to set limits to her encroachments. The law, not determining her rights, but theoretically allowing her none at all, practically declares that the measure of what she has a right to, is what she can contrive to get.

The equality of married persons before the law, is not only the sole mode in which that particular relation can be made consistent with justice to both sides, and conducive to the happiness of both, but it is the only means of rendering the daily life of mankind, in any high sense, a school of moral cultivation. Though the truth may not be felt or generally acknowledged for generations to come, the only school of genuine moral sentiment is society between equals. The moral education of mankind has hitherto emanated chiefly from the law of force, and is adapted almost solely to the relations which force creates. In the less advanced states of society, people hardly recognise any relation with their equals. To be an equal is to be an enemy. Society, from its highest place to its lowest, is one long chain, or rather ladder, where every individual is either above or below his nearest neighbour, and wherever he does not command he must obey. Existing moralities, accordingly, are mainly fitted to a relation of command and obedience. Yet command and obedience are but unfortunate necessities of human life: society in equality is its normal state. Already in modern life, and more and more as it progressively improves, command and obedience become exceptional facts in life, equal association its general rule. The morality of

Si l'homme exerce tout son pouvoir, la femme est écrasée ; mais si elle est traitée avec indulgence, si on lui permet de prendre de la puissance, nulle règle ne peut mettre un terme à ses empiétements. La loi ne détermine pas ses droits ; elle ne lui en donne aucun en principe, c'est l'autoriser à les étendre tant qu'elle le peut.

L'égalité légale des personnes mariées n'est pas seulement le seul mode où leurs rapports puissent s'harmoniser avec la justice qui leur est due, et faire leur bonheur, mais il n'y a pas d'autre moyen de faire de la vie journalière une école d'éducation morale au sens le plus élevé. Plusieurs générations s'écouleront peut-être avant que cette vérité soit généralement admise ; mais la seule école du véritable sentiment moral est la société entre égaux. L'éducation morale de la société s'est faite jusqu'ici par la loi de la force, et ne s'est guère adaptée qu'aux relations créées par la force. Dans les états de société moins avancés, on ne connaît guère de relation avec des égaux : un égal est un ennemi. La société est du haut en bas une longue chaîne, ou mieux une échelle, où chaque individu est au-dessus ou au-dessous de son plus proche voisin ; partout où il ne commande pas, il faut qu'il obéisse. Tous les préceptes moraux en usage aujourd'hui se rapportent principalement à la relation de maître à serviteur. Cependant le commandement et l'obéissance ne sont que des nécessités malheureuses de la vie humaine : l'état normal de la société, c'est l'égalité. Dans la vie moderne déjà, et toujours plus à mesure qu'elle marche dans la voie du progrès, le commandement et l'obéissance deviennent des faits exceptionnels. L'association sur le pied d'égalité est la règle générale. La morale des

the first ages rested on the obligation to submit to power; that of the ages next following, on the right of the weak to the forbearance and protection of the strong. How much longer is one form of society and life to content itself with the morality made for another? We have had the morality of submission, and the morality of chivalry and generosity; the time is now come for the morality of justice. Whenever, in former ages, any approach has been made to society in equality, Justice has asserted its claims as the foundation of virtue. It was thus in the free republics of antiquity. But even in the best of these, the equals were limited to the free male citizens; slaves, women, and the unenfranchised residents were under the law of force. The joint influence of Roman civilization and of Christianity obliterated these distinctions, and in theory (if only partially in practice) declared the claims of the human being, as such, to be paramount to those of sex, class, or social position. The barriers which had begun to be levelled were raised again by the northern conquests; and the whole of modern history consists of the slow process by which they have since been wearing away. We are entering into an order of things in which justice will again be the primary virtue; grounded as before on equal, but now also on sympathetic association; having its root no longer in the instinct of equals for self-protection, but in a cultivated sympathy between them; and no one being now left out, but an equal measure being extended to all. It is no novelty that mankind do not distinctly foresee their own changes, and that their sentiments are adapted to past, not to coming ages.

premiers siècles reposait sur l'obligation de se soumettre à la force, plus tard elle a reposé sur le droit du faible à la tolérance et à la protection du fort. Jusques à quand une forme de société se contentera-t-elle de la morale qui convenait à une autre ? Nous avons eu la morale de la servitude ; nous avons eu la morale de la chevalerie et de la générosité ; le tour de la morale de la justice est venu. Partout où dans les premiers temps la société a marché vers l'égalité, la justice a affirmé ses droits à servir de base à la vertu. Voyez les républiques libres de l'antiquité. Mais dans les meilleures même, l'égalité ne s'étendait qu'aux citoyens libres ; les esclaves, les femmes, les résidants non investis du droit de cité, étaient régis par la loi de la force. La double influence de la civilisation romaine et du christianisme effaça ces distinctions, et, en théorie, sinon tout à fait dans la pratique, proclama que les droits de l'être humain sont supérieurs aux droits du sexe, de la classe, ou de la position sociale. Les barrières qui commençaient à s'abaisser furent relevées par la conquête des Barbares ; et toute l'histoire moderne n'est qu'une suite d'efforts pour les rompre. Nous entrons dans un ordre de choses où la justice sera de nouveau la première vertu, fondée comme auparavant sur l'association de personnes égales, mais désormais aussi sur l'association de personnes égales unies par la sympathie ; association qui n'aura plus sa source dans l'instinct de la conservation personnelle, mais dans une sympathie éclairée, d'où personne ne sera plus exclu, mais où tout le monde sera admis sur le pied d'égalité. Ce n'est pas une nouveauté que l'humanité ne prévoie pas ses propres changements, et n'aperçoive pas que ses sentiments conviennent au passé, non à l'avenir.

To see the futurity of the species has always been the privilege of the intellectual élite, or of those who have learnt from them; to have the feelings of that futurity has been the distinction, and usually the martyrdom, of a still rarer élite. Institutions, books, education, society, all go on training human beings for the old, long after the new has come; much more when it is only coming. But the true virtue of human beings is fitness to live together as equals; claiming nothing for themselves but what they as freely concede to every one else; regarding command of any kind as an exceptional necessity, and in all cases a temporary one; and preferring, whenever possible, the society of those with whom leading and following can be alternate and reciprocal. To these virtues, nothing in life as at present constituted gives cultivation by exercise. The family is a school of despotism, in which the virtues of despotism, but also its vices, are largely nourished. Citizenship, in free countries, is partly a school of society in equality; but citizenship fills only a small place in modern life, and does not come near the daily habits or inmost sentiments. The family, justly constituted, would be the real school of the virtues of freedom. It is sure to be a sufficient one of everything else. It will always be a school of obedience for the children, of command for the parents. What is needed is, that it should be a school of sympathy in equality, of living together in love,

Voir l'avenir de l'espèce a toujours été le privilège de l'élite des hommes instruits, ou de ceux qui ont reçu d'eux leur instruction. Sentir comme les générations de l'avenir, voilà ce qui fait la distinction et d'ordinaire le martyre d'une élite encore moins nombreuse. Les institutions, les livres, l'éducation, la société, tout prépare les hommes pour l'ancien régime, longtemps après que le nouveau a déjà paru ; à plus forte raison quand il est encore à venir. Mais la véritable vertu des êtres humains, c'est l'aptitude à vivre ensemble comme des égaux, sans rien réclamer pour soi que ce qui est accordé librement à tout autre ; à considérer le commandement de quelque genre qu'il soit comme une nécessité exceptionnelle, et dans tous les cas comme une nécessité temporaire ; à préférer autant que possible la société de ceux parmi lesquels le commandement ou l'obéissance peuvent s'exercer tour à tour. Rien dans la vie telle qu'elle est constituée aujourd'hui ne cultive ces vertus en les exerçant. La famille est une école de despotisme où les vertus du despotisme, mais aussi ses vices, sont plantureusement nourris. La vie politique dans les pays libres serait bien une école où l'on apprendrait l'égalité, mais la vie politique ne remplit qu'une très petite place dans la vie moderne, ne pénètre pas dans les habitudes journalières et n'atteint pas les sentiments les plus intimes. La famille constituée sur des bases justes serait la véritable école des vertus de la liberté. Assurément c'est tout autre chose qu'on y apprend. Ce sera toujours une école d'obéissance pour les enfants, et de commandement pour les parents. Ce qu'il faut de plus, c'est qu'elle soit une école de sympathie dans l'égalité, de vie en commun dans l'amour,

without power on one side or obedience on the other. This it ought to be between the parents. It would then be an exercise of those virtues which each requires to fit them for all other association, and a model to the children of the feelings and conduct which their temporary training by means of obedience is designed to render habitual, and therefore natural, to them. The moral training of mankind will never be adapted to the conditions of the life for which all other human progress is a preparation, until they practise in the family the same moral rule which is adapted to the normal constitution of human society. Any sentiment of freedom which can exist in a man whose nearest and dearest intimacies are with those of whom he is absolute master, is not the genuine or Christian love of freedom, but, what the love of freedom generally was in the ancients and in the middle ages—an intense feeling of the dignity and importance of his own personality; making him disdain a yoke for himself, of which he has no abhorrence whatever in the abstract, but which he is abundantly ready to impose on others for his own interest or glorification.

I readily admit (and it is the very foundation of my hopes) that numbers of married people even under the present law, (in the higher classes of England probably a great majority,) live in the spirit of a just law of equality. Laws never would be improved, if there were not numerous persons whose moral sentiments are better than the existing laws. Such persons ought to support the principles here advocated;

où la puissance ne soit pas toute d'un côté et l'obéissance toute de l'autre. Voilà ce que la famille doit être pour les parents. On y apprendrait alors les vertus dont on a besoin dans toutes les autres associations ; les enfants y trouveraient un modèle des sentiments et de la conduite qui doivent leur devenir naturels et habituels et qu'on cherche à leur inculquer par la soumission qu'on exige d'eux pendant la période de leur éducation. L'éducation morale de l'espèce ne s'adaptera jamais aux conditions du genre de vie dont tous les progrès ne sont qu'une préparation, tant qu'on n'obéira pas dans la famille à la même loi morale qui règle la constitution morale de la société humaine. Le sentiment de la liberté tel qu'il peut exister chez un homme qui fait reposer ses affections les plus vives sur les êtres dont il est le maître absolu, n'est pas l'amour véritable ou l'amour chrétien de la liberté, c'est l'amour de la liberté tel qu'il existait généralement chez les anciens et au Moyen Age, c'est un sentiment intense de la dignité et de l'importance de sa propre personnalité qui fait trouver avilissant pour soi un joug qui n'inspire pas d'horreur par lui-même, et qu'on est très disposé à imposer aux autres pour son propre intérêt ou pour satisfaire sa vanité.

Je suis prêt à admettre, et c'est là-dessus que je fonde mes espérances, que bien des personnes mariées même sous la loi actuelle, et probablement la majorité des classes supérieures, vivent selon l'esprit d'une loi d'égalité et de justice. Les lois ne seraient jamais améliorées, s'il n'y avait beaucoup de personnes dont les sentiments moraux valent mieux que les lois existantes : ces personnes devraient soutenir les principes que je défends ici,

of which the only object is to make all other married couples similar to what these are now. But persons even of considerable moral worth, unless they are also thinkers, are very ready to believe that laws or practices, the evils of which they have not personally experienced, do not produce any evils, but (if seeming to be generally approved of) probably do good, and that it is wrong to object to them. It would, however, be a great mistake in such married people to suppose, because the legal conditions of the tie which unites them do not occur to their thoughts once in a twelvemonth, and because they live and feel in all respects as if they were legally equals, that the same is the case with all other married couples, wherever the husband is not a notorious ruffian. To suppose this, would be to show equal ignorance of human nature and of fact. The less fit a man is for the possession of power—the less likely to be allowed to exercise it over any person with that person's voluntary consent—the more does he hug himself in the consciousness of the power the law gives him, exact its legal rights to the utmost point which custom (the custom of men like himself) will tolerate, and take pleasure in using the power, merely to enliven the agreeable sense of possessing it. What is more; in the most naturally brutal and morally uneducated part of the lower classes, the legal slavery of the woman, and something in the merely physical subjection to their will as an instrument, causes them to feel a sort of disrespect and contempt towards their own wife which they do not feel towards any other woman, or any other human being, with whom they come in contact; and which makes her seem to them an appropriate subject for any kind of indignity.

qui ont pour seul objet d'amener tous les couples à leur ressembler. Mais avec une grande valeur morale, si on n'a pas en même temps un esprit philosophique, on est très porté à croire que les lois et les habitudes dont on n'a pas personnellement subi les effets fâcheux ne produisent aucun mal, qu'elles produisent même probablement du bien, si elles semblent obtenir l'approbation générale, et que les autres ont tort d'y faire des objections. Ces personnes ne songent pas une fois par an aux conditions légales du lien qui les unit ; elles vivent et sentent à tous les points de vue comme si elles étaient égales aux yeux de la loi. Elles auraient tort pourtant de croire qu'il en est ainsi de toutes les unions où le mari n'est pas un misérable achevé. Ce serait montrer autant d'ignorance de la nature humaine que de la réalité de la vie. Moins un homme est fait pour la possession du pouvoir, moins il a de chance d'être autorisé à l'exercer sur une personne avec son consentement volontaire, plus il se félicite du pouvoir que la loi lui donne, plus il exerce ses droits légaux avec toute la rigueur que comporte la coutume (coutume de ses pareils) et plus il prend plaisir à employer son pouvoir à raviver l'agréable sentiment de le posséder. Bien plus, dans la partie des classes inférieures où la brutalité originelle s'est le mieux conservée, et la plus dépourvue d'éducation morale, l'esclavage de la femme et son obéissance passive, en instrument inerte, à la volonté du mari, inspire à celui-ci une sorte de mépris qu'il n'éprouve pas pour une autre femme, ni pour toute autre personne, et qui lui fait considérer sa femme comme un objet né pour subir toute espèce d'indignités.

Let an acute observer of the signs of feeling, who has the requisite opportunities, judge for himself whether this is not the case: and if he finds that it is, let him not wonder at any amount of disgust and indignation that can be felt against institutions which lead naturally to this depraved state of the human mind.

We shall be told, perhaps, that religion imposes the duty of obedience; as every established fact which is too bad to admit of any other defence, is always presented to us as an injunction of religion. The Church, it is very true, enjoins it in her formularies, but it would be difficult to derive any such injunction from Christianity. We are told that St. Paul said, «Wives, obey your husbands:» but he also said, «Slaves, obey your masters.» It was not St. Paul's business, nor was it consistent with his object, the propagation of Christianity, to incite any one to rebellion against existing laws. The apostle's acceptance of all social institutions as he found them, is no more to be construed as a disapproval of attempts to improve them at the proper time, than his declaration, «The powers that be are ordained of God,» gives his sanction to military despotism, and to that alone, as the Christian form of political government, or commands passive obedience to it. To pretend that Christianity was intended to stereotype existing forms of government and society, and protect them against change, is to reduce it to the level of Islamism or of Brahminism. It is precisely because Christianity has not done this, that it has been the religion of the progressive portion of mankind, and Islamism, Brahminism, &c., have been those

Qu'un homme capable de bien observer et à qui les occasions de le faire ne manquent pas vienne nous contredire ; mais s'il voit les choses comme nous, qu'il ne s'étonne pas du dégoût et de l'indignation que peuvent inspirer des institutions qui conduisent l'homme à ce degré de dépravation.

On nous dira peut-être que la religion impose le devoir de l'obéissance. Quand une dose est manifestement trop mauvaise pour que rien ne la puisse justifier, on vient toujours nous dire qu'elle est ordonnée par la religion. L'Église, il est vrai, prescrit l'obéissance dans ses formulaires ; mais il serait très difficile de faire sortir cette prescription du christianisme. On nous crie que saint Paul a dit : « Femmes, soyez soumises à vos maris » ; mais il a dit aussi aux esclaves : « Obéissez à vos maîtres. » Le rôle de saint Paul n'était pas de pousser à la révolte contre les lois existantes ; des instigations de cette nature ne convenaient pas à son but, la propagation du Christianisme. Mais de ce que l'Apôtre acceptait les institutions sociales comme il les trouvait, il ne faut pas prétendre qu'il désapprouvât tous les efforts qu'on pourrait faire en temps utile pour les améliorer, pas plus que sa déclaration « tout pouvoir vient de Dieu » ne sanctionne le despotisme militaire, ne reconnaît cette forme de gouvernement comme seule chrétienne et ne commande l'obéissance absolue. Prétendre que le Christianisme avait pour but de stéréotyper toutes les formes de gouvernement et de société alors existantes, c'est le ravaler au niveau de l'Islamisme ou du Brahmanisme. C'est précisément parce que le Christianisme n'a pas fait cela, qu'il a été la religion de la partie progressive de l'humanité, et que l'Islamisme, le Brahmanisme et les religions analogues ont été celles

of the stationary portions; or rather (for there is no such thing as a really stationary society) of the declining portions. There have been abundance of people, in all ages of Christianity, who tried to make it something of the same kind; to convert us into a sort of Christian Mussulmans, with the Bible for a Koran, prohibiting all improvement: and great has been their power, and many have had to sacrifice their lives in resisting them. But they have been resisted, and the resistance has made us what we are, and will yet make us what we are to be.

After what has been said respecting the obligation of obedience, it is almost superfluous to say anything concerning the more special point included in the general one — a woman's right to her own property; for I need not hope that this treatise can make any impression upon those who need anything to convince them that a woman's inheritance or gains ought to be as much her own after marriage as before. The rule is simple: whatever would be the husband's or wife's if they were not married, should be under their exclusive control during marriage; which need not interfere with the power to tie up property by settlement, in order to preserve it for children. Some people are sentimentally shocked at the idea of a separate interest in money matters, as inconsistent with the ideal fusion of two lives into one. For my own part, I am one of the strongest supporters of community of goods, when resulting from an entire unity of feeling in the owners, which makes all things common between them. But I have no relish for a community of goods resting on the doctrine, that what is mine is yours but what is yours is not mine; and I should prefer to decline entering into such a compact with any one, though I were myself the person to profit by it.

de la partie stationnaire ou plutôt de la partie rétrograde, car il n'y a pas de société réellement stationnaire. Il y a toujours eu à toutes les époques du Christianisme beaucoup de gens pour essayer d'en faire quelque chose qui ressemblât à ces religions immobiles, de faire des chrétiens quelque chose comme des musulmans avec la Bible pour Koran ; ces gens ont possédé un grand pouvoir et beaucoup d'hommes ont dû sacrifier leur vie pour leur résister ; mais on leur a résisté, et la résistance nous a faits ce que nous sommes, et nous fera ce que nous devons être.

Après ce que nous avons dit sur l'obligation de l'obéissance, il est à peu près superflu de rien ajouter sur le point secondaire de cette grande question, sur le droit qu'a la femme de disposer de son bien. Je n'ai pas l'espérance que cet écrit fasse quelque impression sur ceux à qui il faudrait démontrer que les biens dont une femme hérite, ou qui sont le fruit de son travail, doivent lui appartenir après son mariage, comme ils lui auraient appartenu auparavant. La règle à poser est simple ; tout ce qui appartiendrait au mari ou à la femme, s'ils n'étaient pas mariés, restera sous leur direction exclusive durant le mariage. Cela ne les empêche pas de se lier par un arrangement afin de conserver leurs biens à leurs enfants. Il y a des personnes dont les sentiments sont froissés à la pensée d'une séparation de biens comme d'une négation de l'idée du mariage, la fusion de deux vies en une. Pour ma part, je suis aussi énergiquement que personne pour la communauté de biens, quand elle résulte entre les propriétaires d'une entière unité de sentiments qui fait que tout entre eux est commun. Mais je n'ai aucun goût pour la doctrine en vertu de laquelle ce qui est à moi est à toi, sans que ce qui est à toi soit à moi ; je ne voudrais d'un traité semblable avec personne, dût-il se faire à mon profit.

This particular injustice and oppression to women, which is, to common apprehensions, more obvious than all the rest, admits of remedy without interfering with any other mischiefs: and there can be little doubt that it will be one of the earliest remedied. Already, in many of the new and several of the old States of the American Confederation, provisions have been inserted even in the written Constitutions, securing to women equality of rights in this respect: and thereby improving materially the position, in the marriage relation, of those women at least who have property, by leaving them one instrument of power which they have not signed away; and preventing also the scandalous abuse of the marriage institution, which is perpetrated when a man entraps a girl into marrying him without a settlement, for the sole purpose of getting possession of her money. When the support of the family depends, not on property, but on earnings, the common arrangement, by which the man earns the income and the wife superintends the domestic expenditure, seems to me in general the most suitable division of labour between the two persons. If, in addition to the physical suffering of bearing children, and the whole responsibility of their care and education in early years, the wife undertakes the careful and economical application of the husband's earnings to the general comfort of the family; she takes not only her fair share, but usually the larger share, of the bodily and mental exertion required by their joint existence. If she undertakes any additional portion, it seldom relieves her from this, but only prevents her from performing it properly. The care which she is herself disabled from taking of the children and the household,

L'injustice de ce genre d'oppression, qui pèse sur les femmes, est généralement reconnue ; on peut y remédier sans toucher aux autres points de la question, et nul doute qu'elle ne soit la première effacée. Déjà dans beaucoup d'états nouveaux et dans plusieurs des anciens états de la Confédération américaine, on a mis, non seulement dans la loi, mais dans la constitution, des dispositions qui assurent aux femmes les mêmes droits qu'aux hommes à ce point de vue, et améliorent dans le mariage la situation des femmes qui possèdent, en laissant à leur disposition un instrument puissant dont elles ne se dessaisissent pas en se mariant. On empêche aussi par là que par un abus scandaleux du mariage un homme s'empare des biens d'une jeune fille en lui persuadant de l'épouser sans contrat. Quand l'entretien de la famille repose non sur la propriété, mais sur ce qu'on gagne, il me semble que la division la plus convenable du travail entre les deux époux est celle qui selon l'usage ordinaire charge l'homme de gagner le revenu et la femme de diriger les dépenses domestiques. Si à la peine physique de faire des enfants, à toute la responsabilité des soins qu'ils demandent et de leur éducation dans les premières années, la femme joint le devoir d'appliquer avec attention et économie au bien général de la famille les gains du mari, elle prend à sa charge une bonne part et ordinairement la plus forte part des travaux du corps et d'esprit que demande l'union conjugale. Si elle assume d'autres charges, elle dépose rarement celles-ci, mais elle ne fait que se mettre dans l'impossibilité de les bien remplir. Le soin qu'elle s'est rendue incapable de prendre des enfants et du ménage,

nobody else takes; those of the children who do not die, grow up as they best can, and the management of the household is likely to be so bad, as even in point of economy to be a great drawback from the value of the wife's earnings. In an otherwise just state of things, it is not, therefore, I think, a desirable custom, that the wife should contribute by her labour to the income of the family. In an unjust state of things, her doing so may be useful to her, by making her of more value in the eyes of the man who is legally her master; but, on the other hand, it enables him still farther to abuse his power, by forcing her to work, and leaving the support of the family to her exertions, while he spends most of his time in drinking and idleness. The *power* of earning is essential to the dignity of a woman, if she has not independent property. But if marriage were an equal contract, not implying the obligation of obedience; if the connexion were no longer enforced to the oppression of those to whom it is purely a mischief, but a separation, on just terms (I do not now speak of a divorce), could be obtained by any woman who was morally entitled to it; and if she would then find all honourable employments as freely open to her as to men; it would not be necessary for her protection, that during marriage she should make this particular use of her faculties. Like a man when he chooses a profession, so, when a woman marries, it may in general be understood that she makes choice of the management of a household, and the bringing up of a family, as the first call upon her exertions, during as many years of her life as may be required for the purpose; and that she renounces, not all other objects and occupations,

personne ne le prend ; ceux des enfants qui ne meurent pas grandissent comme ils peuvent, et la direction du ménage est si mauvaise qu'elle risque d'entraîner plus de pertes que la femme ne fait de gain. Il n'est donc pas à désirer, à mon avis, que, dans un juste partage des rôles, la femme contribue par son labeur à créer le revenu de la famille. Dans un état de choses injuste, il peut lui être utile d'y contribuer, car cela rehausse sa valeur aux yeux de l'homme son maître légal ; mais d'autre part cela permet davantage au mari d'abuser de son pouvoir en la forçant au travail, et en lui laissant le soin de pourvoir aux besoins de la famille par ses efforts, tandis qu'il passe la plus grande partie de son temps à boire et à ne rien faire. Il est essentiel à la dignité de la femme qu'elle ait le pouvoir de gagner quelque chose si elle n'a pas de propriété indépendante, dût-elle n'en jamais faire usage. Mais si le mariage était un contrat équitable, n'impliquant pas l'obligation de l'obéissance ; si l'union cessait d'être forcée et d'opprimer ceux pour qui elle n'est qu'un mal, si une séparation équitable (je ne dis rien du divorce) pouvait être obtenue par une femme qui y aurait droit réellement, et si cette femme pouvait alors trouver à s'employer aussi honorablement qu'un homme, il ne serait pas nécessaire pour sa protection que, pendant le mariage, elle pût faire cet usage de ces moyens. De même qu'un homme fait choix d'une profession, de même on peut ordinairement présumer qu'une femme, quand elle se marie, choisit la direction d'un ménage et l'éducation d'une famille comme but principal de tous ses efforts pendant toutes les années de sa vie qui seront nécessaires à l'accomplissement de cette tâche, et qu'elle renonce, non pas à toute autre occupation,

but all which are not consistent with the requirements of this. The actual exercise, in a habitual or systematic manner, of outdoor occupations, or such as cannot be carried on at home, would by this principle be practically interdicted to the greater number of married women. But the utmost latitude ought to exist for the adaptation of general rules to individual suitabilities; and there ought to be nothing to prevent faculties exceptionally adapted to any other pursuit, from obeying their vocation notwithstanding marriage: due provision being made for supplying otherwise any falling-short which might become inevitable, in her full performance of the ordinary functions of mistress of a family. These things, if once opinion were rightly directed on the subject, might with perfect safety be left to be regulated by opinion, without any interference of law.

mais à toutes celles qui ne sont pas compatibles avec les exigences de celles-ci. Voilà la raison qui interdit à la plupart des femmes mariées l'exercice habituel ou systématique d'une occupation qui les appelle hors de chez elles, ou toute autre occupation qui ne peut être remplie à la maison. Mais il faut laisser les règles générales s'adapter librement aux aptitudes particulières, et rien ne doit empêcher des femmes douées de facultés exceptionnelles et propres à un certain genre d'occupation d'obéir à leur vocation, nonobstant le mariage, pourvu qu'elles parent aux lacunes qui pourraient se produire dans l'accomplissement de leurs fonctions ordinaires de maîtresses de maison. Si une fois l'opinion s'occupait de cette question, il n'y aurait aucun inconvénient à lui en laisser le règlement, sans que la loi eût à intervenir.

3

On the other point which is involved in the just equality of women, their admissibility to all the functions and occupations hitherto retained as the monopoly of the stronger sex, I should anticipate no difficulty in convincing any one who has gone with me on the subject of the equality of women in the family. I believe that their disabilities elsewhere are only clung to in order to maintain their subordination in domestic life; because the generality of the male sex cannot yet tolerate the idea of living with an equal. Were it not for that, I think that almost every one, in the existing state of opinion in politics and political economy, would admit the injustice of excluding half the human race from the greater number of lucrative occupations, and from almost all high social functions; ordaining from their birth either that they are not, and cannot by any possibility become, fit for employments which are legally open to the stupidest and basest of the other sex, or else that however fit they may be, those employments shall be interdicted to them, in order to be preserved for the exclusive benefit of males. In the last two centuries,

3

Je ne trouverai pas de difficulté, je présume, à persuader à ceux qui m'ont suivi sur la question de l'égalité de la femme avec l'homme dans la famille, que ce principe d'égalité complète entraîne une autre conséquence, l'admissibilité des femmes aux fonctions et aux occupations qui, jusqu'ici, ont fait le privilège exclusif du sexe fort. Je crois que, si on les frappe encore d'incapacité pour ces occupations, c'est pour les maintenir dans le même état de subordination au sein de la famille, parce que les hommes ne peuvent pas encore se résigner à vivre avec des égaux. Sans cela, je pense, presque tout le monde dans l'état actuel de l'opinion en politique et en économie politique reconnaîtrait qu'il est injuste d'exclure la moitié de la race humaine du plus grand nombre des occupations lucratives, et de presque toutes les fonctions élevées, et de décréter, ou bien que dès leur naissance les femmes ne sont pas et ne peuvent pas devenir capables de remplir des emplois légalement ouverts aux membres les plus stupides et les plus vils de l'autre sexe, ou bien que, malgré leur aptitude, ces emplois leur seront fermés et réservés exclusivement aux individus mâles. Dans les deux derniers siècles,

when (which was seldom the case) any reason beyond the mere existence of the fact was thought to be required to justify the disabilities of women, people seldom assigned as a reason their inferior mental capacity; which, in times when there was a real trial of personal faculties (from which all women were not excluded) in the struggles of public life, no one really believed in. The reason given in those days was not women's unfitness, but the interest of society, by which was meant the interest of men: just as the *raison d'état*, meaning the convenience of the government, and the support of existing authority, was deemed a sufficient explanation and excuse for the most flagitious crimes. In the present day, power holds a smoother language, and whomsoever it oppresses, always pretends to do so for their own good: accordingly, when anything is forbidden to women, it is thought necessary to say, and desirable to believe, that they are incapable of doing it, and that they depart from their real path of success and happiness when they aspire to it. But to make this reason plausible (I do not say valid), those by whom it is urged must be prepared to carry it to a much greater length than any one ventures to do in the face of present experience. It is not sufficient to maintain that women on the average are less gifted than men on the average, with certain of the higher mental faculties, or that a smaller number of women than of men are fit for occupations and functions of the highest intellectual character. It is necessary to maintain that no women at all are fit for them, and that the most eminent women are inferior in mental faculties to the most mediocre of the men on whom those functions at present devolve.

on ne songeait guère à invoquer d'autre raison que le fait même pour justifier l'incapacité légale des femmes, et on ne l'attribuait pas à une infériorité d'intelligence, à laquelle personne ne croyait réellement, à une époque où les luttes de la vie publique mettaient la capacité des gens à une épreuve dont les femmes n'étaient pas toutes exclues. La raison qu'on donnait alors n'était pas l'inaptitude des femmes, mais l'intérêt de la société, c'est-à-dire l'intérêt des hommes ; de même que la *raison d'État* voulait dire alors les convenances du gouvernement et le soutien des autorités existantes, et suffisait pour expliquer et excuser les crimes les plus horribles. De nos jours le pouvoir tient un langage plus bénin, et quand il opprime quelqu'un il prétend toujours que c'est pour lui faire du bien. C'est en vertu de ce changement que, lorsqu'on interdit une chose aux femmes, on croit bon d'affirmer, et nécessaire de croire, qu'en y aspirant, elles sortent de la véritable voie du bonheur. Pour que cette raison fût plausible (je ne dirai pas bonne), il faudrait que ceux qui la mettent en avant allassent plus loin que personne n'a encore osé le faire en face de l'expérience actuelle. Il ne suffit pas de soutenir que les femmes sont en moyenne moins bien douées que les hommes sous le rapport des plus hautes facultés mentales, ou qu'il y a moins de femmes que d'hommes qui soient propres à remplir les fonctions qui exigent la plus grande intelligence. Il faut prétendre absolument que nulle femme n'est propre à ces fonctions, et que les femmes les plus éminentes sont inférieures par les qualités de l'esprit à l'homme le plus médiocre à qui ces fonctions sont maintenant dévolues ;

For if the performance of the function is decided either by competition, or by any mode of choice which secures regard to the public interest, there needs be no apprehension that any important employments will fall into the hands of women inferior to average men, or to the average of their male competitors. The only result would be that there would be fewer women than men in such employments; a result certain to happen in any case, if only from the preference always likely to be felt by the majority of women for the one vocation in which there is nobody to compete with them. Now, the most determined depreciator of women will not venture to deny, that when we add the experience of recent times to that of ages past, women, and not a few merely, but many women, have proved themselves capable of everything, perhaps without a single exception, which is done by men, and of doing it successfully and creditably. The utmost that can be said is, that there are many things which none of them have succeeded in doing as well as they have been done by some men — many in which they have not reached the very highest rank. But there are extremely few, dependent only on mental faculties, in which they have not attained the rank next to the highest. Is not this enough, and much more than enough, to make it a tyranny to them, and a detriment to society, that they should not be allowed to compete with men for the exercise of these functions? Is it not a mere truism to say, that such functions are often filled by men far less fit for them than numbers of women, and who would be beaten by women in any fair field of competition?

car si la fonction est mise au concours ou donnée au choix avec toutes les garanties capables de sauvegarder l'intérêt public, on n'a pas à craindre qu'aucun emploi important ne tombe dans la main de femmes inférieures à la moyenne des hommes, ou seulement à la moyenne de leurs compétiteurs du sexe masculin. Tout ce qui pourrait arriver, c'est qu'il y eût moins de femmes que d'hommes dans ces emplois ; ce qui aurait lieu dans tous les cas, parce que la plupart des femmes préféreraient probablement toujours la seule fonction que personne ne pourrait leur disputer. Or, le détracteur le plus déterminé des femmes ne se hasardera pas à nier que, si à l'expérience du présent nous ajoutons celle du passé, les femmes, non en petit nombre, mais en grand nombre, se soient montrées, capables de faire tout ce que font les hommes, sans aucune exception peut-être, et de le faire avec succès et honneur. Tout ce qu'on peut dire, c'est qu'il y a des choses où elles n'ont pas réussi aussi bien que certains hommes ; qu'il y en a beaucoup où elles n'ont pas obtenu le premier rang ; mais il y en a fort peu, de celles qui dépendent seulement des facultés intellectuelles, où elles n'aient atteint le second rang. N'est-ce pas assez, n'est-ce pas trop, pour prouver que c'est une tyrannie pour les femmes et un dommage pour la société, que de ne pas leur permettre de concourir avec les hommes pour l'exercice de ces fonctions ? Chacun ne sait-il pas que ces fonctions sont souvent occupées par des hommes bien moins propres à les remplir que beaucoup de femmes, et que des femmes auraient battus dans tout concours équitable.

What difference does it make that there may be men somewhere, fully employed about other things, who may be still better qualified for the things in question than these women? Does not this take place in all competitions? Is there so great a superfluity of men fit for high duties, that society can afford to reject the service of any competent person? Are we so certain of always finding a man made to our hands for any duty or function of social importance which falls vacant, that we lose nothing by putting a ban upon one-half of mankind, and refusing beforehand to make their faculties available, however distinguished they may be? And even if we could do without them, would it be consistent with justice to refuse to them their fair share of honour and distinction, or to deny to them the equal moral right of all human beings to choose their occupation (short of injury to others) according to their own preferences, at their own risk? Nor is the injustice confined to them: it is shared by those who are in a position to benefit by their services. To ordain that any kind of persons shall not be physicians, or shall not be advocates, or shall not be members of parliament, is to injure not them only, but all who employ physicians or advocates, or elect members of parliament, and who are deprived of the stimulating effect of greater competition on the exertions of the competitors, as well as restricted to a narrower range of individual choice.

Qu'est-ce que cela fait qu'il y ait ailleurs dans d'autres emplois des hommes plus propres à remplir ceux dont nous parlons que ces femmes ? Est-ce que cela n'arrive pas dans toutes les compétitions ? Y a-t-il un si grand excès d'hommes propres aux hautes fonctions, que la société soit en droit de rejeter les services d'une personne compétente ? Sommes-nous si assurés d'avoir toujours un homme sous la main pour toutes les fonctions sociales importantes qui pourront vaquer, que nous n'ayons rien à perdre à frapper d'incapacité la moitié de l'espèce humaine, en refusant d'avance de tenir compte de ses facultés, quelque distinguées qu'elles puissent être ? Lors même que nous pourrions nous en passer, comment concilier avec la justice le refus que nous leur faisons de la part d'honneur et de distinctions qui leur revient, ou du droit moral de tous les humains à choisir leurs occupations (hormis celles qui font tort à autrui) d'après leurs propres préférences et à leurs propres risques ? Et ce n'est pas là que s'arrête l'injustice ; elle frappe aussi ceux qui pourraient profiter du service de ces femmes. Ordonner que des personnes soient exclues de la profession médicale, du barreau ou du parlement, ce n'est pas léser ces personnes seules, c'est léser toutes celles qui voudraient employer leurs services dans la médecine, le barreau ou le parlement ; c'est supprimer à leur détriment l'influence excitante qu'un nombre plus grand de concurrents exercerait sur les compétiteurs, c'est restreindre le champ où leur choix peut s'exercer.

It will perhaps be sufficient if I confine myself, in the details of my argument, to functions of a public nature: since, if I am successful as to those, it probably will be readily granted that women should be admissible to all other occupations to which it is at all material whether they are admitted or not. And here let me begin by marking out one function, broadly distinguished from all others, their right to which is entirely independent of any question which can be raised concerning their faculties. I mean the suffrage, both parliamentary and municipal. The right to share in the choice of those who are to exercise a public trust, is altogether a distinct thing from that of competing for the trust itself. If no one could vote for a member of parliament who was not fit to be a candidate, the government would be a narrow oligarchy indeed. To have a voice in choosing those by whom one is to be governed, is a means of self-protection due to every one, though he were to remain for ever excluded from the function of governing: and that women are considered fit to have such a choice, may be presumed from the fact, that the law already gives it to women in the most important of all cases to themselves: for the choice of the man who is to govern a woman to the end of life, is always supposed to be voluntarily made by herself. In the case of election to public trusts, it is the business of constitutional law to surround the right of suffrage with all needful securities and limitations; but whatever securities are sufficient in the case of the male sex, no others need be required in the case of women.

Je me bornerai dans les détails de ma thèse aux fonctions publiques ; cela suffira, je pense, puisque, si je réussis sur ce point, on m'accordera facilement que les femmes devraient être admissibles à toutes les autres occupations auxquelles il peut être important pour elles d'être admises. Je commencerai par une fonction très différente de toutes les autres, dont on ne peut leur contester l'exercice par aucune exception tirée de leurs facultés. Je veux parler du suffrage pour les élections tant du parlement que des corps municipaux. Le droit de prendre part au choix de ceux qui doivent recevoir un mandat public est une chose tout à fait distincte du droit de concourir pour l'obtention du mandat. Si l'on ne pouvait voter pour un membre du parlement qu'à la condition d'avoir les qualités que doit présenter un candidat, le gouvernement serait une oligarchie bien restreinte. La possession d'une voix dans le choix de la personne par qui l'on doit être gouverné est une arme de protection qui ne doit être refusée à aucun de ceux mêmes qui sont le moins propres à exercer la fonction du gouvernement. Il est à présumer que les femmes sont aptes à faire ce choix, puisque la loi leur en donne le droit dans le cas le plus grave pour elles. La loi permet à la femme de choisir l'homme qui doit la gouverner jusqu'à la fin de sa vie, et suppose toujours que ce choix a été fait volontairement. Dans les cas de l'élection pour les charges publiques, c'est à la loi d'entourer l'exercice du droit de suffrage de toutes les garanties et de toutes les restrictions nécessaires ; mais, quelles que soient les garanties qu'on prenne avec les hommes, il n'en faut pas plus avec les femmes.

Under whatever conditions, and within whatever limits, men are admitted to the suffrage, there is not a shadow of justification for not admitting women under the same. The majority of the women of any class are not likely to differ in political opinion from the majority of the men of the same class, unless the question be one in which the interests of women, as such, are in some way involved; and if they are so, women require the suffrage, as their guarantee of just and equal consideration. This ought to be obvious even to those who coincide in no other of the doctrines for which I contend. Even if every woman were a wife, and if every wife ought to be a slave, all the more would these slaves stand in need of legal protection: and we know what legal protection the slaves have, where the laws are made by their masters.

With regard to the fitness of women, not only to participate in elections, but themselves to hold offices or practise professions involving important public responsibilities; I have already observed that this consideration is not essential to the practical question in dispute: since any woman, who succeeds in an open profession, proves by that very fact that she is qualified for it. And in the case of public offices, if the political system of the country is such as to exclude unfit men, it will equally exclude unfit women: while if it is not, there is no additional evil in the fact that the unfit persons whom it admits may be either women or men.

Quelles que soient les conditions et les restrictions sous lesquelles les hommes sont admis à prendre part au suffrage, il n'y a pas l'ombre d'une raison pour ne pas y admettre les femmes sous les mêmes conditions. La majorité des femmes d'une classe ne différerait probablement pas d'opinion avec la majorité des hommes de cette classe, à moins que la question ne portât sur les intérêts mêmes de leur sexe, auquel cas elles auraient besoin du droit de suffrage comme de l'unique garantie que leurs réclamations seront examinées avec justice. Ceci doit être évident pour ceux mêmes qui ne partagent aucune des autres opinions que je défends. Quand même toutes les femmes seraient épouses, quand même toutes les épouses devraient être esclaves il n'en serait que plus nécessaire de donner à ces esclaves une protection légale ; car nous savons trop la protection que les esclaves peuvent attendre quand les lois sont faites par leurs maîtres.

Quant à l'aptitude des femmes non seulement à participer aux élections, mais à exercer des fonctions publiques, ou des professions chargées d'une responsabilité publique, j'ai déjà fait remarquer que cette considération ne fait rien au fond à la question pratique que nous discutons, puisque toute femme qui réussit dans la profession qui lui est ouverte prouve par là même qu'elle est capable de la remplir, et que, pour les charges publiques, si le régime politique du pays est constitué de manière à exclure un homme incapable, il exclura aussi une femme incapable, tandis que, s'il n'en est pas ainsi, le mal ne devient pas plus grand de ce que l'incapable est une femme, au lieu d'un homme.

As long therefore as it is acknowledged that even a few women may be fit for these duties, the laws which shut the door on those exceptions cannot be justified by any opinion which can be held respecting the capacities of women in general. But, though this last consideration is not essential, it is far from being irrelevant. An unprejudiced view of it gives additional strength to the arguments against the disabilities of women, and reinforces them by high considerations of practical utility.

Let us at first make entire abstraction of all psychological considerations tending to show, that any of the mental differences supposed to exist between women and men are but the natural effect of the differences in their education and circumstances, and indicate no radical difference, far less radical inferiority, of nature. Let us consider women only as they already are, or as they are known to have been; and the capacities which they have already practically shown. What they have done, that at least, if nothing else, it is proved that they can do. When we consider how sedulously they are all trained away from, instead of being trained towards, any of the occupations or objects reserved for men, it is evident that I am taking a very humble ground for them, when I rest their case on what they have actually achieved. For, in this case, negative evidence is worth little, while any positive evidence is conclusive. It cannot be inferred to be impossible that a woman should be a Homer, or an Aristotle, or a Michael Angelo, or a Beethoven, because no woman has yet actually produced works comparable to theirs in any of those lines of excellence.

Du moment qu'on reconnaît à des femmes, si petit que soit leur nombre, la capacité de remplir ces charges, les lois qui les leur ferment ne sauraient se justifier par l'opinion qu'on pourrait se faire des aptitudes des femmes en général. Mais, si cette considération ne touche pas le fond de la question, elle est bien loin d'être sans valeur ; examinée sans préjugés, elle donne une force nouvelle à l'argument contre les incapacités des femmes, et lui prête l'appui de hautes raisons d'utilité publique.

Écartons d'abord toute configuration psychologique qui tendrait à prouver que les prétendues différences mentales entre l'homme et la femme ne sont que l'effet naturel des différences de leur éducation, qu'elles n'indiquent dans leur nature aucune différence foncière, bien loin d'indiquer une infériorité radicale. Voyons les femmes comme elles sont, ou comme on sait qu'elles ont été, et jugeons l'aptitude qu'elles ont déjà révélée dans les affaires. Il est évident qu'elles peuvent faire au moins ce qu'elles ont fait, sinon autre chose. Si l'on considère avec quel soin on les détourne par leur éducation des objets et des occupations réservées aux hommes au lieu de les y préparer, on verra que je ne me montre guère exigeant en leur faveur quand je me contente de prendre pour base ce qu'elles ont réellement accompli. Ici, en effet, une preuve négative n'a qu'une faible valeur, mais la plus légère preuve positive est sans réplique. On ne peut pas conclure qu'il est impossible à une femme d'être un Homère, un Aristote, un Michel-Ange, un Beethoven, par la raison qu'aucune femme jusqu'ici n'a produit de chefs-d'œuvre comparables à ceux de ces puissants génies, dans les genres où ils ont brillé.

This negative fact at most leaves the question uncertain, and open to psychological discussion. But it is quite certain that a woman can be a Queen Elizabeth, or a Deborah, or a Joan of Arc, since this is not inference, but fact. Now it is a curious consideration, that the only things which the existing law excludes women from doing, are the things which they have proved that they are able to do. There is no law to prevent a woman from having written all the plays of Shakspeare, or composed all the operas of Mozart. But Queen Elizabeth or Queen Victoria, had they not inherited the throne, could not have been intrusted with the smallest of the political duties, of which the former showed herself equal to the greatest.

If anything conclusive could be inferred from experience, without psychological analysis, it would be that the things which women are not allowed to do are the very ones for which they are peculiarly qualified; since their vocation for government has made its way, and become conspicuous, through the very few opportunities which have been given; while in the lines of distinction which apparently were freely open to them, they have by no means so eminently distinguished themselves. We know how small a number of reigning queens history presents, in comparison with that of kings. Of this smaller number a far larger proportion have shown talents for rule; though many of them have occupied the throne in difficult periods. It is remarkable, too, that they have, in a great number of instances, been distinguished by merits the most opposite to the imaginary and conventional character of women: they have been as much remarked for the firmness and vigour of their rule, as for its intelligence.

Ce fait négatif laisse la question indécise, et la livre aux discussions psychologiques. Mais il est certain qu'une femme peut être une reine Élisabeth, une Débora, une Jeanne d'Arc. Voilà des faits, non des raisonnements. Or il est curieux que la seule chose que la loi actuelle empêche les femmes de faire, ce sont les choses dont elles se sont montrées capables. Nulle loi ne défend aux femmes d'écrire les drames de Shakespeare, ni les opéras de Mozart ; mais la reine Élisabeth, et la reine Victoria, si elles n'avaient pas hérité du trône, n'auraient pu recevoir la plus infime fonction politique, et pourtant la première s'est montrée à la hauteur des plus élevées.

Si l'expérience prouve quelque chose en dehors de toute analyse psychologique, c'est que les choses que les femmes ne sont pas admises à faire sont justement celles auxquelles elles sont particulièrement propres, puisque leur vocation pour le gouvernement s'est fait jour et a brillé dans les rares circonstances qui leur ont été données, tandis que dans les voies glorieuses qui leur étaient ouvertes en apparence, elles sont bien loin d'avoir brillé du même éclat. L'histoire nous fait voir seulement un petit nombre de reines en comparaison avec le nombre des rois, et encore dans ce petit nombre la proportion des femmes qui ont montré les talents du gouvernement, est-elle bien plus grande, quoique plusieurs aient occupé le trône dans des circonstances difficiles. Il faut remarquer aussi qu'elles se sont souvent distinguées par les qualités les plus opposées au caractère imaginaire et conventionnel qu'on attribue à leur sexe : elles ont été aussi remarquables par la fermeté et la vigueur qu'elles ont imprimées à leur gouvernement que par leur intelligence.

When, to queens and empresses, we add regents, and viceroys of provinces, the list of women who have been eminent rulers of mankind swells to a great length.[1] This fact is so undeniable, that some one, long ago, tried to retort the argument, and turned the admitted truth into an additional insult, by saying that queens are better than kings, because under kings women govern, but under queens, men.

It may seem a waste of reasoning to argue against a bad joke; but such things do affect people's minds; and I have heard men quote this saying, with an air as if they thought that there was something in it. At any rate, it will serve as well as anything else for a starting point in discussion. I say, then, that it is not true that under kings, women govern. Such cases are entirely exceptional: and weak kings have quite as often governed ill through the influence of male favourites, as of female. When a king is governed by a woman merely through his amatory propensities, good government is not probable, though even then there are exceptions.

---

1. Especially is this true if we take into consideration Asia as well as Europe. If a Hindoo principality is strongly, vigilantly, and economically governed; if order is preserved without oppression; if cultivation is extending, and the people prosperous, in three cases out of four that principality is under a woman's rule. This fact, to me an entirely unexpected one, I have collected from a long official knowledge of Hindoo governments. There are many such instances: for though, by Hindoo institutions, a woman cannot reign, she is the legal regent of a kingdom during the minority of the heir; and minorities are frequent, the lives of the male rulers being so often prematurely terminated through the effect of inactivity and sensual excesses. When we consider that these princesses have never been seen in public, have never conversed with any man not of their own family except from behind a curtain, that they do not read, and if they did, there is no book in their languages which can give them the smallest instruction on political affairs; the example they afford of the natural capacity of women for government is very striking.

Si aux reines et aux impératrices nous ajoutons les régentes et les gouvernantes de provinces, la liste des femmes qui ont brillamment gouverné les hommes devient très longue[1]. Ce fait est si incontestable, que, pour répondre à l'argument hostile au principe établi, on a eu recours à une insulte nouvelle, et qu'on a dit que, si les reines valent mieux que les rois, c'est que sous les rois les femmes gouvernent, tandis que sous les reines ce sont les hommes.

C'est peut-être perdre le temps que d'argumenter contre une mauvaise facétie ; mais ces sortes de raisons font de l'impression sur les esprits, et j'ai entendu citer cette plaisanterie par des gens qui avaient l'air d'y trouver quelque chose de sérieux. À tout prendre, elle servira aussi bien qu'autre chose de point de départ dans la discussion. Je nie donc que sous les rois les femmes gouvernent. Les exemples, s'il y en a, sont tout à fait exceptionnels, et si les rois faibles ont mal gouverné, c'est aussi souvent sous l'influence de leur favoris que sous celle de leurs favorites. Quand une femme mène un roi par l'amour, il n'y a pas à espérer un bon gouvernement, quoiqu'il y ait des exceptions.

---

1. Cette remarque devient encore plus vraie, si nous étendons nos observations à l'Asie aussi bien qu'à l'Europe. Quand une principauté de l'Inde est gouvernée avec vigueur, vigilance et économie, quand l'ordre y règne sans oppression, quand la culture des terres y devient plus étendue et le peuple plus heureux, c'est trois fois sur quatre qu'une femme y règne. Ce fait, que j'étais loin de prévoir, m'a été révélé par une longue pratique des affaires de l'Inde. Il y en a beaucoup d'exemples ; car, bien que les institutions hindoues excluent les femmes du trône, elles leur donnent la régence pendant la minorité de l'héritier ; et les minorités sont fréquentes dans un pays où les princes périssent prématurément victimes de l'oisiveté et de leurs débauches. Si nous songeons que ces princesses n'ont jamais paru en public, qu'elles n'ont jamais parlé à un homme qui ne fût pas de leur famille, si ce n'est cachées par un rideau, qu'elles ne lisent pas, et que, si elles lisaient, elles ne trouveraient pas dans leur langue un livre capable de leur donner la plus faible notion des affaires publiques ; nous resterons convaincus qu'elles présentent un exemple saisissant de l'aptitude naturelle des femmes pour le gouvernement.

But French history counts two kings who have voluntarily given the direction of affairs during many years, the one to his mother, the other to his sister: one of them, Charles VIII., was a mere boy, but in doing so he followed the intentions of his father Louis XI., the ablest monarch of his age. The other, Saint Louis, was the best, and one of the most vigorous rulers, since the time of Charlemagne. Both these princesses ruled in a manner hardly equalled by any prince among their cotemporaries. The emperor Charles the Fifth, the most politic prince of his time, who had as great a number of able men in his service as a ruler ever had, and was one of the least likely of all sovereigns to sacrifice his interest to personal feelings, made two princesses of his family successively Governors of the Netherlands, and kept one or other of them in that post during his whole life, (they were afterwards succeeded by a third). Both ruled very successfully, and one of them, Margaret of Austria, was one of the ablest politicians of the age. So much for one side of the question. Now as to the other. When it is said that under queens men govern, is the same meaning to be understood as when kings are said to be governed by women? Is it meant that queens choose as their instruments of government, the associates of their personal pleasures? The case is rare even with those who are as unscrupulous on the latter point as Catherine II.: and it is not in these cases that the good government, alleged to arise from male influence, is to be found. If it be true, then, that the administration is in the hands of better men under a queen than under an average king, it must be that queens have a superior capacity for choosing them; and women must be better qualified

En revanche, dans l'histoire de France, nous voyons deux rois qui ont volontairement donné la direction des affaires pendant plusieurs années, l'un à sa mère, l'autre à sa sœur : celui-ci, Charles VIII, était un enfant, mais il suivait en cela les intentions de son père Louis XI ; l'autre, Louis IX, était le roi le meilleur et le plus énergique qui eût occupé le trône depuis Charlemagne. Ces deux princesses gouvernèrent d'une façon qu'aucun prince de leur temps n'a surpassée. L'empereur Charles-Quint, le souverain le plus habile de son siècle, qui eut à son service autant d'hommes de talent qu'aucun autre prince en eut jamais, et qui était très peu enclin à sacrifier ses intérêts à ses sentiments, donna, durant toute sa vie, le gouvernement des Pays-Bas successivement à deux princesses de sa famille (elles y furent ensuite remplacées par une troisième), et la première, Marguerite d'Autriche, fut l'un des meilleurs politiques de l'époque. En voilà assez pour cette face de la question, passons à l'autre. Quand on dit que sous les reines les hommes gouvernent, est-ce qu'on entend la même chose que lorsqu'on accuse des rois de se laisser mener par des femmes ? Veut-on dire que les reines choisissent pour instruments de gouvernement les hommes qu'elles associent à leurs plaisirs ? Cela se voit peu, même sous les princesses les moins timorées sur leurs plaisirs, comme Catherine II par exemple ; et ce n'est pas là qu'il faut chercher ce bon gouvernement qu'on attribue à l'influence des hommes. Si, sous le règne d'une femme, l'administration est confiée à des hommes meilleurs qu'elle ne l'est sous la moyenne des rois, il faut que les reines aient plus d'aptitude que les rois à les choisir, et qu'elles soient mieux faites

than men both for the position of sovereign, and for that of chief minister; for the principal business of a prime minister is not to govern in person, but to find the fittest persons to conduct every department of public affairs. The more rapid insight into character, which is one of the admitted points of superiority in women over men, must certainly make them, with anything like parity of qualifications in other respects, more apt than men in that choice of instruments, which is nearly the most important business of every one who has to do with governing mankind. Even the unprincipled Catherine de' Medici could feel the value of a Chancellor de l'Hôpital. But it is also true that most great queens have been great by their own talents for government, and have been well served precisely for that reason. They retained the supreme direction of affairs in their own hands: and if they listened to good advisers, they gave by that fact the strongest proof that their judgment fitted them for dealing with the great questions of government.

Is it reasonable to think that those who are fit for the greater functions of politics, are incapable of qualifying themselves for the less? Is there any reason in the nature of things, that the wives and sisters of princes should, whenever called on, be found as competent as the princes themselves to *their* business, but that the wives and sisters of statesmen, and administrators, and directors of companies, and managers of public institutions, should be unable to do what is done by their brothers and husbands?

que les hommes non seulement pour occuper le trône, mais encore pour remplir les fonctions de premier ministre ; car le principal rôle de premier ministre n'est pas de gouverner en personne, mais de trouver les personnes les plus capables de conduire chaque département des affaires publiques. Il est vrai qu'on accorde généralement aux femmes, entre autres avantages sur les hommes, la faculté de découvrir plus rapidement qu'eux le fond des caractères, et que cet avantage doit les rendre, toutes qualités égales, plus propres que les hommes à faire choix de leurs instruments, ce qui est bien l'affaire la plus importante de quiconque a à gouverner l'humanité. L'immorale Catherine de Médicis elle-même a su apprécier la valeur d'un chancelier de L'Hôpital. Mais il est vrai aussi que les plus grandes reines ont été grandes par leur propre talent, et c'est pour cela qu'elles ont été bien servies. Elles ont retenu dans leurs mains la direction suprême des affaires, et, en écoutant de bons conseillers, elles ont donné la plus forte preuve que leur jugement les rendait propres à traiter les plus grandes questions du gouvernement.

Est-il raisonnable de penser que les personnes qui sont propres à remplir les plus hautes fonctions de la portique sont incapables de s'acquitter des moindres ? Y a-t-il une raison dans la nature des choses qui rende les femmes et les sœurs des princes aussi capables que les princes eux-mêmes pour *leurs* affaires, et qui rende les femmes et les sœurs des hommes d'État, des administrateurs, des directeurs de compagnies et des chefs d'établissements publics, incapables de faire la même chose que leurs frères et leurs maris ?

The real reason is plain enough; it is that princesses, being more raised above the generality of men by their rank than placed below them by their sex, have never been taught that it was improper for them to concern themselves with politics; but have been allowed to feel the liberal interest natural to any cultivated human being, in the great transactions which took place around them, and in which they might be called on to take a part. The ladies of reigning families are the only women who are allowed the same range of interests and freedom of development as men; and it is precisely in their case that there is not found to be any inferiority. Exactly where and in proportion as women's capacities for government have been tried, in that proportion have they been found adequate.

This fact is in accordance with the best general conclusions which the world's imperfect experience seems as yet to suggest, concerning the peculiar tendencies and aptitudes characteristic of women, as women have hitherto been. I do not say, as they will continue to be; for, as I have already said more than once, I consider it presumption in any one to pretend to decide what women are or are not, can or cannot be, by natural constitution. They have always hitherto been kept, as far as regards spontaneous development, in so unnatural a state, that their nature cannot but have been greatly distorted and disguised; and no one can safely pronounce that if women's nature were left to choose its direction as freely as men's, and if no artificial bent were attempted to be given to it except that required by the conditions of human society, and given to both sexes alike, there would be any material difference,

Cette raison saute aux yeux. Les princesses sont placées par leur naissance bien plus au-dessus de la généralité des hommes qu'elles ne sont au-dessous d'eux par leur sexe, et on n'a jamais cru qu'elles n'avaient pas le droit de s'occuper de politique ; au contraire, on leur a reconnu le droit de prendre à toutes les affaires qui s'agitent autour d'elles, et auxquelles elles peuvent se trouver mêlées, l'intérêt généreux qu'éprouvent naturellement tous les humains. Les dames des familles régnantes sont les seules à qui on reconnaisse les mêmes intérêts et la même liberté qu'aux hommes, et c'est précisément chez elles qu'on ne trouve pas d'infériorité. Partout et dans la mesure où l'on a mis à l'épreuve la capacité des femmes pour le gouvernement, on les a trouvées à la hauteur de leur tâche.

Ce fait est d'accord avec les conclusions générales que semble suggérer l'expérience encore imparfaite des tendances particulières et des aptitudes caractéristiques des femmes, telles que les femmes ont été jusqu'ici. Je ne dis pas telles qu'elles continueront d'être, car, je l'ai déjà déclaré plus d'une fois, je crois qu'il y a de la présomption à dire ce que les femmes sont ou ne sont pas, ce qu'elles peuvent être ou ne pas être, en vertu de leur constitution naturelle. Au lieu de les laisser se développer spontanément, on les a tenues jusqu'ici dans un état si contraire à la nature, qu'elles ont dû subir des modifications artificielles. Personne ne peut décider pertinemment que, s'il était permis à la femme comme à l'homme de choisir sa voie, si on ne cherchait à lui donner que la tournure exigée par les conditions de la vie humaine et nécessaire aux deux sexes, il y eût une différence essentielle,

or perhaps any difference at all, in the character and capacities which would unfold themselves. I shall presently show, that even the least contestable of the differences which now exist, are such as may very well have been produced merely by circumstances, without any difference of natural capacity. But, looking at women as they are known in experience, it may be said of them, with more truth than belongs to most other generalizations on the subject, that the general bent of their talents is towards the practical. This statement is conformable to all the public history of women, in the present and the past. It is no less borne out by common and daily experience. Let us consider the special nature of the mental capacities most characteristic of a woman of talent. They are all of a kind which fits them for practice, and makes them tend towards it. What is meant by a woman's capacity of intuitive perception? It means, a rapid and correct insight into present fact. It has nothing to do with general principles. Nobody ever perceived a scientific law of nature by intuition, nor arrived at a general rule of duty or prudence by it. These are results of slow and careful collection and comparison of experience; and neither the men nor the women of intuition usually shine in this department, unless, indeed, the experience necessary is such as they can acquire by themselves. For what is called their intuitive sagacity makes them peculiarly apt in gathering such general truths as can be collected from their individual means of observation. When, consequently, they chance to be as well provided as men are with the results of other people's experience,

ou même une différence quelconque dans le caractère et les aptitudes qui viendraient à se développer. Je montrerai tout à l'heure que, parmi les différences actuelles, les moins contestables peuvent fort bien être le produit des circonstances, sans qu'il y ait une différence dans les capacités naturelles. Mais si l'on considère les femmes telles que l'expérience nous les montre, on peut dire avec plus de vérité que pour toute autre proposition générale dont elles soient l'objet, que leurs talents sont en général tournés vers la pratique. Tout ce que l'histoire rapporte des femmes dans le présent ou dans le passé le confirme, et l'expérience de tous les jours ne le confirme pas moins. Considérons les aptitudes d'esprit qui caractérisent le plus souvent les femmes de talent, elles sont toutes propres à la pratique, et s'y portent. On dit que la femme a une faculté d'intuition. Qu'est-ce que cela veut dire ? C'est sans doute une vue rapide et exacte d'un fait présent. Cette qualité n'a rien à faire avec les principes généraux. Par l'intuition personne n'arrive à saisir une loi de la nature, ni à connaître une règle générale de devoir ou de prudence. Pour cela il faut rassembler lentement et avec soin des faits d'expérience, puis les comparer ; et ni les femmes ni les hommes d'intuition ne brillent d'ordinaire dans cette partie de la science, à moins pourtant que l'expérience nécessaire ne soit telle qu'ils puissent l'acquérir par eux-mêmes. Car ce qu'on appelle leur sagacité d'intuition est une qualité qui les rend merveilleusement aptes à recueillir les vérités générales qui sont à la portée de leur observation personnelle. Quand donc le hasard fait que les femmes possèdent aussi bien que les hommes les résultats de l'expérience d'autrui,

by reading and education, (I use the word chance advisedly, for, in respect to the knowledge that tends to fit them for the greater concerns of life, the only educated women are the self-educated) they are better furnished than men in general with the essential requisites of skilful and successful practice. Men who have been much taught, are apt to be deficient in the sense of present fact; they do not see, in the facts which they are called upon to deal with, what is really there, but what they have been taught to expect. This is seldom the case with women of any ability. Their capacity of «intuition» preserves them from it. With equality of experience and of general faculties, a woman usually sees much more than a man of what is immediately before her. Now this sensibility to the present, is the main quality on which the capacity for practice, as distinguished from theory, depends. To discover general principles, belongs to the speculative faculty: to discern and discriminate the particular cases in which they are and are not applicable, constitutes practical talent: and for this, women as they now are have a peculiar aptitude. I admit that there can be no good practice without principles, and that the predominant place which quickness of observation holds among a woman's faculties, makes her particularly apt to build over-hasty generalizations upon her own observation; though at the same time no less ready in rectifying those generalizations, as her observation takes a wider range.

par l'effet de leur lecture ou de leur instruction (j'emploie le mot hasard à dessein, parce que les seules femmes instruites dans les connaissances qui rendent propres aux grandes affaires, sont celles qui se sont instruites elles-mêmes), elles sont mieux armées que la plupart des hommes des instruments qui font réussir dans la pratique. Les hommes qui ont reçu beaucoup d'instruction sont exposés à se trouver en défaut et à ne pas comprendre un fait qui se dresse devant eux, ils n'y voient pas toujours ce qui y est réellement, ils y voient ce qu'on leur a appris à y trouver. Cela n'arrive que rarement aux femmes d'une certaine capacité. Leur faculté d'intuition les en préserve. Avec la même expérience, et les mêmes facultés générales, une femme voit ordinairement beaucoup mieux qu'un homme ce qui est immédiatement devant elle. Or cette sensibilité pour les choses présentes est la principale qualité dont dépend l'aptitude à la pratique dans le sens où on l'oppose à la théorie. La découverte des principes généraux appartient à la faculté spéculative ; la découverte et la détermination des cas particuliers où ces principes sont ou ne sont pas applicables relève de la faculté pratique ; et les femmes telles qu'elles sont aujourd'hui ont sous ce rapport une aptitude particulière. Je reconnais qu'il ne peut y avoir de bonne pratique sans principes, et que l'importance prédominante que la rapidité d'observation a parmi les qualités des femmes les rend particulièrement aptes à bâtir des généralisations hâtives sur leur observation personnelle, quoique très promptes aussi à les amender, à mesure que leur observation prend une plus grande étendue.

But the corrective to this defect, is access to the experience of the human race; general knowledge—exactly the thing which education can best supply. A woman's mistakes are specifically those of a clever self-educated man, who often sees what men trained in routine do not see, but falls into errors for want of knowing things which have long been known. Of course he has acquired much of the pre-existing knowledge, or he could not have got on at all; but what he knows of it he has picked up in fragments and at random, as women do.

But this gravitation of women's minds to the present, to the real, to actual fact, while in its exclusiveness it is a source of errors, is also a most useful counteractive of the contrary error. The principal and most characteristic aberration of speculative minds as such, consists precisely in the deficiency of this lively perception and ever-present sense of objective fact. For want of this, they often not only overlook the contradiction which outward facts oppose to their theories, but lose sight of the legitimate purpose of speculation altogether, and let their speculative faculties go astray into regions not peopled with real beings, animate or inanimate, even idealized, but with personified shadows created by the illusions of metaphysics or by the mere entanglement of words, and think these shadows the proper objects of the highest, the most transcendant, philosophy. Hardly anything can be of greater value to a man of theory and speculation who employs himself not in collecting materials of knowledge by observation, but in working them up by processes of thought

Mais ce défaut se corrigera quand les femmes auront un libre accès à l'expérience de l'humanité, à la science. Pour le leur ouvrir, rien de mieux que l'éducation. Les erreurs d'une femme sont du même genre que celles d'un homme intelligent qui s'est instruit lui-même ; il voit souvent ce que des hommes élevés dans la routine ne voient pas, mais il tombe dans des erreurs, faute de connaître les choses depuis longtemps connues. Naturellement, il a pris beaucoup aux connaissances déjà accumulées, sans cela il ne serait arrivé à rien, mais ce qu'il en sait, il l'a pris au hasard, par fragments, comme les femmes.

Si cette attraction de l'esprit des femmes vers le fait réel, présent, actuel est, par elle-même et considérée exclusivement, une source d'erreurs, c'est aussi le plus utile remède de l'erreur opposée. L'aberration principale des esprits spéculatifs, celle qui les caractérise le mieux, c'est précisément le manque de cette perception vive et toujours présente du fait objectif ; faute de quoi ils sont exposés non seulement à négliger la contradiction que les faits extérieurs peuvent opposer à leurs théories, mais à perdre totalement de vue le but légitime de la spéculation, et à laisser leurs facultés s'égarer dans des régions qui ne sont peuplées ni d'êtres réels animés ou inanimés, ni même idéalisés, mais d'ombres créées par les illusions de la métaphysique ou par le pur enchevêtrement des mots qu'on nous donne pour les vrais objets de la plus haute et de la plus transcendante philosophie. Pour un homme de théorie ou de spéculation qui s'emploie non à rassembler des matériaux par l'observation, mais à les mettre en œuvre par des opérations intellectuelles,

into comprehensive truths of science and laws of conduct, than to carry on his speculations in the companionship, and under the criticism, of a really superior woman. There is nothing comparable to it for keeping his thoughts within the limits of real things, and the actual facts of nature. A woman seldom runs wild after an abstraction. The habitual direction of her mind to dealing with things as individuals rather than in groups, and (what is closely connected with it) her more lively interest in the present feelings of persons, which makes her consider first of all, in anything which claims to be applied to practice, in what manner persons will be affected by it—these two things make her extremely unlikely to put faith in any speculation which loses sight of individuals, and deals with things as if they existed for the benefit of some imaginary entity, some mere creation of the mind, not resolvable into the feelings of living beings. Women's thoughts are thus as useful in giving reality to those of thinking men, as men's thoughts in giving width and largeness to those of women. In depth, as distinguished from breadth, I greatly doubt if even now, women, compared with men, are at any disadvantage.

If the existing mental characteristics of women are thus valuable even in aid of speculation, they are still more important, when speculation has done its work, for carrying out the results of speculation into practice. For the reasons already given, women are comparatively unlikely to fall into the common error of men, that of sticking to their rules in a case whose specialities either take it out of the class to which the rules are applicable, or require a special adaptation of them.

et à en tirer des lois scientifiques ou des règles générales de conduite, rien de plus utile que de pousser ses spéculations avec l'aide et sous la critique d'une femme réellement supérieure. Il n'y a rien de comparable pour maintenir sa pensée dans les limites des faits actuels et de la nature. Une femme se laisse rarement égarer par des abstractions. La tendance habituelle de son esprit à s'occuper des choses séparément plutôt qu'en groupes, et, ce qui y tient étroitement, son vif intérêt pour les sentiments des personnes, qui lui fait d'abord considérer en toute chose le côté pratique, la façon dont les personnes en seront affectées, ces deux dispositions ne l'inclinent pas à ajouter foi à une spéculation qui oublie les individus et traite les choses comme si elles n'existaient qu'en vue de quelque entité imaginaire, pure création de l'esprit, qui ne peut se ramener à des sentiments d'êtres vivants. Les idées des femmes sont donc utiles à donner de la réalité à celles d'un penseur, comme les idées des hommes à donner de l'étendue à celles des femmes. Quant à la profondeur, c'est-à-dire autre chose que la largeur, je doute beaucoup que même à présent, comparées avec les hommes, les femmes aient quelque désavantage.

Si les qualités mentales des femmes, telles qu'elles sont déjà, peuvent prêter à la spéculation cette assistance, elles y jouent un rôle encore plus grand quand la spéculation a fait son œuvre, et qu'il s'agit d'en transporter les résultats dans la pratique. Pour des raisons que nous avons déjà données, les femmes sont incomparablement moins exposées à tomber dans l'erreur commune des hommes, de rester attachés à des règles quand ces règles ne sont pas applicables ou qu'il est nécessaire de les modifier dans l'application.

Let us now consider another of the admitted superiorities of clever women, greater quickness of apprehension. Is not this pre-eminently a quality which fits a person for practice? In action, everything continually depends upon deciding promptly. In speculation, nothing does. A mere thinker can wait, can take time to consider, can collect additional evidence; he is not obliged to complete his philosophy at once, lest the opportunity should go by. The power of drawing the best conclusion possible from insufficient data is not indeed useless in philosophy; the construction of a provisional hypothesis consistent with all known facts is often the needful basis for further inquiry. But this faculty is rather serviceable in philosophy, than the main qualification for it: and, for the auxiliary as well as for the main operation, the philosopher can allow himself any time he pleases. He is in no need of the capacity of doing rapidly what he does; what he rather needs is patience, to work on slowly until imperfect lights have become perfect, and a conjecture has ripened into a theorem. For those, on the contrary, whose business is with the fugitive and perishable—with individual facts, not kinds of facts— rapidity of thought is a qualification next only in importance to the power of thought itself. He who has not his faculties under immediate command, in the contingencies of action, might as well not have them at all. He may be fit to criticize, but he is not fit to act. Now it is in this that women, and the men who are most like women, confessedly excel.

Examinons maintenant une autre supériorité qu'on reconnaît aux femmes intelligentes : une promptitude d'appréhension plus grande que chez l'homme. Est-ce que cette qualité, quand elle prédomine, ne tend pas à rendre une personne propre aux affaires ? Dans l'action, le succès dépend toujours d'une prompte décision. Dans la spéculation rien de pareil, un penseur peut attendre, prendre le temps de réfléchir, demander de nouvelles preuves ; il n'est pas obligé de compléter d'un seul coup sa théorie, de peur que l'occasion ne s'échappe. Le pouvoir de tirer la meilleure conclusion possible de données insuffisantes n'est pas, il est vrai, sans utilité en philosophie ; la construction d'une hypothèse provisoire d'accord avec tous les faits connus est souvent la base nécessaire d'une recherche ultérieure. Mais c'est là une faculté plutôt avantageuse qu'indispensable en philosophie, et pour cette opération auxiliaire comme pour la principale, le penseur peut prendre le temps qu'il lui plaît. Rien ne l'oblige à se hâter, il a bien plutôt besoin de patience, pour travailler lentement jusqu'à ce que les lueurs vagues qu'il aperçoit soient devenues de vives lumières, et que sa conjecture se soit fixée sous la forme d'un théorème. Pour ceux au contraire qui ont affaire au fugitif et au périssable, aux faits particuliers, non aux espèces de faits, la rapidité de la pensée ne le cède en importance qu'à la faculté même de penser. Celui qui n'a pas ses facultés à ses ordres immédiats, dans les circonstances où il faut agir, est comme s'il ne les avait pas du tout. Il peut être propre à la critique, il n'est pas propre à l'action. Or c'est en ceci que les femmes, et les hommes qui ressemblent le plus aux femmes, ont une supériorité reconnue.

The other sort of man, however pre-eminent may be his faculties, arrives slowly at complete command of them: rapidity of judgment and promptitude of judicious action, even in the things he knows best, are the gradual and late result of strenuous effort grown into habit.

It will be said, perhaps, that the greater nervous susceptibility of women is a disqualification for practice, in anything but domestic life, by rendering them mobile, changeable, too vehemently under the influence of the moment, incapable of dogged perseverance, unequal and uncertain in the power of using their faculties. I think that these phrases sum up the greater part of the objections commonly made to the fitness of women for the higher class of serious business. Much of all this is the mere overflow of nervous energy run to waste, and would cease when the energy was directed to a definite end. Much is also the result of conscious or unconscious cultivation; as we see by the almost total disappearance of «hysterics» and fainting fits, since they have gone out of fashion. Moreover, when people are brought up, like many women of the higher classes (though less so in our own country than in any other) a kind of hot-house plants, shielded from the wholesome vicissitudes of air and temperature, and untrained in any of the occupations and exercises which give stimulus and development to the circulatory and muscular system, while their nervous system, especially in its emotional department,

Les autres hommes, quelque éminentes que soient leurs facultés, arrivent tard à les avoir tout à fait à leur commandement. La rapidité du jugement et la promptitude d'une action judicieuse, même dans les choses qu'on sait le mieux, sont chez eux le résultat graduel et lent d'un effort vigoureux passé en habitude.

On dira peut-être que la susceptibilité nerveuse plus grande des femmes les rend impropres à la pratique dans tout ce qui n'est pas la vie domestique, parce qu'elle les fait mobiles et changeantes, trop soumises à l'influence du moment, incapables d'une persévérance obstinée, qu'elles ne sont pas toujours assurées d'être maîtresses de leurs facultés. Je crois que ces mots résument la plupart des objections par lesquelles on conteste communément l'aptitude des femmes pour les affaires d'un ordre supérieur. La plupart de ces défauts tiennent uniquement à un excès de force nerveuse qui se dépense, et cesseraient dès que cette force pourrait s'employer à la poursuite d'un but défini. Une autre partie provient aussi de l'encouragement qu'on leur a donné avec ou sans conscience ; nous en voyons la preuve dans la disparition à peu près complète des attaques de nerfs et des évanouissements depuis qu'ils ont passé de mode. Bien plus, quand des personnes ont été élevées, comme beaucoup de femmes des hautes classes (cela arrive moins en Angleterre qu'ailleurs), en serre chaude, à l'abri de toutes les variations d'air et de temps, et n'ont pas été habituées aux exercices et aux occupations qui excitent et développent les systèmes circulatoire et musculaire, tandis que leur système nerveux, et surtout les parties de ce système affectées aux émotions,

is kept in unnaturally active play; it is no wonder if those of them who do not die of consumption, grow up with constitutions liable to derangement from slight causes, both internal and external, and without stamina to support any task, physical or mental, requiring continuity of effort. But women brought up to work for their livelihood show none of these morbid characteristics, unless indeed they are chained to an excess of sedentary work in confined and unhealthy rooms. Women who in their early years have shared in the healthful physical education and bodily freedom of their brothers, and who obtain a sufficiency of pure air and exercise in after-life, very rarely have any excessive susceptibility of nerves which can disqualify them for active pursuits. There is indeed a certain proportion of persons, in both sexes, in whom an unusual degree of nervous sensibility is constitutional, and of so marked a character as to be the feature of their organization which exercises the greatest influence over the whole character of the vital phenomena. This constitution, like other physical conformations, is hereditary, and is transmitted to sons as well as daughters; but it is possible, and probable, that the nervous temperament (as it is called) is inherited by a greater number of women than of men. We will assume this as a fact: and let me then ask, are men of nervous temperament found to be unfit for the duties and pursuits usually followed by men? If not, why should women of the same temperament be unfit for them? The peculiarities of the temperament are, no doubt, within certain limits, an obstacle to success in some employments, though an aid to it in others. But when the occupation is suitable

sont entretenues dans un état d'activité anormale, il ne faut pas s'étonner que les femmes qui ne meurent pas de consomption acquièrent des constitutions susceptibles de se déranger à la moindre cause externe ou interne, incapables de supporter un travail physique ou mental qui exige un effort longtemps continué. Mais les femmes élevées à gagner leur vie ne présentent pas ces particularités morbides, à moins d'être attachées à un travail sédentaire excessif et confinées dans des locaux insalubres. Celles qui dans leur jeunesse ont partagé la salutaire éducation physique et la liberté de leurs frères, et qui n'ont manqué ni d'air pur ni d'exercice dans le reste de leur vie, ont très rarement une susceptibilité de nerfs excessive qui les empêche de prendre part à la vie active. Il est vrai qu'il y a dans l'un et l'autre sexe des personnes chez qui une sensibilité nerveuse extrême est constitutionnelle, et porte un caractère si marqué qu'elle impose à l'ensemble des phénomènes vitaux une influence plus grande que tout autre trait de leur organisation. La constitution nerveuse comme d'autres dispositions physiques est héréditaire et se transmet aux fils aussi bien qu'aux filles, mais il est possible et probable que les femmes héritent plus du tempérament nerveux que les hommes. Partons de ce fait ; je demanderai si les hommes d'un tempérament nerveux sont censés impropres aux fonctions et aux occupations que les hommes remplissent d'ordinaire. Sinon, pourquoi les femmes du même tempérament le seraient-elles ? Les particularités du tempérament nerveux sont sans doute dans quelques limites un obstacle à la réussite dans certaines occupations, et une aide dans d'autres. Mais quand l'occupation s'approprie

to the temperament, and sometimes even when it is unsuitable, the most brilliant examples of success are continually given by the men of high nervous sensibility. They are distinguished in their practical manifestations chiefly by this, that being susceptible of a higher degree of excitement than those of another physical constitution, their powers when excited differ more than in the case of other people, from those shown in their ordinary state: they are raised, as it were, above themselves, and do things with ease which they are wholly incapable of at other times. But this lofty excitement is not, except in weak bodily constitutions, a mere flash, which passes away immediately, leaving no permanent traces, and incompatible with persistent and steady pursuit of an object. It is the character of the nervous temperament to be capable of *sustained* excitement, holding out through long continued efforts. It is what is meant by *spirit*. It is what makes the high-bred racehorse run without slackening speed till he drops down dead. It is what has enabled so many delicate women to maintain the most sublime constancy not only at the stake, but through a long preliminary succession of mental and bodily tortures. It is evident that people of this temperament are particularly apt for what may be called the executive department of the leadership of mankind. They are the material of great orators, great preachers, impressive diffusers of moral influences. Their constitution might be deemed less favourable to the qualities required from a statesman in the cabinet, or from a judge. It would be so, if the consequence necessarily followed that because people are excitable they must always be in a state of excitement.

au tempérament, ou même dans le cas contraire, les hommes de la sensibilité nerveuse la plus exagérée ne cessent pas de nous donner les plus brillants exemples de succès. Ils se distinguent dans leurs actes surtout en ce qu'ils sont susceptibles d'une plus grande excitation que ceux d'une autre constitution physique ; leurs facultés, quand elles sont excitées diffèrent plus que chez les autres hommes de ce qu'elles sont à l'état normal, ils s'élèvent pour ainsi dire au-dessus d'eux-mêmes et font aisément des choses dont ils auraient été tout à fait incapables à d'autres moments. Mais cette excitation sublime n'est pas, excepté dans les constitutions faibles, un simple éclair qui s'éteint aussitôt sans laisser de trace durable et ne peut s'appliquer à la poursuite constante et ferme d'un objet. C'est le propre du tempérament nerveux d'être capable d'une excitation soutenue pendant une longue durée d'efforts. C'est ce qui fait qu'un cheval de race bien dressé court sans se ralentir jusqu'à tomber mort. Cela s'appelle avoir du sang. C'est cette qualité qui a rendu des femmes délicates capables de manifester la plus sublime constance non seulement sur le bûcher, mais à travers les longues tortures d'esprit et de corps qui ont précédé leur supplice. Il est évident que les gens de ce tempérament sont particulièrement propres à remplir des fonctions exclusives dans le gouvernement de l'humanité. C'est la constitution essentielle des grands orateurs, des grands prédicateurs, de tous les émouvants propagateurs des influences morales. On pourrait la croire moins favorable aux qualités acquises d'un homme d'état, de cabinet, ou d'un juge. Il en serait ainsi, s'il était vrai qu'une personne excitable doive toujours être dans un état d'excitation.

But this is wholly a question of training. Strong feeling is the instrument and element of strong self-control: but it requires to be cultivated in that direction. When it is, it forms not the heroes of impulse only, but those also of self-conquest. History and experience prove that the most passionate characters are the most fanatically rigid in their feelings of duty, when their passion has been trained to act in that direction. The judge who gives a just decision in a case where his feelings are intensely interested on the other side, derives from that same strength of feeling the determined sense of the obligation of justice, which enables him to achieve this victory over himself. The capability of that lofty enthusiasm which takes the human being out of his every-day character, reacts upon the daily character itself. His aspirations and powers when he is in this exceptional state, become the type with which he compares, and by which he estimates, his sentiments and proceedings at other times: and his habitual purposes assume a character moulded by and assimilated to the moments of lofty excitement, although those, from the physical nature of a human being, can only be transient. Experience of races, as well as of individuals, does not show those of excitable temperament to be less fit, on the average, either for speculation or practice, than the more unexcitable. The French, and the Italians, are undoubtedly by nature more nervously excitable than the Teutonic races, and, compared at least with the English, they have a much greater habitual and daily emotional life: but have they been less great in science, in public business, in legal and judicial eminence, or in war? There is abundant evidence that the Greeks

C'est là une question d'éducation. Une sensibilité intense est l'instrument et la condition qui permet d'exercer sur soimême un puissant empire, mais pour cela elle a besoin d'être cultivée. Quand elle a reçu cette préparation, elle ne forme pas seulement les héros du premier mouvement, mais les héros de la volonté qui se possède. L'histoire et l'expérience prouvent que les caractères les plus passionnés montrent le plus de constance et de rigidité dans leur sentiment du devoir quand leur passion a été dirigée dans ce sens. Le juge qui rend une décision juste dans une cause, contre ses plus forts intérêts, tire de cette même sensibilité le sentiment énergique de la justice qui lui permet de remporter sur lui-même cette victoire. L'aptitude à ressentir cet enthousiasme sublime qui tire l'homme de son caractère habituel réagit sur le caractère habituel. Quand l'homme est dans cet état exceptionnel, ses aspirations et ses facultés deviennent le type auquel il compare et par lequel il estime ses sentiments et ses actions des autres moments. Les tendances habituelles se modèlent et se façonnent sur ces mouvements de noble excitation, malgré leur fugacité, effet naturel de la constitution physique de l'homme. Ce que nous savons des races et des individus ne nous montre pas que les tempéraments excitables soient en moyenne moins propres à la spéculation et aux affaires que les tempéraments froids. Les Français et les Italiens ont sans doute par nature les nerfs plus excitables que les races teutoniques et si on les compare aux Anglais, les émotions jouent un rôle plus important dans leur vie journalière : mais est-ce que leurs savants, leurs hommes d'État, leurs législateurs, leurs magistrats, leurs capitaines, ont été moins grands ? Nous avons des preuves que les Grecs

were of old, as their descendants and successors still are, one of the most excitable of the races of mankind. It is superfluous to ask, what among the achievements of men they did not excel in. The Romans, probably, as an equally southern people, had the same original temperament: but the stern character of their national discipline, like that of the Spartans, made them an example of the opposite type of national character; the greater strength of their natural feelings being chiefly apparent in the intensity which the same original temperament made it possible to give to the artificial. If these cases exemplify what a naturally excitable people may be made, the Irish Celts afford one of the aptest examples of what they are when left to themselves; (if those can be said to be left to themselves who have been for centuries under the indirect influence of bad government, and the direct training of a Catholic hierarchy and of a sincere belief in the Catholic religion.) The Irish character must be considered, therefore, as an unfavourable case: yet, whenever the circumstances of the individual have been at all favourable, what people have shown greater capacity for the most varied and multifarious individual eminence? Like the French compared with the English, the Irish with the Swiss, the Greeks or Italians compared with the German races, so women compared with men may be found, on the average, to do the same things with some variety in the particular kind of excellence. But, that they would do them fully as well on the whole, if their education and cultivation were adapted to correcting instead of aggravating the infirmities incident to their temperament, I see not the smallest reason to doubt.

étaient autrefois, comme leurs descendants et successeurs aujourd'hui, une des races les plus excitables de l'humanité. Faut-il demander dans quel genre ils n'ont pas excellé ? Il est probable que les Romains, méridionaux aussi, avaient dans l'origine le même tempérament ; mais la sévérité de leur discipline nationale fit d'eux, comme des Spartiates, un exemple du type national opposé en tournant ce qu'il y avait d'exceptionnel dans la force de leurs sentiments naturels au profit des artificiels. Si ces exemples montrent ce qu'on peut faire d'un peuple naturellement excitable, les Celtes irlandais nous offrent le meilleur exemple de ce qu'il devient quand on l'abandonne à lui-même ; si toutefois on peut dire qu'un peuple est abandonné à lui-même quand il reste pendant des siècles soumis à l'influence indirecte d'un mauvais gouvernement, à celle de l'Église catholique et de la religion qu'elle enseigne. Le caractère des Irlandais doit donc être considéré comme un exemple défavorable : pourtant partout où les circonstances l'ont permis, quel peuple a jamais montré plus d'aptitude pour les genres les plus divers de supériorité ? De même que les Français comparés aux Anglais, les Irlandais aux Suisses, les Grecs et les Italiens aux peuples germaniques, les femmes comparées aux hommes feront en somme les mêmes choses, et si elles n'obtiennent pas le même succès, la différence portera plutôt sur le genre de succès que sur le degré. Je ne vois pas la plus faible raison de douter qu'elles les fissent aussi bien si leur éducation était dirigée de manière à corriger les faiblesse naturelles de leur tempérament, au lieu de les aggraver.

Supposing it, however, to be true that women's minds are by nature more mobile than those of men, less capable of persisting long in the same continuous effort, more fitted for dividing their faculties among many things than for travelling in any one path to the highest point which can be reached by it: this may be true of women as they now are (though not without great and numerous exceptions), and may account for their having remained behind the highest order of men in precisely the things in which this absorption of the whole mind in one set of ideas and occupations may seem to be most requisite. Still, this difference is one which can only affect the kind of excellence, not the excellence itself, or its practical worth: and it remains to be shown whether this exclusive working of a part of the mind, this absorption of the whole thinking faculty in a single subject, and concentration of it on a single work, is the normal and healthful condition of the human faculties, even for speculative uses. I believe that what is gained in special development by this concentration, is lost in the capacity of the mind for the other purposes of life; and even in abstract thought, it is my decided opinion that the mind does more by frequently returning to a difficult problem, than by sticking to it without interruption. For the purposes, at all events, of practice, from its highest to its humblest departments, the capacity of passing promptly from one subject of consideration to another, without letting the active spring of the intellect run down between the two, is a power far more valuable; and this power women pre-eminently possess, by virtue of the very mobility of which they are accused. They perhaps have it from nature,

Admettons que l'esprit des femmes soit par nature plus mobile, moins capable de persévérance dans le même effort, plus propre à diviser ses facultés sur plusieurs choses qu'à parcourir une voie jusqu'à son terme le plus élevé ; il se peut qu'il en soit ainsi des femmes telles qu'elle sont maintenant (quoique avec beaucoup d'exceptions), et cela peut expliquer pourquoi elles sont restées en arrière des hommes les plus éminents justement sur les choses qui exigent surtout que l'esprit s'absorbe dans une longue série de travaux. Mais cette différence est de celles qui n'affectent que le genre de supériorité, non la supériorité elle-même, ou sa valeur réelle : et, d'ailleurs, il reste à prouver que cet emploi exclusif d'une partie de l'esprit, cette absorption de toute l'intelligence sur un seul sujet, et sa concentration sur un seul ouvrage, est la vraie condition des facultés humaines même pour les travaux spéculatifs. Je crois que ce que fait gagner cette concentration d'esprit dans une faculté spéciale, on le perd dans les autres ; et même dans les œuvres de la pensée abstraite, j'ai appris par expérience que l'esprit fait plus en revenant souvent à un problème difficile qu'en s'y adonnant sans interruption. En tous cas, dans la pratique, depuis ses objets les plus élevés jusqu'aux plus bas, la faculté de passer rapidement d'un sujet de méditation à un autre, sans que la vigueur de la pensée se relâche dans la transition, a bien plus d'importance : et cette faculté, les femmes la possèdent à cause de la mobilité même qu'on leur reproche. Elles la doivent peut-être à la nature,

but they certainly have it by training and education; for nearly the whole of the occupations of women consist in the management of small but multitudinous details, on each of which the mind cannot dwell even for a minute, but must pass on to other things, and if anything requires longer thought, must steal time at odd moments for thinking of it. The capacity indeed which women show for doing their thinking in circumstances and at times which almost any man would make an excuse to himself for not attempting it, has often been noticed: and a woman's mind, though it may be occupied only with small things, can hardly ever permit itself to be vacant, as a man's so often is when not engaged in what he chooses to consider the business of his life. The business of a woman's ordinary life is things in general, and can as little cease to go on as the world to go round.

But (it is said) there is anatomical evidence of the superior mental capacity of men compared with women: they have a larger brain. I reply, that in the first place the fact itself is doubtful. It is by no means established that the brain of a woman is smaller than that of a man. If it is inferred merely because a woman's bodily frame generally is of less dimensions than a man's, this criterion would lead to strange consequences. A tall and large-boned man must on this showing be wonderfully superior in intelligence to a small man, and an elephant or a whale must prodigiously excel mankind. The size of the brain in human beings, anatomists say, varies much less than the size of the body, or even of the head, and the one cannot be at all inferred from the other.

mais à coup sûr l'habitude y est pour beaucoup ; car presque toutes les occupations des femmes se composent d'une multitude de détails, à chacun desquels l'esprit ne peut pas même consacrer une minute, obligé qu'il est de passer à autre chose ; en sorte que, si un objet réclame plus d'attention, il faut prendre sur les moments perdus pour y songer. On a souvent remarqué la faculté qu'avaient les femmes de faire leur travail de pensée dans des circonstances et à des moments où tout homme peut-être se serait dispensé de l'essayer, et que l'esprit d'une femme, fût-il occupé uniquement de petites choses, ne peut rester inoccupé, comme celui de l'homme l'est si souvent quand il n'est pas envahi par ce qu'il veut considérer comme l'affaire de sa vie. L'affaire de la vie d'une femme c'est tout, et cette affaire ne peut pas plus cesser de marcher que le monde de tourner.

Mais, dit-on, l'anatomie prouve que les hommes ont une capacité mentale plus grande que les femmes : ils ont le cerveau plus gros. Je réponds d'abord que ce fait est contestable. On est loin d'avoir constaté que le cerveau d'une femme soit plus petit que celui d'un homme. Si on tire cette conclusion uniquement de ce que le corps de la femme a en général des dimensions moindres que celui de l'homme, c'est une façon de raisonner qui mènerait à d'étranges conséquences. Un homme de haute taille devrait, d'après ces principes, être extraordinairement supérieur par l'intelligence à un homme petit, et un éléphant ou une baleine devraient s'élever prodigieusement au-dessus de l'humanité. Le volume du cerveau chez l'homme varie beaucoup moins que le volume du corps ou même que celui de la tête, et l'on ne peut pas du tout conclure de l'un à l'autre.

It is certain that some women have as large a brain as any man. It is within my knowledge that a man who had weighed many human brains, said that the heaviest he knew of, heavier even than Cuvier's (the heaviest previously recorded,) was that of a woman. Next, I must observe that the precise relation which exists between the brain and the intellectual powers is not yet well understood, but is a subject of great dispute. That there is a very close relation we cannot doubt. The brain is certainly the material organ of thought and feeling: and (making abstraction of the great unsettled controversy respecting the appropriation of different parts of the brain to different mental faculties) I admit that it would be an anomaly, and an exception to all we know of the general laws of life and organization, if the size of the organ were wholly indifferent to the function; if no accession of power were derived from the greater magnitude of the instrument. But the exception and the anomaly would be fully as great if the organ exercised influence by its magnitude *only*. In all the more delicate operations of nature—of which those of the animated creation are the most delicate, and those of the nervous system by far the most delicate of these—differences in the effect depend as much on differences of quality in the physical agents, as on their quantity: and if the quality of an instrument is to be tested by the nicety and delicacy of the work it can do, the indications point to a greater average fineness of quality in the brain and nervous system of women than of men. Dismissing abstract difference of quality,

Il est certain que quelques femmes ont un aussi grand cerveau que n'importe quel homme. Il est à ma connaissance qu'un savant, qui avait pesé beaucoup de cerveaux humains, disait que le plus lourd qu'il eût connu, plus lourd même que celui de Cuvier (le plus lourd de tous ceux dont le poids est rapporté dans les livres), était un cerveau de femme. Ensuite je dois faire observer qu'on ne sait pas bien encore quelle relation précise il y a entre le cerveau et les facultés intellectuelles, et qu'il subsiste encore à ce sujet bien des controverses. Nous ne pouvons pas douter que cette relation ne soit très étroite. Le cerveau est certainement l'organe de la pensée et du sentiment, et, sans m'arrêter à la grande controverse encore pendante de la localisation des facultés mentales, j'admets que ce serait une anomalie et une exception à tout ce que nous savons des lois générales de la vie et de l'organisation, si le volume de l'organe était tout à fait indifférent à la fonction, si un instrument plus grand ne donnait pas une plus grande puissance. Mais l'exception et l'anomalie seraient tout aussi grandes si l'organe n'exerçait son influence que par son volume. Dans toutes les opérations délicates de la nature – parmi lesquelles les plus délicates sont celles de la vie, et dans celles-ci les opérations du système nerveux le sont plus que toutes les autres – les différences dans les effets dépendent autant de la différence dans la qualité des agents physiques que dans leur quantité, et si la qualité d'un instrument est attesté par la délicatesse de l'ouvrage qu'il peut faire, il y a beaucoup de raison de penser que le cerveau et le système nerveux de la femme sont d'une qualité plus fine que le cerveau et le système nerveux de l'homme. Laissons de côté la différence abstraite de qualité,

a thing difficult to verify, the efficiency of an organ is known to depend not solely on its size but on its activity: and of this we have an approximate measure in the energy with which the blood circulates through it, both the stimulus and the reparative force being mainly dependent on the circulation. It would not be surprising — it is indeed an hypothesis which accords well with the differences actually observed between the mental operations of the two sexes — if men on the average should have the advantage in the size of the brain, and women in activity of cerebral circulation. The results which conjecture, founded on analogy, would lead us to expect from this difference of organization, would correspond to some of those which we most commonly see. In the first place, the mental operations of men might be expected to be slower. They would neither be so prompt as women in thinking, nor so quick to feel. Large bodies take more time to get into full action. On the other hand, when once got thoroughly into play, men's brain would bear more work. It would be more persistent in the line first taken; it would have more difficulty in changing from one mode of action to another, but, in the one thing it was doing, it could go on longer without loss of power or sense of fatigue. And do we not find that the things in which men most excel women are those which require most plodding and long hammering at a single thought, while women do best what must be done rapidly? A woman's brain is sooner fatigued, sooner exhausted; but given the degree of exhaustion, we should expect to find that it would recover itself sooner. I repeat that this speculation is entirely hypothetical;

chose difficile à vérifier. On sait que l'importance du travail d'un organe dépend non seulement de son volume, mais aussi de son activité, et nous avons la mesure de celle-ci dans l'énergie de la circulation à l'intérieur de l'organe. Il ne serait pas surprenant que le cerveau de l'homme fût plus grand, et que la circulation fût plus active dans celui de la femme. C'est même une hypothèse qui s'accorde bien avec toutes les différences que nous présentent les opérations mentales des deux sexes. Les résultats que l'analogie nous porterait à attendre de cette différence d'organisation correspondraient à quelques-uns de ceux que nous observons d'ordinaire. D'abord on pourrait annoncer que les opérations mentales de l'homme seront plus lentes, que d'ordinaire sa pensée ne sera pas aussi prompte que celle de la femme et que ses sentiments ne se succéderont pas aussi rapidement que chez elle. Les grands corps prennent plus de temps pour entrer en action. D'autre part le cerveau de l'homme mis en jeu dans toute sa force donnera plus de travail. Il persistera davantage dans la ligne adoptée d'abord ; il aura plus de peine à passer d'un mode d'action à un autre ; mais dans l'œuvre entreprise il pourra travailler plus longtemps sans perte de force, ou sans fatigue. Ne voyons-nous pas en effet que les choses où les hommes excellent le plus sur les femmes sont celles qui demandent le plus qu'on persévère dans la méditation et pour ainsi dire qu'on martèle une même idée, tandis que les femmes font mieux tout ce qui se doit faire rapidement ? Le cerveau d'une femme est plus tôt fatigué, et plus tôt épuisé ; mais, arrivé au degré d'épuisement, il rentre plutôt en possession de toute sa force. Je répète que ces idées sont tout à fait hypothétiques ;

it pretends to no more than to suggest a line of enquiry. I
have before repudiated the notion of its being yet certainly
known that there is any natural difference at all in the
average strength or direction of the mental capacities of
the two sexes, much less what that difference is. Nor
is it possible that this should be known, so long as the
psychological laws of the formation of character have been
so little studied, even in a general way, and in the particular
case never scientifically applied at all; so long as the most
obvious external causes of difference of character are
habitually disregarded—left unnoticed by the observer, and
looked down upon with a kind of supercilious contempt by
the prevalent schools both of natural history and of mental
philosophy: who, whether they look for the source of what
mainly distinguishes human beings from one another, in
the world of matter or in that of spirit, agree in running
down those who prefer to explain these differences by the
different relations of human beings to society and life.

To so ridiculous an extent are the notions formed of
the nature of women, mere empirical generalizations,
framed, without philosophy or analysis, upon the first
instances which present themselves, that the popular
idea of it is different in different countries, according as
the opinions and social circumstances of the country
have given to the women living in it any speciality of
development or non-development. An Oriental thinks
that women are by nature peculiarly voluptuous; see the
violent abuse of them on this ground in Hindoo writings.
An Englishman usually thinks that they are by nature cold.

tout ce que je veux, c'est indiquer une ligne de recherches. J'ai déjà déclaré qu'on ne savait certainement pas s'il y a une différence naturelle dans la force ou la tendance moyenne des facultés mentales des deux sexes, et bien moins en quoi cette différence consiste ; il n'est pas possible qu'on le connaisse tant qu'on n'aura pas mieux étudié, ne fût-ce que d'une manière générale, et qu'on aura encore moins appliqué scientifiquement les lois psychologiques de la formation du caractère ; tant qu'on dédaignera les causes externes les plus évidentes des différences de caractère ; que l'observateur n'en tiendra nul compte ; que les écoles régnantes de physiologie et de psychologie les traiteront du haut de leur grandeur avec un mépris à peine déguisé. Qu'elles cherchent dans la matière ou dans l'esprit l'origine de ce qui distingue principalement un être humain d'un autre, ces écoles s'accordent pour écraser ceux qui veulent expliquer ces différences par les relations différentes de ces êtres dans la société et dans la vie.

Les idées qu'on s'est formé de la nature des femmes sur de simples généralisations empiriques construites sans esprit philosophique et sans analyse, avec les premiers cas venus, sont si peu sérieuses, que l'idée admise dans un pays diffère de celle d'un autre ; elles varient suivant que les circonstances propres à un pays ont donné aux femmes qui y vivent des occasions de se développer ou de ne pas se développer dans un sens. Les Orientaux croient que les femmes sont par nature singulièrement voluptueuses ; un Anglais croit d'ordinaire qu'elles sont naturellement froides.

The sayings about women's fickleness are mostly of French origin; from the famous distich of Francis the First, upward and downward. In England it is a common remark, how much more constant women are than men. Inconstancy has been longer reckoned discreditable to a woman, in England than in France; and Englishwomen are besides, in their inmost nature, much more subdued to opinion. It may be remarked by the way, that Englishmen are in peculiarly unfavourable circumstances for attempting to judge what is or is not natural, not merely to women, but to men, or to human beings altogether, at least if they have only English experience to go upon: because there is no place where human nature shows so little of its original lineaments. Both in a good and a bad sense, the English are farther from a state of nature than any other modern people. They are, more than any other people, a product of civilization and discipline. England is the country in which social discipline has most succeeded, not so much in conquering, as in suppressing, whatever is liable to conflict with it. The English, more than any other people, not only act but feel according to rule. In other countries, the taught opinion, or the requirement of society, may be the stronger power, but the promptings of the individual nature are always visible under it, and often resisting it: rule may be stronger than nature, but nature is still there. In England, rule has to a great degree substituted itself for nature. The greater part of life is carried on, not by following inclination under the control of rule, but by having no inclination

Les proverbes sur l'inconstance des femmes sont surtout d'origine française ; il s'en est fait avant et après le fameux distique de François 1ᵉʳ. On remarque communément en Angleterre que les femmes sont beaucoup plus constantes que les hommes. L'inconstance a été considérée comme plus déshonorante pour une femme depuis plus longtemps en Angleterre qu'en France, et les Anglaises sont bien plus soumises à l'opinion que les Françaises. On peut noter en passant que les Anglais sont dans des circonstances particulièrement défavorables pour juger ce qui est naturel ou ne l'est pas, non seulement aux femmes, mais aux hommes, ou aux membres de l'humanité indistinctement. Ils ont surtout puisé leur expérience dans leur pays, le seul lieu peut-être où la nature humaine laisse voir si peu de ses traits naturels. Les Anglais sont plus éloignés de l'état de nature que tous les autres peuples modernes, à la fois dans le bon et dans le mauvais sens ; plus qu'aucun autre ils sont le produit de la civilisation et de la discipline. C'est en Angleterre que la discipline sociale a le mieux réussi, non pas à vaincre, mais à supprimer tout ce qui pouvait lui résister. Les Anglais, plus que tout autre peuple, non seulement agissent, mais sentent d'après la règle. Dans les autres pays, l'opinion officielle ou les exigences de la société peuvent bien avoir la prépondérance, mais les tendances de la nature de chaque individu restent toujours visibles sous leur empire, et souvent résistent : la règle peut être plus forte que la nature, mais la nature est toujours là. En Angleterre, la règle s'est en grande partie substituée à la nature. La plus grande partie de la vie se passe, non à suivre son inclination en se conformant à la règle, mais à n'avoir pas d'autre inclination

but that of following a rule. Now this has its good side doubtless, though it has also a wretchedly bad one; but it must render an Englishman peculiarly ill-qualified to pass a judgment on the original tendencies of human nature from his own experience. The errors to which observers elsewhere are liable on the subject, are of a different character. An Englishman is ignorant respecting human nature, a Frenchman is prejudiced. An Englishman's errors are negative, a Frenchman's positive. An Englishman fancies that things do not exist, because he never sees them; a Frenchman thinks they must always and necessarily exist, because he does see them. An Englishman does not know nature, because he has had no opportunity of observing it; a Frenchman generally knows a great deal of it, but often mistakes it, because he has only seen it sophisticated and distorted. For the artificial state superinduced by society disguises the natural tendencies of the thing which is the subject of observation, in two different ways: by extinguishing the nature, or by transforming it. In the one case there is but a starved residuum of nature remaining to be studied; in the other case there is much, but it may have expanded in any direction rather than that in which it would spontaneously grow.

I have said that it cannot now be known how much of the existing mental differences between men and women is natural, and how much artificial; whether there are any natural differences at all; or, supposing all artificial causes of difference to be withdrawn, what natural character would be revealed. I am not about to attempt what I have pronounced impossible: but doubt does not forbid conjecture, and where certainty is unattainable, there may yet be the means

que de suivre la règle. Or il y a là un bon côté sans doute, mais il y en a aussi un bien mauvais ; et cela rend un Anglais incapable de tirer de son expérience les éléments d'un jugement sur les tendances originelles de la nature humaine. Les erreurs qu'un observateur d'un autre pays peut commettre à ce sujet sont d'un caractère différent. L'Anglais ignore la nature humaine, le Français la voit à travers ses préjugés ; les erreurs de l'Anglais sont négatives, celles du Français positives. Un Anglais s'imagine que les choses n'existent pas parce qu'il ne les a jamais vues, un Français qu'elles doivent exister toujours et nécessairement parce qu'il les voit ; l'Anglais ne connaît pas la nature parce qu'il n'a eu aucune occasion de l'observer, le Français en connaît une grande partie, mais il s'y laisse tromper souvent parce qu'il l'a seulement vue déformée et déguisée. Pour l'un comme pour l'autre la forme artificielle que la société a donnée aux choses qui sont le sujet de l'observation en cache les véritables propriétés, en faisant disparaître l'état naturel ou en le transformant. Dans un cas il ne reste à étudier qu'un chétif résidu de la nature, dans l'autre la nature reste, mais déployée dans un sens qu'elle n'aurait peut-être pas choisi si elle avait pu se développer librement.

J'ai dit qu'on ne peut pas savoir aujourd'hui ce qu'il y a de naturel ou d'artificiel dans les différences mentales actuelles qui subsistent entre les hommes et les femmes ; s'il y en a réellement une qui soit naturelle, ou quel caractère naturel se révélerait par la suppression de toutes les causes artificielles de différence. Je ne veux pas tenter ce que j'ai déclaré impossible : mais le doute n'interdit pas les conjectures, et, quand la certitude n'est pas à notre portée, il peut y avoir des moyens

of arriving at some degree of probability. The first point, the origin of the differences actually observed, is the one most accessible to speculation; and I shall attempt to approach it, by the only path by which it can be reached; by tracing the mental consequences of external influences. We cannot isolate a human being from the circumstances of his condition, so as to ascertain experimentally what he would have been by nature; but we can consider what he is, and what his circumstances have been, and whether the one would have been capable of producing the other.

Let us take, then, the only marked case which observation affords, of apparent inferiority of women to men, if we except the merely physical one of bodily strength. No production in philosophy, science, or art, entitled to the first rank, has been the work of a woman. Is there any mode of accounting for this, without supposing that women are naturally incapable of producing them?

In the first place, we may fairly question whether experience has afforded sufficient grounds for an induction. It is scarcely three generations since women, saving very rare exceptions, have begun to try their capacity in philosophy, science, or art. It is only in the present generation that their attempts have been at all numerous; and they are even now extremely few, everywhere but in England and France. It is a relevant question, whether a mind possessing the requisites of first-rate eminence in speculation or creative art could have been expected, on the mere calculation of chances, to turn up during that lapse of time, among the women whose tastes and personal position admitted of their devoting themselves

d'atteindre quelque degré de probabilité. Le premier point, les origines des différences que nous observons à présent, est le plus accessible à la spéculation ; je tâcherai de l'aborder par la seule voie qui y conduise, en recherchant les effets des influences extérieures sur l'esprit. Nous ne pouvons isoler un membre de l'humanité de la condition où il est placé, de manière à constater par l'expérience ce qu'il aurait été naturellement ; mais nous pouvons considérer ce qu'il est et ce que les circonstances ont été, et si elles ont pu le faire ce qu'il est.

Prenons donc le seul cas frappant que l'observation nous donne où la femme paraît inférieure à l'homme, abstraction faite de son infériorité en force corporelle. Dans la philosophie, les sciences et les arts, nulle production digne du premier rang n'a été l'œuvre d'une femme. Peut-on expliquer cette infériorité sans supposer que les femmes sont naturellement incapables de produire de ces chefs-d'œuvre ?

D'abord nous pouvons demander si l'expérience a fourni une base suffisante pour tirer une induction. Il n'y a pas trois générations que les femmes, sauf de rares exceptions, ont commencé à s'essayer dans la philosophie, la science ou les arts. Avant notre génération, ces essais n'étaient pas nombreux, et même à présent ils sont très rares partout ailleurs qu'en Angleterre et en France. On peut se demander si, d'après ce qu'on pouvait attendre du calcul des probabilités, un esprit doué de qualités de premier ordre pour la spéculation ou les arts créateurs eût dû se rencontrer plus tôt chez les femmes à qui leurs goûts, leur position, permettaient de se consacrer

to these pursuits. In all things which there has yet been time
for—in all but the very highest grades in the scale of excellence,
especially in the department in which they have been longest
engaged, literature (both prose and poetry)—women have
done quite as much, have obtained fully as high prizes and as
many of them, as could be expected from the length of time
and the number of competitors. If we go back to the earlier
period when very few women made the attempt, yet some
of those few made it with distinguished success. The Greeks
always accounted Sappho among their great poets; and we
may well suppose that Myrtis, said to have been the teacher
of Pindar, and Corinna, who five times bore away from him
the prize of poetry, must at least have had sufficient merit to
admit of being compared with that great name. Aspasia did not
leave any philosophical writings; but it is an admitted fact that
Socrates resorted to her for instruction, and avowed himself
to have obtained it.

If we consider the works of women in modern times, and
contrast them with those of men, either in the literary or
the artistic department, such inferiority as may be observed
resolves itself essentially into one thing: but that is a most
material one; deficiency of originality. Not total deficiency;
for every production of mind which is of any substantive
value, has an originality of its own—is a conception of the
mind itself, not a copy of something else. Thoughts original,
in the sense of being unborrowed—of being derived from
the thinker's own observations or intellectual processes—
are abundant in the writings of women. But they have not
yet produced any of those great and luminous new ideas

à ces objets. Dans toutes les choses où elles ont eu le temps nécessaire, spécialement dans la partie où elles ont travaillé depuis le plus longtemps, la littérature (prose ou vers), sans atteindre les premiers rangs, les femmes ont fait autant de belles œuvres et obtenu autant de succès qu'on pouvait l'espérer, en tenant compte du temps et du nombre des compétiteurs. Si nous remontons aux temps primitifs, quand très peu de femmes s'essayaient dans la littérature, nous voyons que quelques-unes y ont obtenu un succès remarquable. Les Grecs ont toujours compté Sapho parmi leurs grands poètes, et il nous est bien permis de supposer que Myrtis, qui, dit-on, enseigna la poésie à Pindare, et Corinne, qui remporta cinq fois sur lui le prix des vers, doivent avoir eu assez de mérite pour qu'on ait pu les comparer à ce grand poète. Aspasie n'a pas laissé d'écrits philosophiques : mais on sait que Socrate lui demandait des leçons et déclarait en avoir profité.

Si nous considérons les ouvrages des femmes dans les temps modernes, et si nous les comparons à ceux des hommes soit dans la littérature, soit dans les arts, l'infériorité qu'on y trouve se réduit à un seul point, mais très important : le défaut d'originalité. Je ne parle pas d'un défaut absolu, car toute production de quelque valeur a une originalité propre, est une conception de l'esprit lui-même, non une copie de quelque autre chose. Il y a beaucoup d'idées originales dans les écrits des femmes, si par ces mots on entend qu'elles ne les ont pas empruntées et qu'elles les ont formées de leurs propres observations et par leur propre esprit. Mais elles n'ont pas encore produit de ces grandes et lumineuses idées

which form an era in thought, nor those fundamentally new conceptions in art, which open a vista of possible effects not before thought of, and found a new school. Their compositions are mostly grounded on the existing fund of thought, and their creations do not deviate widely from existing types. This is the sort of inferiority which their works manifest: for in point of execution, in the detailed application of thought, and the perfection of style, there is no inferiority. Our best novelists in point of composition, and of the management of detail, have mostly been women; and there is not in all modern literature a more eloquent vehicle of thought than the style of Madame de Stael, nor, as a specimen of purely artistic excellence, anything superior to the prose of Madame Sand, whose style acts upon the nervous system like a symphony of Haydn or Mozart. High originality of conception is, as I have said, what is chiefly wanting. And now to examine if there is any manner in which this deficiency can be accounted for.

Let us remember, then, so far as regards mere thought, that during all that period in the world's existence, and in the progress of cultivation, in which great and fruitful new truths could be arrived at by mere force of genius, with little previous study and accumulation of knowledge — during all that time women did not concern themselves with speculation at all. From the days of Hypatia to those of the Reformation, the illustrious Heloisa is almost the only woman to whom any such achievement might have been possible; and we know not how great a capacity of speculation in her may have been lost to mankind by the misfortunes of her life.

qui marquent une époque dans l'histoire de la pensée, ni de ces conceptions essentiellement nouvelles dans l'art, qui ouvrent une perspective d'effets possibles non encore imaginés, et fondent une école nouvelle. Leurs compositions vivent le plus souvent sur le fond actuel des idées, et leurs créations ne s'écartent pas beaucoup du type établi. Voilà l'infériorité que leurs œuvres révèlent ; car dans l'exécution, dans l'application de l'idée et la perfection du style, il n'y en a pas. Les meilleurs romanciers pour la composition et l'arrangement des détails sont, pour une bonne part, des femmes. Il n'y a pas dans toute la littérature moderne une expression plus éloquente de la pensée que le style de madame de Stael ; et comme exemple de perfection artistique, il n'y a assurément rien de supérieur à la prose de George Sand, dont le style fait sur le système nerveux l'effet d'une symphonie de Haydn ou de Mozart. Ce qui manque aux femmes, je l'ai dit, c'est une grande originalité de conception. Voyons maintenant s'il y a une manière d'expliquer cette faiblesse.

Commençons par la pensée. Rappelons-nous que durant toute la période de l'histoire et de la civilisation où l'on pouvait arriver à des vérités grandes et fécondes par la seule force du génie, sans grande étude préalable, sans beaucoup de connaissance, les femmes ne s'occupèrent nullement de spéculation. Depuis Hypatie jusqu'à la Réformation, l'illustre Héloïse est presque la seule femme qui eût pu accomplir un pareil exploit, et nous ne savons pas l'étendue de l'esprit philosophique que ses malheurs ont fait perdre à l'humanité.

Never since any considerable number of women have began to cultivate serious thought, has originality been possible on easy terms. Nearly all the thoughts which can be reached by mere strength of original faculties, have long since been arrived at; and originality, in any high sense of the word, is now scarcely ever attained but by minds which have undergone elaborate discipline, and are deeply versed in the results of previous thinking. It is Mr. Maurice, I think, who has remarked on the present age, that its most original thinkers are those who have known most thoroughly what had been thought by their predecessors: and this will always henceforth be the case. Every fresh stone in the edifice has now to be placed on the top of so many others, that a long process of climbing, and of carrying up materials, has to be gone through by whoever aspires to take a share in the present stage of the work. How many women are there who have gone through any such process? Mrs. Somerville, alone perhaps of women, knows as much of mathematics as is now needful for making any considerable mathematical discovery: is it any proof of inferiority in women, that she has not happened to be one of the two or three persons who in her lifetime have associated their names with some striking advancement of the science? Two women, since political economy has been made a science, have known enough of it to write usefully on the subject: of how many of the innumerable men who have written on it during the same time, is it possible with truth to say more? If no woman has hitherto been a great historian, what woman has had the necessary erudition? If no woman

Depuis l'époque où il a été possible à un nombre considérable de femmes de s'adonner à la philosophie, l'originalité n'est plus possible aux mêmes conditions. Presque toutes les idées qu'on pouvait atteindre par la seule force des facultés natives sont depuis longtemps conquises, et l'originalité dans le sens le plus élevé de ce mot ne peut plus être le prix que des intelligences qui ont subi une laborieuse préparation, et des esprits qui possèdent à fond les résultats obtenus par les devanciers. C'est, je crois, Maurice qui a remarqué qu'aujourd'hui les penseurs les plus originaux sont ceux qui ont connu le plus à fond les idées de leurs prédécesseurs ; désormais il en sera toujours ainsi. Il y a déjà tant de pierres à l'édifice que celui qui veut en placer une à son tour au-dessus des autres doit hisser péniblement ses matériaux à la hauteur où l'œuvre commune est parvenue. Combien y a-t-il de femmes qui aient accompli cette tâche ? Madame Somerville, seule parmi les femmes, connaît peut-être tout ce qu'il faut savoir aujourd'hui en mathématiques pour y faire une découverte considérable : dira-t-on qu'elle est une preuve de l'infériorité des femmes, si elle n'a pas le bonheur d'être l'une des deux ou trois personnes qui, pendant la durée de sa vie, associeront leur nom à quelque progrès remarquable de cette science ? Depuis que l'économie politique est devenue une science, deux femmes en ont su assez pour écrire utilement sur ce sujet : de combien d'hommes, dans l'innombrable quantité d'auteurs qui ont écrit sur ces matières pendant ce temps, est-il possible d'en dire plus sans s'écarter de la vérité ? Si aucune femme n'a encore été un grand historien, quelle femme a donc possédé l'érudition nécessaire pour le devenir ? Si aucune femme

is a great philologist, what woman has studied Sanscrit and Slavonic, the Gothic of Ulphila and the Persic of the Zendavesta? Even in practical matters we all know what is the value of the originality of untaught geniuses. It means, inventing over again in its rudimentary form something already invented and improved upon by many successive inventors. When women have had the preparation which all men now require to be eminently original, it will be time enough to begin judging by experience of their capacity for originality.

It no doubt often happens that a person, who has not widely and accurately studied the thoughts of others on a subject, has by natural sagacity a happy intuition, which he can suggest, but cannot prove, which yet when matured may be an important addition to knowledge: but even then, no justice can be done to it until some other person, who does possess the previous acquirements, takes it in hand, tests it, gives it a scientific or practical form, and fits it into its place among the existing truths of philosophy or science. Is it supposed that such felicitous thoughts do not occur to women? They occur by hundreds to every woman of intellect. But they are mostly lost, for want of a husband or friend who has the other knowledge which can enable him to estimate them properly and bring them before the world: and even when they are brought before it, they generally appear as his ideas, not their real author's.

n'a encore été un grand philologue, quelle femme a étudié le sanskrit, le slave, le gothique d'Ulphilas, le zend de l'Avesta ? Dans les questions de pratique même, nous voyons ce que vaut l'originalité des génies ignorants. Ils inventent de nouveau sous une forme rudimentaire ce qui a déjà été inventé et perfectionné par une longue succession d'inventeurs. Quand les femmes auront reçu la préparation dont tous les hommes ont besoin pour exceller avec originalité, il sera temps de juger par expérience si elles peuvent ou ne peuvent pas être originales.

Sans doute il arrive souvent qu'une personne qui n'a pas étudié avec soin et à fond les idées que d'autres ont émises sur un sujet a, par l'effet d'une sagacité naturelle, une intuition heureuse qu'elle peut suggérer, mais qu'elle ne peut prouver, et qui pourtant, mûrie, peut donner un accroissement considérable à la science. Dans ce cas même, on ne peut mettre cette intuition à profit ni lui rendre la justice qui lui est due, avant que d'autres personnes pourvues de connaissances préalables s'en emparent, la vérifient, lui donnent une forme pratique ou théorique, et la mettent à la place qui lui appartient parmi les vérités de la philosophie et de la science. Est-ce qu'on suppose qu'il n'arrive pas aux femmes d'avoir de ces heureuses pensées ? Une femme intelligente en a un nombre immense. Le plus souvent elles les perdent faute d'un mari ou d'un ami qui possède l'autre connaissance et puisse estimer ces idées à leur valeur, et les produire dans le monde : et, alors même que cette circonstance heureuse se rencontre, l'idée passe plutôt pour appartenir à celui qui la publie qu'à son auteur véritable.

Who can tell how many of the most original thoughts put forth by male writers, belong to a woman by suggestion, to themselves only by verifying and working out? If I may judge by my own case, a very large proportion indeed.

If we turn from pure speculation to literature in the narrow sense of the term, and the fine arts, there is a very obvious reason why women's literature is, in its general conception and in its main features, an imitation of men's. Why is the Roman literature, as critics proclaim to satiety, not original, but an imitation of the Greek? Simply because the Greeks came first. If women lived in a different country from men, and had never read any of their writings, they would have had a literature of their own. As it is, they have not created one, because they found a highly advanced literature already created. If there had been no suspension of the knowledge of antiquity, or if the Renaissance had occurred before the Gothic cathedrals were built, they never would have been built. We see that, in France and Italy, imitation of the ancient literature stopped the original development even after it had commenced. All women who write are pupils of the great male writers. A painter's early pictures, even if he be a Raffaelle, are undistinguishable in style from those of his master. Even a Mozart does not display his powerful originality in his earliest pieces. What years are to a gifted individual, generations are to a mass. If women's literature

Qui dira jamais combien d'idées originales, mises au jour par des écrivains du sexe masculin, appartiennent à une femme qui les a suggérées, et n'ont reçu d'eux que la vérification et la monture ? Si j'en peux juger par mon propre exemple, il y en a beaucoup.

Si de la spéculation pure nous revenons à la littérature prise au sens le plus strict du mot, une raison générale nous fait comprendre pourquoi la littérature des femmes est une imitation de celle des hommes dans sa conception générale et dans ses principaux traits. Pourquoi la littérature latine, ainsi que la critique le proclame à satiété, est-elle une imitation de la littérature grecque, au lieu d'être originale ? C'est uniquement parce que les Grecs sont venus les premiers. Si les femmes avaient vécu dans d'autres pays que les hommes et n'avaient jamais lu un seul de leurs écrits, elles auraient eu une littérature propre. Elles n'ont pas créé une littérature parce qu'elles en ont trouvé une toute créée et déjà fort avancée. S'il n'y avait jamais eu d'interruption dans la connaissance de l'antiquité, ou si la renaissance se fût produite avant la construction des cathédrales gothiques, on n'en aurait jamais bâti. Nous voyons qu'en France et en Italie, l'imitation de la littérature ancienne arrêta court le développement d'un art original. Toutes les femmes qui écrivent sont des élèves des grands écrivains de l'autre sexe. Toutes les premières œuvres d'un peintre, fût-il Raphaël, ont identiquement la même manière que celle de son maître. Mozart lui-même ne déploie pas sa puissante originalité dans ses premières œuvres. Quand il faut des années à un individu bien doué, il faut des générations aux masses. Si la littérature des femmes

is destined to have a different collective character from that of men, depending on any difference of natural tendencies, much longer time is necessary than has yet elapsed, before it can emancipate itself from the influence of accepted models, and guide itself by its own impulses. But if, as I believe, there will not prove to be any natural tendencies common to women, and distinguishing their genius from that of men, yet every individual writer among them has her individual tendencies, which at present are still subdued by the influence of precedent and example: and it will require generations more, before their individuality is sufficiently developed to make head against that influence.

It is in the fine arts, properly so called, that the *primâ facie* evidence of inferior original powers in women at first sight appears the strongest: since opinion (it may be said) does not exclude them from these, but rather encourages them, and their education, instead of passing over this department, is in the affluent classes mainly composed of it. Yet in this line of exertion they have fallen still more short than in many others, of the highest eminence attained by men. This shortcoming, however, needs no other explanation than the familiar fact, more universally true in the fine arts than in anything else; the vast superiority of professional persons over amateurs. Women in the educated classes are almost universally taught more or less of some branch or other of the fine arts, but not that they may gain their living or their social consequence by it.

est destinée à avoir dans son ensemble un caractère différent de celui des hommes, correspondant aux points de différence des tendances naturelles de leur sexe avec celles des hommes, il faut beaucoup plus de temps qu'il ne s'en est déjà écoulé avant que cette littérature puisse s'affranchir de l'influence des modèles acceptés, et se diriger selon sa propre impulsion. Mais si, comme je le crois, rien ne vient prouver qu'il y ait dans les femmes aucune tendance naturelle qui distingue leur génie de celui des hommes ; il n'en reste pas moins que chaque femme qui écrit a ses tendances particulières qui, à ce moment, sont encore soumises à l'influence du précédent et de l'exemple, et il faudra que beaucoup de générations passent avant que leur individualité soit suffisamment développée pour faire tête à cette influence.

C'est dans les beaux-arts proprement dits que la présomption contre la faculté d'originalité des femmes paraît la plus forte, puisque (l'on peut le dire), l'opinion ne leur interdit plus de les cultiver, mais les y encourage, et que leur éducation, au lieu de les négliger, leur fait la plus belle part, surtout dans les classes riches. Dans ce genre de production plus que dans les autres, les femmes sont encore plus restées en arrière du degré d'excellence où les hommes sont parvenus. Toutefois cette infériorité n'a pas besoin, pour s'expliquer, d'autre raison que le fait bien connu, plus vrai encore dans les beaux-arts que partout ailleurs, que les personnes du métier sont grandement supérieures aux amateurs. Presque toutes les femmes des classes éclairées étudient plus ou moins quelques branches des beaux-arts, mais non dans l'intention de s'en servir à gagner leur vie ou à acquérir de la renommée.

Women artists are all amateurs. The exceptions are only of the kind which confirm the general truth. Women are taught music, but not for the purpose of composing, only of executing it: and accordingly it is only as composers, that men, in music, are superior to women. The only one of the fine arts which women do follow, to any extent, as a profession, and an occupation for life, is the histrionic; and in that they are confessedly equal, if not superior, to men. To make the comparison fair, it should be made between the productions of women in any branch of art, and those of men not following it as a profession. In musical composition, for example, women surely have produced fully as good things as have ever been produced by male amateurs. There are now a few women, a very few, who practise painting as a profession, and these are already beginning to show quite as much talent as could be expected. Even male painters (*pace* Mr. Ruskin) have not made any very remarkable figure these last centuries, and it will be long before they do so. The reason why the old painters were so greatly superior to the modern, is that a greatly superior class of men applied themselves to the art. In the fourteenth and fifteenth centuries the Italian painters were the most accomplished men of their age. The greatest of them were men of encyclopædical acquirements and powers, like the great men of Greece. But in their times fine art was, to men's feelings and conceptions, among the grandest things in which a human being could excel;

Les femmes artistes sont toutes des amateurs. Les exceptions sont de nature à confirmer la règle. Les femmes apprennent la musique, non pour composer, mais seulement pour exécuter : et aussi n'est-ce que comme compositeurs que les hommes l'emportent sur les femmes, en musique. Le seul des beaux-arts auquel les femmes s'adonnent pour en faire leur profession et leur principale occupation est l'art du théâtre, et elles y sont égales, sinon supérieures aux hommes. Pour faire une comparaison équitable, il faudrait mettre les productions artistiques des femmes en regard de celles des hommes qui ne sont pas artistes de profession. Dans la composition musicale, par exemple, les femmes ont produit assurément autant de bonnes choses que les amateurs de l'autre sexe ont pu en donner. Il y a maintenant peu de femmes, très peu, qui fassent de la peinture par profession, et elles commencent à montrer autant de talent qu'on pouvait l'espérer. Les peintres du sexe masculin (n'en déplaise à M. Ruskin) n'ont pas fait une remarquable figure dans ces derniers siècles, et il se passera beaucoup de temps avant qu'ils en fassent. Si les anciens peintres étaient si supérieurs aux modernes, c'est qu'un grand nombre d'hommes doués d'un esprit de premier ordre s'adonnaient à la peinture. Au quatorzième et au quinzième siècle les peintres italiens étaient les hommes les plus accomplis de leur temps. Les plus grands possédaient des connaissances encyclopédiques et excellaient dans tous les genres de production, comme les grands hommes de la Grèce. À cette époque les beaux-arts étaient aux yeux des hommes presque la plus noble chose où un homme pût exceller ;

and by it men were made, what only political or military distinction now makes them, the companions of sovereigns, and the equals of the highest nobility. In the present age, men of anything like similar calibre find something more important to do, for their own fame and the uses of the modern world, than painting: and it is only now and then that a Reynolds or a Turner (of whose relative rank among eminent men I do not pretend to an opinion) applies himself to that art. Music belongs to a different order of things; it does not require the same general powers of mind, but seems more dependant on a natural gift: and it may be thought surprising that no one of the great musical composers has been a woman. But even this natural gift, to be made available for great creations, requires study, and professional devotion to the pursuit. The only countries which have produced first-rate composers, even of the male sex, are Germany and Italy—countries in which, both in point of special and of general cultivation, women have remained far behind France and England, being generally (it may be said without exaggeration) very little educated, and having scarcely cultivated at all any of the higher faculties of mind. And in those countries the men who are acquainted with the principles of musical composition must be counted by hundreds, or more probably by thousands, the women barely by scores: so that here again, on the doctrine of averages, we cannot reasonably expect to see more than one eminent woman to fifty eminent men; and the last three centuries have not produced fifty eminent male composers either in Germany or in Italy.

les beaux-arts donnaient alors les distinctions qu'on n'acquiert aujourd'hui que par la politique ou la guerre ; par eux on gagnait l'amitié des princes, et l'on se mettait sur le pied d'égalité avec la plus haute noblesse. Aujourd'hui les hommes de la première valeur trouvent à faire quelque chose de plus important, pour leur propre renommée et les besoins du monde moderne, que la peinture, et on ne trouve guère rarement un Reynolds ou un Turner (dont je ne prétends pas déterminer le rang parmi les hommes éminents) qui s'adonnent à cet art. La musique est d'un ordre tout différent, elle n'exige pas la même puissance d'esprit, et semble dépendre davantage d'un don naturel ; aussi peut-on s'étonner que nul des grands compositeurs n'ait été une femme ; mais pourtant ce don naturel ne rend pas capable de grandes créations sans des études qui absorbent toute la vie. Les seuls pays qui aient produit des compositeurs de premier ordre dans le sexe masculin même sont l'Allemagne et l'Italie, deux pays où les femmes sont restées bien en arrière de la France et de l'Angleterre pour la culture intellectuelle générale et spéciale : elles y reçoivent pour la plupart peu d'instruction, et rarement on y cultive les facultés supérieures de leur esprit. Dans ces pays on compte par centaines, et probablement par milliers, les hommes qui connaissent les principes de la composition musicale, et les femmes seulement par dizaines. En sorte que, d'après les proportions, nous ne pouvons demander avec raison qu'une femme éminente pour cent hommes de cette valeur ; et les trois derniers siècles n'ont pas produit cinquante grands compositeurs du sexe masculin, tant en Allemagne qu'en Italie.

There are other reasons, besides those which we have now given, that help to explain why women remain behind men, even in the pursuits which are open to both. For one thing, very few women have time for them. This may seem a paradox; it is an undoubted social fact. The time and thoughts of every woman have to satisfy great previous demands on them for things practical. There is, first, the superintendence of the family and the domestic expenditure, which occupies at least one woman in every family, generally the one of mature years and acquired experience; unless the family is so rich as to admit of delegating that task to hired agency, and submitting to all the waste and malversation inseparable from that mode of conducting it. The superintendence of a household, even when not in other respects laborious, is extremely onerous to the thoughts; it requires incessant vigilance, an eye which no detail escapes, and presents questions for consideration and solution, foreseen and unforeseen, at every hour of the day, from which the person responsible for them can hardly ever shake herself free. If a woman is of a rank and circumstances which relieve her in a measure from these cares, she has still devolving on her the management for the whole family of its intercourse with others — of what is called society, and the less the call made on her by the former duty, the greater is always the development of the latter: the dinner parties, concerts, evening parties, morning visits, letter writing, and all that goes with them. All this is over and above the engrossing duty which society imposes exclusively on women, of making themselves charming. A clever woman of the higher ranks finds nearly a sufficient employment of her talents in cultivating

Outre les raisons que nous avons données, il y en a d'autres qui permettent d'expliquer pourquoi les femmes restent en arrière des hommes dans les carrières qui s'ouvrent aux deux sexes. D'abord très peu de femmes ont le temps de s'y livrer sérieusement : ceci peut sembler paradoxal ; c'est un fait social incontestable. Les détails de la vie réclament avant tout une grande partie du temps et de l'esprit des femmes. D'abord c'est la direction du ménage, la dépense de la maison qui occupe au moins une femme par famille, et généralement celle qui est arrivée à l'âge mûr et qui a de l'expérience, à moins que la famille soit assez riche pour abandonner ce soin à un domestique et supporter le gaspillage et les malversations inséparables de ce mode d'administration. La direction d'un ménage, lors même qu'elle n'exige pas beaucoup de travail, est extrêmement lourde pour l'esprit ; elle réclame une vigilance incessante, un œil auquel rien n'échappe, et présente à toute heure du jour à examiner et à résoudre des questions prévues ou imprévues que la personne responsable peut difficilement bannir de son esprit. Quand une femme appartient à un rang, ou se trouve dans un état qui lui permet de se soustraire à ces obligations, il lui reste encore à diriger tous les rapports de la famille avec ce qu'on appelle la société. Moins les premiers devoirs lui prennent de temps, plus les autres en absorbent ; ce sont les dîners, les concerts, les soirées, les visites, la correspondance et tout ce qui s'ensuit. Tout ceci est en sus du devoir suprême que la société impose aux femmes avant tout, celui de se rendre charmantes. Dans les rangs élevés de la société, une femme distinguée trouve presque l'emploi de tout son esprit à cultiver

the graces of manner and the arts of conversation. To look only at the outward side of the subject: the great and continual exercise of thought which all women who attach any value to dressing well (I do not mean expensively, but with taste, and perception of natural and of artificial *convenance*) must bestow upon their own dress, perhaps also upon that of their daughters, would alone go a great way towards achieving respectable results in art, or science, or literature, and does actually exhaust much of the time and mental power they might have to spare for either.[1] If it were possible that all this number of little practical interests (which are made great to them) should leave them either much leisure, or much energy and freedom of mind, to be devoted to art or speculation, they must have a much greater original supply of active faculty than the vast majority of men. But this is not all. Independently of the regular offices of life which devolve upon a woman, she is expected to have her time and faculties always at the disposal of everybody. If a man has not a profession to exempt him from such demands, still, if he has a pursuit, he offends

---

1. «It appears to be the same right turn of mind which enables a man to acquire the truth, or the just idea of what is right, in the ornaments, as in the more stable principles of art. It has still the same centre of perfection, though it is the centre of a smaller circle.—To illustrate this by the fashion of dress, in which there is allowed to be a good or bad taste. The component parts of dress are continually changing from great to little, from short to long; but the general form still remains: it is still the same general dress which is comparatively fixed, though on a very slender foundation; but it is on this which fashion must rest. He who invents with the most success, or dresses in the best taste, would probably, from the same sagacity employed to greater purposes, have discovered equal skill, or have formed the same correct taste, in the highest labours of art.»—Sir Joshua Reynolds' Discourses, Disc. VII.

les grâces de ses manières et l'art de la conversation. En outre, en regardant ces obligations à un autre point de vue, l'effort intense et prolongé de pensée que toutes les femmes qui tiennent à se bien mettre consacrent à leur toilette (je ne parle pas de celles qui s'habillent à grands frais, mais de celles qui le font avec goût et avec le sens des convenances naturelles et artificielles), et peut-être aussi à celle de leurs filles, cet effort de pensée appliqué à quelque étude sérieuse les rapprocherait beaucoup du point où l'esprit peut produire des œuvres remarquables dans les arts, les sciences et la littérature ; il dévore une grande partie du temps et de la force d'esprit que la femme aurait pu garder pour un autre usage[1]. Pour que cette masse de petits intérêts, qu'on a rendus importants pour elles, leur laissassent assez de loisirs, assez d'énergie et de liberté d'esprit pour cultiver les science et les arts, il faudrait qu'elles eussent à leur disposition une richesse bien plus grande de facultés actives que la plupart des hommes. Mais ce n'est pas tout. Indépendamment des devoirs ordinaires de la vie qui sont le partage des femmes, on exige qu'elles tiennent leur temps et leur esprit à la disposition de tout le monde. Si un homme a une profession qui le mette à l'abri de ces prétentions, ou même une occupation, il n'offense

---

1. Il semble que ce soit la même qualité d'esprit qui rend un homme capable d'acquérir la vérité, ou l'idée juste de ce qui est bien, dans les ornements, et aussi dans les principes plus fixes de l'art. C'est encore la même idée de la perfection dans un plus petit cercle. Donnons pour exemple la mode des habillements où l'on sait qu'il y a un bon et un mauvais goût. Les parties de l'habillement changent continuellement de grandeur, de grandes elles deviennent petites, de courtes longues, mais, au fond, elles conservent leur forme ; c'est toujours le même habillement avec un type relativement fixe sur des bases étroites ; mais c'est là-dessus que la mode doit s'appuyer. Celui qui invente avec le plus de succès, ou habille avec le meilleur goût, aurait probablement, s'il eût consacré la même sagacité à des objets plus élevés, révélé une égale dextérité ou acquis le même goût exquis, dans les plus nobles travaux de l'art. — Sir Joshua Reynold's Discourses, Disc. VII.

nobody by devoting his time to it; occupation is received as a valid excuse for his not answering to every casual demand which may be made on him. Are a woman's occupations, especially her chosen and voluntary ones, ever regarded as excusing her from any of what are termed the calls of society? Scarcely are her most necessary and recognised duties allowed as an exemption. It requires an illness in the family, or something else out of the common way, to entitle her to give her own business the precedence over other people's amusement. She must always be at the beck and call of somebody, generally of everybody. If she has a study or a pursuit, she must snatch any short interval which accidentally occurs to be employed in it. A celebrated woman, in a work which I hope will some day be published, remarks truly that everything a woman does is done at odd times. Is it wonderful, then, if she does not attain the highest eminence in things which require consecutive attention, and the concentration on them of the chief interest of life? Such is philosophy, and such, above all, is art, in which, besides the devotion of the thoughts and feelings, the hand also must be kept in constant exercise to attain high skill.

There is another consideration to be added to all these. In the various arts and intellectual occupations, there is a degree of proficiency sufficient for living by it, and there is a higher degree on which depend the great productions which immortalize a name. To the attainment of the former, there are adequate motives in the case of all who follow the pursuit professionally: the other is hardly ever attained

personne en y consacrant son temps ; il peut s'y retrancher pour s'excuser de ne pas répondre à toutes les exigences des étrangers. Est-ce que les occupations d'une femme, surtout celles qu'elle choisit volontairement, sont regardées comme des excuses qui dispensent des devoirs de société ? C'est à peine si leurs devoirs les plus nécessaires et les plus reconnus les en exemptent. Il ne faut pas moins qu'une maladie dans la famille ou toute autre chose d'extraordinaire pour les autoriser à faire passer leurs propres affaires avant les plaisirs d'autrui. La femme est toujours aux ordres de quelqu'un, et en général de tout le monde. Si elle s'occupe d'une étude, il faut qu'elle y consacre les courts instants qu'elle a le bonheur de saisir au vol. Une femme illustre remarque dans un livre qui sera publié quelque jour, je l'espère, que tout ce qu'une femme fait se fait à temps perdu. Est-il donc étonnant qu'elle n'arrive pas au plus haut degré de perfection dans les choses qui demandent une attention soutenue et dont il faut faire le principal intérêt de sa vie ? La philosophie est une de ces choses, l'art en est une aussi, l'art surtout qui exige qu'on lui dévoue non seulement toutes ses pensées et tous ses sentiments, mais qu'on s'entretienne la main par un exercice continu afin d'acquérir une adresse supérieure.

Il y a encore une considération à ajouter. Dans les divers arts et les diverses occupations de l'esprit, il y a un degré de force qu'il faut atteindre pour vivre de l'art ; il y en a un supérieur où il faut monter pour créer les œuvres qui immortalisent un nom. Ceux qui entrent dans une carrière ont tous des motifs suffisants pour arriver au premier ; l'autre est difficilement atteint par les personnes

where there is not, or where there has not been at some period of life, an ardent desire of celebrity. Nothing less is commonly a sufficient stimulus to undergo the long and patient drudgery, which, in the case even of the greatest natural gifts, is absolutely required for great eminence in pursuits in which we already possess so many splendid memorials of the highest genius. Now, whether the cause be natural or artificial, women seldom have this eagerness for fame. Their ambition is generally confined within narrower bounds. The influence they seek is over those who immediately surround them. Their desire is to be liked, loved, or admired, by those whom they see with their eyes: and the proficiency in knowledge, arts, and accomplishments, which is sufficient for that, almost always contents them. This is a trait of character which cannot be left out of the account in judging of women as they are. I do not at all believe that it is inherent in women. It is only the natural result of their circumstances. The love of fame in men is encouraged by education and opinion: to «scorn delights and live laborious days» for its sake, is accounted the part of «noble minds,» even if spoken of as their «last infirmity,» and is stimulated by the access which fame gives to all objects of ambition, including even the favour of women; while to women themselves all these objects are closed, and the desire of fame itself considered daring and unfeminine. Besides, how could it be that a woman's interests should not be all concentrated upon the impressions made on those who come into her daily life, when society has ordained that all her duties

qui n'ont pas, ou qui n'ont pas eu, à un moment de leur vie, un ardent désir de célébrité. D'ordinaire, il ne faut pas moins que ce stimulant pour faire entreprendre et soutenir le rude labeur que doivent nécessairement s'imposer les personnes les mieux douées pour s'élever à un rang distingué dans des genres où nous possédons déjà de si belles œuvres des plus grands génies. Or, soit par une cause artificielle, soit par une cause naturelle, les femmes ont rarement cette soif de renommée. Leur ambition se circonscrit généralement dans des bornes plus étroites. L'influence qu'elles cherchent ne s'étend pas au-delà du cercle qui les entoure. Ce qu'elles veulent, c'est plaire à ceux qu'elles voient de leurs yeux, c'est en être aimées et admirées, et elles se contentent presque toujours des talents, des arts et des connaissances qui y suffisent. C'est un trait de caractère dont il faut nécessairement tenir compte, quand on juge les femmes telles qu'elles sont. Je ne crois pas du tout qu'il tienne à leur nature ; je pense que ce n'est qu'un résultat régulier des circonstances. L'amour de la renommée chez les hommes reçoit des encouragements et des récompenses : « mépriser le plaisir et vivre dans le labeur pour l'amour de la renommée, c'est, dit-on, le lot des nobles esprits », peut-être leur « dernière faiblesse », et on y est poussé parce que la renommée ouvre l'accès à tous les objets d'ambition, y compris la faveur des femmes ; tandis qu'aux femmes tous ces objets sont toujours interdits, et le désir de la renommée passe chez elles pour de l'effronterie. En outre, comment pourrait-il se faire que tous les intérêts de la femme ne se concentrassent pas sur les personnes qui forment le tissu de sa vie de tous les jours, quand la société a prescrit que tous ses devoirs

should be to them, and has contrived that all her comforts should depend on them? The natural desire of consideration from our fellow creatures is as strong in a woman as in a man; but society has so ordered things that public consideration is, in all ordinary cases, only attainable by her through the consideration of her husband or of her male relations, while her private consideration is forfeited by making herself individually prominent, or appearing in any other character than that of an appendage to men. Whoever is in the least capable of estimating the influence on the mind of the entire domestic and social position and the whole habit of a life, must easily recognise in that influence a complete explanation of nearly all the apparent differences between women and men, including the whole of those which imply any inferiority.

As for moral differences, considered as distinguished from intellectual, the distinction commonly drawn is to the advantage of women. They are declared to be better than men; an empty compliment, which must provoke a bitter smile from every woman of spirit, since there is no other situation in life in which it is the established order, and considered quite natural and suitable, that the better should obey the worse. If this piece of idle talk is good for anything, it is only as an admission by men, of the corrupting influence of power; for that is certainly the only truth which the fact, if it be a fact, either proves or illustrates. And it *is* true that servitude, except when it actually brutalizes, though corrupting to both, is less so to the slaves than to the slave-masters.

les auraient pour objets, et pris des mesures pour que tout le bonheur de la femme en dépendît ? Le désir naturel d'obtenir la considération de nos semblables est aussi fort chez la femme que chez l'homme, mais la société a arrangé les choses de sorte que la femme ne peut, dans les cas ordinaires, arriver à la considération que par celle de son mari ou de ses parents du sexe masculin, et la femme s'expose à la perdre quand elle se met personnellement en vue, ou se montre dans un autre rôle que celui d'accessoire de l'homme. Quiconque est le moins du monde capable d'apprécier l'influence qu'exercent sur l'esprit d'une personne sa position dans la famille et dans la société et toutes les habitudes de la vie, doit y trouver sans peine l'explication de presque toutes les différences apparentes entre les femmes et les hommes, en y comprenant celles qui supposent une faiblesse quelconque.

Les différences morales, si par ce mot on entend celles qui tiennent aux facultés affectives pour les distinguer des intellectuelles, sont, selon l'opinion générale, à l'avantage des femmes. On affirme qu'elles valent mieux que les hommes ; vaine formule de politesse qui doit appeler un sourire amer sur les lèvres de toute femme de cœur, puisque sa situation est la seule au monde où l'on considère comme naturel et convenable un ordre de choses qui asservit le meilleur au pire. Si ces sottises sont bonnes à quelque chose, c'est à montrer que les hommes reconnaissent l'influence corruptive du pouvoir, c'est la seule vérité que la supériorité morale des femmes, si elle existe, prouve et mette en lumière. Je conviens que la servitude corrompt moins l'esclave que le maître, excepté quand elle est poussée jusqu'à l'abrutissement.

It is wholesomer for the moral nature to be restrained, even by arbitrary power, than to be allowed to exercise arbitrary power without restraint. Women, it is said, seldomer fall under the penal law — contribute a much smaller number of offenders to the criminal calendar, than men. I doubt not that the same thing may be said, with the same truth, of negro slaves. Those who are under the control of others cannot often commit crimes, unless at the command and for the purposes of their masters. I do not know a more signal instance of the blindness with which the world, including the herd of studious men, ignore and pass over all the influences of social circumstances, than their silly depreciation of the intellectual, and silly panegyrics on the moral, nature of women.

The complimentary dictum about women's superior moral goodness may be allowed to pair off with the disparaging one respecting their greater liability to moral bias. Women, we are told, are not capable of resisting their personal partialities: their judgment in grave affairs is warped by their sympathies and antipathies. Assuming it to be so, it is still to be proved that women are oftener misled by their personal feelings than men by their personal interests. The chief difference would seem in that case to be, that men are led from the course of duty and the public interest by their regard for themselves, women (not being allowed to have private interests of their own) by their regard for somebody else. It is also to be considered, that all the education which women receive from society

Il vaut mieux pour un être moral subir un joug, fût-ce celui d'un pouvoir arbitraire, que d'exercer ce pouvoir sans contrôle. Les femmes, dit-on, tombent plus rarement sous les coups de la loi pénale et tiennent moins de place dans la statistique du crime que les hommes. Je ne doute pas qu'on n'en puisse dire autant avec vérité des esclaves noirs. Ceux qui sont sous l'autorité d'autrui ne peuvent pas commettre souvent des crimes, si ce n'est sur le commandement et pour le service de leurs maîtres. Je ne connais pas d'exemple plus frappant de l'aveuglement avec lequel le monde, et je n'excepte pas la majorité des hommes d'étude, dédaigne et néglige les influences des circonstances sociales, que ce rabaissement niais des facultés intellectuelles et ce sot panégyrique de la nature morale de la femme.

Le compliment qu'on fait aux femmes en vantant leur bonté morale peut aller de pair avec le reproche de céder facilement à l'inclination de leur cœur. On dit que les femmes ne sont pas capables de résister à leur partialité personnelle ; que, dans les graves affaires, leurs sympathies et leurs antipathies faussent leur jugement. Admettons la vérité de l'accusation, il faudrait encore prouver que les femmes sont plus souvent égarées par leurs sentiments personnels que les hommes par leur intérêt personnel. La principale différence entre l'homme et la femme, ce serait que l'homme est détourné du devoirs et de l'intérêt public par l'attention qu'il a pour lui-même, et que la femme, à qui on ne reconnaît aucun intérêt qui lui soit propre, en est détournée par l'attention qu'elle a pour quelque autre personne. Il faut aussi considérer que toute l'éducation que les femmes reçoivent de la société

inculcates on them the feeling that the individuals connected with them are the only ones to whom they owe any duty— the only ones whose interest they are called upon to care for; while, as far as education is concerned, they are left strangers even to the elementary ideas which are presupposed in any intelligent regard for larger interests or higher moral objects. The complaint against them resolves itself merely into this, that they fulfil only too faithfully the sole duty which they are taught, and almost the only one which they are permitted to practise.

The concessions of the privileged to the unprivileged are so seldom brought about by any better motive than the power of the unprivileged to extort them, that any arguments against the prerogative of sex are likely to be little attended to by the generality, as long as they are able to say to themselves that women do not complain of it. That fact certainly enables men to retain the unjust privilege some time longer; but does not render it less unjust. Exactly the same thing may be said of the women in the harem of an Oriental: they do not complain of not being allowed the freedom of European women. They think our women insufferably bold and unfeminine. How rarely it is that even men complain of the general order of society; and how much rarer still would such complaint be, if they did not know of any different order existing anywhere else. Women do not complain of the general lot of women; or rather they do, for plaintive elegies on it are very common in the writings of women, and were still more so as long as the lamentations could not be suspected of having any practical object. Their complaints are like the complaints

leur inculque le sentiment que les individus auxquels elles sont liées sont les seuls envers qui elles aient des devoirs, les seuls dont elles soient tenues de soigner les intérêts, tandis que leur éducation les laisse étrangères aux idées les plus élémentaires qu'il faut posséder pour comprendre les grands intérêts et les grands objets de la morale. Le reproche revient à dire que les femmes remplissent trop fidèlement l'unique devoir qu'on leur a enseigné, et le seul à peu près qu'on leur permette de pratiquer.

Quand les possesseurs d'un privilège font des concessions à ceux qui en sont privés, c'est rarement pour une autre cause que parce que ces derniers acquièrent la puissance de les extorquer. Il est probable que les arguments contre les prérogatives d'un sexe attireront peu l'attention générale, tant qu'on pourra se dire que les femmes ne se plaignent pas. Certainement ce fait permet à l'homme de conserver plus longtemps un privilège injuste ; mais cela ne le rend pas moins injuste. On peut dire exactement la même chose des femmes enfermées dans les harems des Orientaux, elles ne se plaignent pas de ne pas jouir de la liberté des femmes d'Europe. Elles trouvent nos femmes horriblement effrontées. Qu'il est rare que les hommes mêmes se plaignent de l'état général de la société, et combien ces plaintes seraient plus rares s'ils ignoraient qu'il y a ailleurs un autre état ! Les femmes ne se plaignent pas du sort de leur sexe, ou plutôt elles s'en plaignent, car les élégies plaintives sont très communes dans les écrits des femmes, et l'étaient bien davantage quand on ne pouvait soupçonner leurs plaintes d'avoir en vue un changement dans la condition de leur sexe. Leurs plaintes sont comme celles

which men make of the general unsatisfactoriness of human life; they are not meant to imply blame, or to plead for any change. But though women do not complain of the power of husbands, each complains of her own husband, or of the husbands of her friends. It is the same in all other cases of servitude, at least in the commencement of the emancipatory movement. The serfs did not at first complain of the power of their lords, but only of their tyranny. The Commons began by claiming a few municipal privileges; they next asked an exemption for themselves from being taxed without their own consent; but they would at that time have thought it a great presumption to claim any share in the king's sovereign authority. The case of women is now the only case in which to rebel against established rules is still looked upon with the same eyes as was formerly a subject's claim to the right of rebelling against his king. A woman who joins in any movement which her husband disapproves, makes herself a martyr, without even being able to be an apostle, for the husband can legally put a stop to her apostleship. Women cannot be expected to devote themselves to the emancipation of women, until men in considerable number are prepared to join with them in the undertaking.

que les hommes font des désagréments de la vie ; elles n'ont pas la portée d'un blâme, et ne réclament pas un changement. Mais si les femmes ne se plaignent pas du pouvoir des maris, chacune se plaint de son mari, ou des maris de ses amies. Il en est de même dans toutes les autres servitudes, au moins au début du mouvement d'émancipation. Les serfs ne se plaignirent pas d'abord du pouvoir de leurs seigneurs, mais seulement de leur tyrannie. Les communes commencèrent par réclamer un petit nombre de privilèges municipaux ; plus tard elles exigèrent d'être exemptées de toutes les taxes qu'elles n'auraient pas consenties ; mais à ce moment même, elles auraient cru faire un acte d'une présomption inouïe, si elles avaient prétendu partager l'autorité souveraine du roi. Les femmes sont aujourd'hui les seules personnes pour qui la révolte contre les règles établies est regardée du même œil qu'auparavant la prétention d'un sujet au droit d'insurrection contre son roi. Une femme qui s'unit à un mouvement quelconque que son mari désapprouve se fait martyre sans pouvoir être apôtre, car le mari peut mettre légalement fin à l'apostolat. On ne peut pas attendre que les femmes se dévouent à l'émancipation de leur sexe, tant que les hommes, et en grand nombre, ne seront pas préparés à se joindre à elles pour l'entreprendre.

4

here remains a question, not of less importance than those already discussed, and which will be asked the most importunately by those opponents whose conviction is somewhat shaken on the main point. What good are we to expect from the changes proposed in our customs and institutions? Would mankind be at all better off if women were free? If not, why disturb their minds, and attempt to make a social revolution in the name of an abstract right?

It is hardly to be expected that this question will be asked in respect to the change proposed in the condition of women in marriage. The sufferings, immoralities, evils of all sorts, produced in innumerable cases by the subjection of individual women to individual men, are far too terrible to be overlooked. Unthinking or uncandid persons, counting those cases alone which are extreme, or which attain publicity, may say that the evils are exceptional; but no one can be blind to their existence, nor, in many cases, to their intensity.

4

Il nous reste à toucher une question non moins importante que celles que nous avons déjà discutées, et que soulèveront avec le plus d'insistance les adversaires qui sentent leurs convictions quelque peu ébranlées sur le point principal. Quel bien espérez-vous du changement que vous voulez opérer dans nos coutumes et nos institutions ? Si les femmes étaient libres, l'humanité s'en trouverait-elle mieux ? Sinon, pourquoi troubler leurs esprits et chercher à faire une révolution sociale au nom d'un droit abstrait ?

On ne doit guère s'attendre à voir poser cette question à propos du changement à apporter à la condition des femmes dans le mariage. Les souffrances, les immoralités, les maux de toute sorte produits dans des cas innombrables par l'assujettissement d'une femme à un homme sont trop effrayants pour être méconnus. Les personnes irréfléchies ou peu sincères qui tiennent seulement compte des cas qui arrivent au jour de la publicité peuvent dire que le mal est exceptionnel : mais personne ne saurait s'aveugler sur son existence, ni, ce qui arrive souvent, sur son intensité.

And it is perfectly obvious that the abuse of the power cannot be very much checked while the power remains. It is a power given, or offered, not to good men, or to decently respectable men, but to all men; the most brutal, and the most criminal. There is no check but that of opinion, and such men are in general within the reach of no opinion but that of men like themselves. If such men did not brutally tyrannize over the one human being whom the law compels to bear everything from them, society must already have reached a paradisiacal state. There could be no need any longer of laws to curb men's vicious propensities. Astræa must not only have returned to earth, but the heart of the worst man must have become her temple. The law of servitude in marriage is a monstrous contradiction to all the principles of the modern world, and to all the experience through which those principles have been slowly and painfully worked out. It is the sole case, now that negro slavery has been abolished, in which a human being in the plenitude of every faculty is delivered up to the tender mercies of another human being, in the hope forsooth that this other will use the power solely for the good of the person subjected to it. Marriage is the only actual bondage known to our law. There remain no legal slaves, except the mistress of every house.

It is not, therefore, on this part of the subject, that the question is likely to be asked, *Cui bono?* We may be told that the evil would outweigh the good, but the reality of the good admits of no dispute. In regard, however, to the larger question, the removal of women's disabilities—their recognition as the equals of men in all that belongs

Il est parfaitement évident que les abus du pouvoir marital ne peuvent être réprimés tant qu'il reste debout. Ce n'est pas seulement aux hommes bons, ou aux hommes quelque peu respectables que ce pouvoir est donné, mais à tous les hommes, même aux plus brutaux et aux plus criminels, à ceux qui n'ont d'autre frein pour en modérer l'abus que l'opinion ; et pour ces hommes il n'y a pas d'opinion que celle de leurs pareils. Si de pareils êtres ne faisaient peser une tyrannie cruelle sur la personne humaine que la loi contraint à tout supporter de leur part, la société serait déjà devenue un paradis. Il ne serait plus besoin de lois pour mettre un frein aux penchants vicieux des hommes. Non seulement Astrée serait revenue sur la terre, mais le cœur du pire des hommes serait son temple. La loi de la servitude dans le mariage est une contradiction monstrueuse de tous les principes du monde moderne, et de toute l'expérience qui a servi au monde moderne à les élaborer. À part l'esclavage des noirs, c'est le seul exemple où l'on voie un membre de l'humanité jouissant de toutes ses facultés livré à la merci d'un autre avec l'espérance que celui-ci usera de son pouvoir uniquement pour le bien de la personne qui lui est soumise. Le mariage est la seule servitude réelle reconnue par nos lois. Il n'y a plus d'esclaves de par la loi que la maîtresse de chaque maison.

Ce n'est donc pas pour cette partie de notre sujet que la question *cui bono* sera soulevée ? On peut nous dire que le mal l'emporterait sur le bien ; la réalité du bien ne saurait être contestée. Mais sur la question d'une portée plus large de la suppression des incapacités des femmes, de la reconnaissance de leur égalité avec l'homme, pour tout ce qui appartient

to citizenship—the opening to them of all honourable employments, and of the training and education which qualifies for those employments—there are many persons for whom it is not enough that the inequality has no just or legitimate defence; they require to be told what express advantage would be obtained by abolishing it.

To which let me first answer, the advantage of having the most universal and pervading of all human relations regulated by justice instead of injustice. The vast amount of this gain to human nature, it is hardly possible, by any explanation or illustration, to place in a stronger light than it is placed by the bare statement, to any one who attaches a moral meaning to words. All the selfish propensities, the self-worship, the unjust self-preference, which exist among mankind, have their source and root in, and derive their principal nourishment from, the present constitution of the relation between men and women. Think what it is to a boy, to grow up to manhood in the belief that without any merit or any exertion of his own, though he may be the most frivolous and empty or the most ignorant and stolid of mankind, by the mere fact of being born a male he is by right the superior of all and every one of an entire half of the human race: including probably some whose real superiority to himself he has daily or hourly occasion to feel; but even if in his whole conduct he habitually follows a woman's guidance, still, if he is a fool, she thinks that of course she is not, and cannot be, equal in ability and judgment to himself; and if he is not a fool, he does worse—he sees that she is superior to him, and believes that, notwithstanding her superiority, he is entitled to command and she is bound to obey.

aux droits du citoyen, de l'admission à tous les emplois honorables et à l'éducation qui rend propre à ces emplois, sur cette question, il y a beaucoup de personnes pour qui il ne suffit pas que l'inégalité n'ait aucune raison juste et légitime ; elles veulent qu'on leur dise quel avantage on obtiendra en l'abolissant.

J'y réponds d'abord, l'avantage de faire régler la plus universelle, la plus répandue de toutes les relations, par la justice au lieu de l'injustice. Il n'y a pas d'explication, pas d'exemple qui puisse éclairer d'une plus vive lumière le gain prodigieux qu'y ferait l'humanité, que ces mots mêmes pour qui y attache un sens moral. Tous les penchants égoïstes, le culte de soi-même, l'injuste préférence de soi-même, qui dominent dans l'humanité, ont leur source et leur racine dans la constitution actuelle des rapports de l'homme et de la femme, et y puisent leur principale force. Songez à ce que doit penser un garçon qui passe à l'âge d'homme avec la croyance que, sans mérite aucun, sans avoir rien fait par lui-même, fût-il le plus frivole et le plus bête des hommes, il est par sa seule naissance, qui l'a fait du sexe masculin, supérieur de droit à toute une moitié du genre humain sans exception, où se trouvent pourtant comprises des personnes dont il peut, chaque jour et à toute heure, sentir la supériorité sur lui. Il peut arriver que, dans toute sa conduite, il suive habituellement la direction d'une femme, mais, alors s'il est un sot, il croit encore que cette femme n'est pas et ne peut pas être son égale en capacité et en jugement ; et, s'il n'est pas un sot, c'est bien pis ; il reconnaît la supériorité de cette femme, et pourtant il croit que, malgré cette supériorité, il a le droit de lui commander et qu'elle est tenue d'obéir.

What must be the effect on his character, of this lesson? And men of the cultivated classes are often not aware how deeply it sinks into the immense majority of male minds. For, among right-feeling and well-bred people, the inequality is kept as much as possible out of sight; above all, out of sight of the children. As much obedience is required from boys to their mother as to their father: they are not permitted to domineer over their sisters, nor are they accustomed to see these postponed to them, but the contrary; the compensations of the chivalrous feeling being made prominent, while the servitude which requires them is kept in the background. Well brought-up youths in the higher classes thus often escape the bad influences of the situation in their early years, and only experience them when, arrived at manhood, they fall under the dominion of facts as they really exist. Such people are little aware, when a boy is differently brought up, how early the notion of his inherent superiority to a girl arises in his mind; how it grows with his growth and strengthens with his strength; how it is inoculated by one schoolboy upon another; how early the youth thinks himself superior to his mother, owing her perhaps forbearance, but no real respect; and how sublime and sultan-like a sense of superiority he feels, above all, over the woman whom he honours by admitting her to a partnership of his life. Is it imagined that all this does not pervert the whole manner of existence of the man, both as an individual and as a social being? It is an exact parallel to the feeling of a hereditary king that he is excellent above others by being born a king, or a noble by being born a noble. The relation between husband and wife is very like that

Quel effet cette leçon fera-t-elle sur son caractère ? Les personnes éclairées ne se doutent guère de la profondeur où pénètre son atteinte dans la grande majorité des hommes. En effet, chez les gens de bon sens et bien élevés, toute image d'inégalité est écartée, surtout des yeux des enfants : on y exige des enfants autant d'obéissance pour leur mère que pour leur père, on ne permet pas aux garçons de faire les maîtres avec leurs sœurs, on ne les habitue pas à voir leurs sœurs considérées moins qu'eux ; au contraire, on développe en eux les sentiments chevaleresques, tout en laissant dans l'ombre la servitude qui les rend nécessaires. Les jeunes gens bien élevés des classes supérieures évitent souvent ainsi les mauvaises influences de la situation dans leurs premières années, ils n'en font l'épreuve que lorsqu'ils arrivent à l'âge d'homme, lorsqu'ils entrent dans la vie réelle. Ces personnes ne savent pas combien chez un garçon élevé différemment la notion de sa supériorité personnelle sur une fille pousse de bonne heure, grandit et se fortifie à mesure qu'il grandit et se fortifie, elles ignorent comment un écolier l'inculque à un autre, qu'un jeune homme apprend vite à se sentir supérieur à sa mère, qu'il croit lui devoir seulement des ménagements, mais nul respect réel ; quel majestueux sentiment de supériorité il se sent comme un sultan sur la femme qu'il admet à l'honneur de partager son existence. Est-ce qu'on s'imagine que tout cela ne corrompt l'homme tout entier à la fois comme individu et comme membre de la société ? Il en est ici comme d'un roi héréditaire qui se croit meilleur que tout le monde parce qu'il est né roi, ou pour un noble parce qu'il est né noble. Le rapport du mari avec sa femme ressemble beaucoup à

between lord and vassal, except that the wife is held to more unlimited obedience than the vassal was. However the vassal's character may have been affected, for better and for worse, by his subordination, who can help seeing that the lord's was affected greatly for the worse? whether he was led to believe that his vassals were really superior to himself, or to feel that he was placed in command over people as good as himself, for no merits or labours of his own, but merely for having, as Figaro says, taken the trouble to be born. The self-worship of the monarch, or of the feudal superior, is matched by the self-worship of the male. Human beings do not grow up from childhood in the possession of unearned distinctions, without pluming themselves upon them. Those whom privileges not acquired by their merit, and which they feel to be disproportioned to it, inspire with additional humility, are always the few, and the best few. The rest are only inspired with pride, and the worst sort of pride, that which values itself upon accidental advantages, not of its own achieving. Above all, when the feeling of being raised above the whole of the other sex is combined with personal authority over one individual among them; the situation, if a school of conscientious and affectionate forbearance to those whose strongest points of character are conscience and affection, is to men of another quality a regularly constituted Academy or Gymnasium for training them in arrogance and overbearingness; which vices, if curbed by the certainty of resistance in their intercourse with other men, their equals, break out towards all who are in a position to be obliged to tolerate them,

celui d'un seigneur avec son vassal, sauf cette différence que la femme est tenue à plus d'obéissance envers son mari qu'autrefois le vassal n'en devait à son seigneur. Que le caractère du vassal devînt meilleur ou pire par l'effet de cette subordination, qui ne voit que le caractère du seigneur devenait pire, soit qu'il en vînt à considérer ses vassaux comme inférieurs à lui, soit qu'il se sentît mis au-dessus des gens aussi bons que lui, sans l'avoir mérité, et uniquement, comme dit Figaro, pour avoir pris la peine de naître ? Le culte que le monarque ou le seigneur féodal se rendent à eux-mêmes ont leur pendant dans le culte que le mâle se rend à lui-même. Les hommes ne sont pas élevés dès l'enfance dans la possession de distinctions qu'ils n'ont pas méritées, sans en tirer raison de s'enorgueillir. Ceux qui, en possession des privilèges qu'ils n'ont pas acquis par leur mérite, sentent que leur valeur n'est pas à la hauteur de ces privilèges, et en deviennent plus humbles, sont peu nombreux, et ne se doivent chercher que parmi les meilleurs. Les autres sont bouffis d'orgueil et de la pire espèce d'orgueil, qui consiste à s'estimer non pour ses propres actions, mais pour des avantages dus au hasard. Ceux dont le fond du caractère est consciencieux et tendre, se sentant élevés au-dessus de tout un sexe et investis de l'autorité sur un de ses membres, apprennent l'art des ménagements attentifs et affectueux, mais pour les autres cette autorité n'est qu'une académie, un collège, où ils apprennent à être insupportables et impertinents : peut-être la certitude de rencontrer de la résistance chez les autres hommes leurs égaux dans les relations de la vie leur fera-t-elle maîtriser leurs vices, mais ils les laisseront éclater sur ceux que leur position force à les tolérer,

and often revenge themselves upon the unfortunate wife for the involuntary restraint which they are obliged to submit to elsewhere.

The example afforded, and the education given to the sentiments, by laying the foundation of domestic existence upon a relation contradictory to the first principles of social justice, must, from the very nature of man, have a perverting influence of such magnitude, that it is hardly possible with our present experience to raise our imaginations to the conception of so great a change for the better as would be made by its removal. All that education and civilization are doing to efface the influences on character of the law of force, and replace them by those of justice, remains merely on the surface, as long as the citadel of the enemy is not attacked. The principle of the modern movement in morals and politics, is that conduct, and conduct alone, entitles to respect: that not what men are, but what they do, constitutes their claim to deference; that, above all, merit, and not birth, is the only rightful claim to power and authority. If no authority, not in its nature temporary, were allowed to one human being over another, society would not be employed in building up propensities with one hand which it has to curb with the other. The child would really, for the first time in man's existence on earth, be trained in the way he should go, and when he was old there would be a chance that he would not depart from it. But so long as the right of the strong to power over the weak rules in the very heart of society,

et se vengeront souvent sur une malheureuse femme de la contrainte involontaire qu'ils sont obligés de s'imposer partout ailleurs.

L'exemple et l'éducation que donne aux sentiments la vie domestique basée sur des relations en contradiction avec les premiers principes de la justice sociale doivent, en vertu même de la nature de l'homme, exercer une influence démoralisatrice si considérable, qu'on peut à peine, avec notre expérience actuelle, se monter l'imagination au point de concevoir l'immensité des bienfaits que l'humanité recueillerait par la suppression de l'inégalité du sexe. Tout ce que l'éducation et la civilisation font pour détruire l'influence de la loi de la force sur le caractère, et la remplacer par celle de la justice, ne dépassera pas la surface, tant que la citadelle de l'ennemi ne sera pas attaquée. Le principe du mouvement moderne en morale et en politique, c'est que la conduite, et la conduite seule, donne droit au respect ; que ce que les hommes font, non ce qu'ils sont, constitue leur droit à la déférence, et surtout que le mérite, non la naissance, est le seul titre légitime à l'exercice du pouvoir et de l'autorité. Si jamais une personne humaine n'avait sur une autre une autorité qui de sa nature ne fût pas temporaire, la société ne passerait pas le temps à flatter d'une main des penchants qu'elle doit réprimer de l'autre : pour la première fois depuis que l'homme est sur la terre, l'enfant serait dressé à marcher dans la vie où il doit s'avancer, et, quand il serait grand, il y aurait une chance qu'il ne la quittât pas. Mais, tant que le droit du fort à la puissance sur le faible régnera au cœur même de la société,

the attempt to make the equal right of the weak the principle of its outward actions will always be an uphill struggle; for the law of justice, which is also that of Christianity, will never get possession of men's inmost sentiments; they will be working against it, even when bending to it.

The second benefit to be expected from giving to women the free use of their faculties, by leaving them the free choice of their employments, and opening to them the same field of occupation and the same prizes and encouragements as to other human beings, would be that of doubling the mass of mental faculties available for the higher service of humanity. Where there is now one person qualified to benefit mankind and promote the general improvement, as a public teacher, or an administrator of some branch of public or social affairs, there would then be a chance of two. Mental superiority of any kind is at present everywhere so much below the demand; there is such a deficiency of persons competent to do excellently anything which it requires any considerable amount of ability to do; that the loss to the world, by refusing to make use of one-half of the whole quantity of talent it possesses, is extremely serious. It is true that this amount of mental power is not totally lost. Much of it is employed, and would in any case be employed, in domestic management, and in the few other occupations open to women; and from the remainder indirect benefit is in many individual cases obtained, through the personal influence of individual women over individual men. But these benefits are partial; their range is extremely circumscribed;

on aura à lutter avec de douloureux efforts pour faire reposer les relations humaines sur le principe que le faible a les mêmes droits que le fort, et la loi de la justice, qui est aussi celle du christianisme, ne régnera jamais pleinement sur les sentiments de l'homme ; ils travailleront contre elle, alors même qu'ils s'inclineront devant elle.

Le second bienfait, qu'on peut attendre de la liberté qu'on donnera aux femmes d'user de leurs facultés, en les laissant choisir librement la manière de les employer, en leur ouvrant le même champ d'occupation, et leur proposant les mêmes prix et les mêmes encouragements qu'aux hommes, serait de doubler la somme des facultés intellectuelles que l'humanité aurait à son service. Le nombre actuel des personnes propres à faire du bien à l'espèce humaine, et à promouvoir le progrès général par l'enseignement public ou l'administration de quelque branche d'affaires publiques ou sociales, serait alors doublé. La capacité d'esprit dans tous les genres est maintenant partout tellement inférieure à la demande, il y a une telle pénurie de personnes propres à faire parfaitement tout ce qui exige une capacité considérable, que le monde fait une perte extrêmement sérieuse en refusant de faire usage d'une moitié de la quantité totale des talents qu'il possède. Il est vrai que cette moitié n'est pas complètement perdue. Une grande partie est employée, et le serait toujours, au gouvernement de la maison et à quelques autres occupations actuellement ouvertes aux femmes ; le reste constitue un bénéfice indirect qui se retrouve, dans beaucoup de cas, dans l'influence personnelle d'une femme sur un homme. Mais ces profits sont exceptionnels, la portée en est extrêmement bornée,

and if they must be admitted, on the one hand, as a deduction from the amount of fresh social power that would be acquired by giving freedom to one-half of the whole sum of human intellect, there must be added, on the other, the benefit of the stimulus that would be given to the intellect of men by the competition; or (to use a more true expression) by the necessity that would be imposed on them of deserving precedency before they could expect to obtain it.

This great accession to the intellectual power of the species, and to the amount of intellect available for the good management of its affairs, would be obtained, partly, through the better and more complete intellectual education of women, which would then improve *pari passu* with that of men. Women in general would be brought up equally capable of understanding business, public affairs, and the higher matters of speculation, with men in the same class of society; and the select few of the one as well as of the other sex, who were qualified not only to comprehend what is done or thought by others, but to think or do something considerable themselves, would meet with the same facilities for improving and training their capacities in the one sex as in the other. In this way, the widening of the sphere of action for women would operate for good, by raising their education to the level of that of men, and making the one participate in all improvements made in the other. But independently of this, the mere breaking down of the barrier would of itself have an educational virtue of the highest worth. The mere getting rid of the idea that all the wider subjects of thought and action, all the things which are of general and not solely of private interest,

et, s'il faut les porter d'une part en déduction de la somme de puissance nouvelle que le monde acquerrait par la libération d'une moitié de l'intelligence humaine, il faut ajouter d'autre part le bienfait d'un stimulant qui serait appliqué à l'esprit de l'homme par la compétition, ou, pour me servir d'une expression plus vraie, par la nécessité qui lui serait imposée de mériter le premier rang avant de l'obtenir.

Ce grand accroissement du pouvoir intellectuel de l'espèce, et de la somme d'intelligence disponible pour la bonne gestion des affaires, rajusterait en partie de l'éducation meilleure et plus complète des facultés intellectuelles des femmes qu'on perfectionnerait *pari passu* avec celles de l'homme ; ce qui rendrait les femmes aussi capables de comprendre les affaires, la politique, et les hautes questions de philosophie, que les hommes de la même position sociale. Alors le petit nombre de personnes qui composent l'élite des deux sexes, et qui sont capables non seulement de comprendre les actes et les pensées d'autrui, mais de penser et de faire par elles-mêmes quelque chose de considérable, pourraient facilement perfectionner et dresser leurs aptitudes dans un sexe comme dans l'autre. L'extension de la sphère d'activité des femmes aurait l'heureux résultat d'élever leur éducation au niveau de celle de l'homme, et de les faire participer à tous ses progrès. Mais, indépendamment de cela, le seul abaissement de la barrière serait par lui-même un enseignement de la plus haute valeur. Ne fît-on que rejeter l'idée que les plus hauts sujets de pensée et d'action, que tout ce qui est d'intérêt général et non uniquement d'intérêt privé

are men's business, from which women are to be warned off—positively interdicted from most of it, coldly tolerated in the little which is allowed them—the mere consciousness a woman would then have of being a human being like any other, entitled to choose her pursuits, urged or invited by the same inducements as any one else to interest herself in whatever is interesting to human beings, entitled to exert the share of influence on all human concerns which belongs to an individual opinion, whether she attempted actual participation in them or not—this alone would effect an immense expansion of the faculties of women, as well as enlargement of the range of their moral sentiments.

Besides the addition to the amount of individual talent available for the conduct of human affairs, which certainly are not at present so abundantly provided in that respect that they can afford to dispense with one-half of what nature proffers; the opinion of women would then possess a more beneficial, rather than a greater, influence upon the general mass of human belief and sentiment. I say a more beneficial, rather than a greater influence; for the influence of women over the general tone of opinion has always, or at least from the earliest known period, been very considerable. The influence of mothers on the early character of their sons, and the desire of young men to recommend themselves to young women, have in all recorded times been important agencies in the formation of character, and have determined some of the chief steps in the progress of civilization. Even in the Homeric age,

est l'affaire de l'homme, qu'il faut en détourner les femmes, leur en interdire la plus grande partie, et tolérer, sans les encourager, qu'elles touchent au reste ; ne fît-on que donner à la femme la conscience d'être une personne comme les autres, ayant comme elles le droit de choisir sa carrière, y trouvant les mêmes raisons de s'intéresser à tout ce qui intéresse les humains, pouvant exercer sur les affaires humaines la part d'influence qui appartient à toute opinion individuelle, qu'on participe ou non à leur gestion ; cela seul produirait par là une énorme expansion des facultés de la femme, et en même temps on élargirait la portée de ses sentiments moraux.

Non seulement on verrait s'accroître le nombre des personnes de talent propres au maniement des affaires humaines, qui certes n'en sont pas tellement pourvues à présent qu'elles puissent se passer du contingent que la moitié de l'espèce pourrait fournir, mais l'opinion des femmes aurait une influence meilleure plutôt qu'une influence plus grande sur la masse générale des sentiments et des croyances des hommes. Je dis meilleure plutôt que plus grande, car l'influence générale des femmes sur le ton général de l'opinion a toujours été considérable, ou du moins l'a été depuis les premiers temps de l'histoire. L'influence des mères sur la formation du caractère de leurs enfants et le désir des jeunes hommes de se faire valoir auprès des jeunes femmes ont produit dans tous les temps connus un grand effet sur la formation du caractère, et décidé quelques-uns des principaux progrès de la civilisation. Déjà, à l'époque d'Homère,

αἰδώς[1] towards the Τρωάδας ἑλκεσιπέπλους[2] is an acknowledged and powerful motive of action in the great Hector. The moral influence of women has had two modes of operation. First, it has been a softening influence. Those who were most liable to be the victims of violence, have naturally tended as much as they could towards limiting its sphere and mitigating its excesses. Those who were not taught to fight, have naturally inclined in favour of any other mode of settling differences rather than that of fighting. In general, those who have been the greatest sufferers by the indulgence of selfish passion, have been the most earnest supporters of any moral law which offered a means of bridling passion. Women were powerfully instrumental in inducing the northern conquerors to adopt the creed of Christianity, a creed so much more favourable to women than any that preceded it. The conversion of the Anglo-Saxons and of the Franks may be said to have been begun by the wives of Ethelbert and Clovis.

The other mode in which the effect of women's opinion has been conspicuous, is by giving a powerful stimulus to those qualities in men, which, not being themselves trained in, it was necessary for them that they should find in their protectors. Courage, and the military virtues generally, have at all times been greatly indebted to the desire which men felt of being admired by women: and the stimulus reaches far beyond this one class of

---

1. *Aidôs* : humility.

2. *Troádas elkesipéplous* : «Trjan soldiers.»

on voyait dans l'αἰδώς[1] devant les Τρωάδας ἑλκεσιπέπλους[2] un motif légitime et puissant qui porte le grand Hector à l'action. L'influence morale des femmes s'est exercée de deux manières différentes. D'abord en adoucissant ses mœurs. Les personnes les plus exposées à devenir victimes de la violence ont naturellement fait tous leurs efforts pour en restreindre la sphère, et en modérer les excès : celles qui n'avaient pas appris à combattre ont naturellement été portées de préférence vers tout moyen d'arranger les différends autres que le combat. En général, les personnes qui ont eu le plus à souffrir des emportements d'une passion égoïste ont été les plus fermes défenseurs de toute loi morale qui pouvait servir à mettre un frein à la passion. Des femmes ont concouru puissamment à amener les conquérants barbares à la religion chrétienne, religion bien plus favorable à la femme que toutes celles qui l'avaient précédée. On peut dire que ce sont les femmes d'Ethelbert et de Clovis qui ont commencé la conversion des Anglo-Saxons et des Francs.

L'opinion des femmes a exercé une influence remarquable encore d'une autre manière : elle a fourni un stimulant puissant à toutes les qualités de l'homme non cultivées chez les femmes, et qu'elles avaient par conséquent besoin de trouver chez leurs protecteurs. Le courage et les vertus militaires ont de tout temps trouvé un aliment dans le désir que les hommes éprouvent d'être admirés par les femmes ; l'influence de ce stimulant s'est exercée même en dehors de cette classe de

---

1. *Aidôs* : pudeur, modestie.

2. *Troádas elkesipéplous* : « Soldats de Troie. »

eminent qualities, since, by a very natural effect of their position, the best passport to the admiration and favour of women has always been to be thought highly of by men. From the combination of the two kinds of moral influence thus exercised by women, arose the spirit of chivalry: the peculiarity of which is, to aim at combining the highest standard of the warlike qualities with the cultivation of a totally different class of virtues—those of gentleness, generosity, and self-abnegation, towards the non-military and defenceless classes generally, and a special submission and worship directed towards women; who were distinguished from the other defenceless classes by the high rewards which they had it in their power voluntarily to bestow on those who endeavoured to earn their favour, instead of extorting their subjection. Though the practice of chivalry fell even more sadly short of its theoretic standard than practice generally falls below theory, it remains one of the most precious monuments of the moral history of our race; as a remarkable instance of a concerted and organized attempt by a most disorganized and distracted society, to raise up and carry into practice a moral ideal greatly in advance of its social condition and institutions; so much so as to have been completely frustrated in the main object, yet never entirely inefficacious, and which has left a most sensible, and for the most part a highly valuable impress on the ideas and feelings of all subsequent times.

The chivalrous ideal is the acme of the influence of women's sentiments on the moral cultivation of mankind: and if women are to remain in their subordinate situation, it were greatly to be lamented that the chivalrous standard

qualités éminentes, puisque, par un effet très naturel de la position secondaire des femmes, le meilleur moyen de s'en faire admirer et de leur plaire a été d'occuper un rang élevé dans la considération des hommes. De l'action combinée de ces deux espèces d'influence des femmes est né l'esprit de chevalerie, dont le caractère était d'unir le type le plus élevé des qualités guerrières à des vertus d'un genre tout différent, la douceur, la générosité, l'abnégation personnelle à l'égard des classes non militaires, et en général sans défense, une soumission spéciale à la femme et un culte pour son sexe qui se distinguait de toutes les autres classes d'êtres faibles par la haute récompense que la femme pouvait accorder volontairement à ceux qui s'efforçaient de mériter sa faveur : au lieu de la contraindre par la violence à l'obéissance. La chevalerie, il est vrai, resta misérablement bien loin de son type idéal, plus encore que la pratique ne reste d'ordinaire en arrière de la théorie ; c'est pourtant un des mouvements les plus précieux de l'histoire morale de notre race, c'est un exemple remarquable d'une tentative organisée et concertée par une société en désordre pour proclamer et mettre en pratique un idéal moral bien au-dessus de sa condition sociale et de ses institutions ; voilà ce qui l'a fait échouer dans son principal objet, et pourtant elle n'a pas été entièrement stérile, et elle a laissé une empreinte très sensible et extrêmement précieuse sur les idées et les sentiments de tous les temps qui ont suivi.

L'idéal chevaleresque est l'apogée de l'influence des sentiments des femmes sur la culture morale de l'humanité : si les femmes devaient rester dans leur position subordonnée, il faudrait regretter que le type chevaleresque

should have passed away, for it is the only one at all capable of mitigating the demoralizing influences of that position. But the changes in the general state of the species rendered inevitable the substitution of a totally different ideal of morality for the chivalrous one. Chivalry was the attempt to infuse moral elements into a state of society in which everything depended for good or evil on individual prowess, under the softening influences of individual delicacy and generosity. In modern societies, all things, even in the military department of affairs, are decided, not by individual effort, but by the combined operations of numbers; while the main occupation of society has changed from fighting to business, from military to industrial life. The exigencies of the new life are no more exclusive of the virtues of generosity than those of the old, but it no longer entirely depends on them. The main foundations of the moral life of modern times must be justice and prudence; the respect of each for the rights of every other, and the ability of each to take care of himself. Chivalry left without legal check all forms of wrong which reigned unpunished throughout society; it only encouraged a few to do right in preference to wrong, by the direction it gave to the instruments of praise and admiration. But the real dependence of morality must always be upon its penal sanctions—its power to deter from evil. The security of society cannot rest on merely rendering honour to right, a motive so comparatively weak in all but a few,

ait péri, car seul il pourrait en modérer l'influence démoralisatrice. Mais après les changements survenus dans l'état général de l'humanité, il était inévitable qu'un idéal de moralité tout différent se substituât à l'idéal de la chevalerie. La chevalerie fut un effort pour introduire des éléments moraux dans un état social où tout dépendait en bien ou en mal de la vaillance de la personne dirigée par l'influence bienfaisante de sa délicatesse et de sa générosité. Dans les sociétés modernes, les affaires militaires mêmes ne sont plus décidées par l'effort de l'individu, mais par l'action combinée d'un grand nombre d'individus ; d'autre part, l'occupation principale de la société a changé, la lutte armée a cédé la place aux affaires, le régime militaire au régime industriel. Les exigences de la vie nouvelle ne sont pas plus exclusives de la générosité que les anciennes, mais elles n'en dépendent plus entièrement ; les vrais fondements de la vie morale des temps modernes doivent être la justice et la prudence ; le respect de chacun pour les droits de tous, et l'aptitude de chacun à prendre soin de soi-même. La chevalerie n'opposait de frein légal à aucune des formes du mal qui régnaient impunies dans toutes les couches de la société, elle se contentait d'encourager quelques hommes au bien et à les détourner du mal, en se faisant une arme de la louange et de l'admiration. Mais ce qui fait la force de la moralité, c'est la sanction pénale dont elle est armée : voilà son pouvoir pour détourner du mal. La sécurité de la société repose mal sur une aussi faible sanction que l'honneur qui revient aux bonnes actions : pour tous, une telle récompense est un motif infiniment plus faible que la crainte, à peu d'exception près,

and which on very many does not operate at all. Modern society is able to repress wrong through all departments of life,
by a fit exertion of the superior strength which civilization
has given it, and thus to render the existence of the weaker
members of society (no longer defenceless but protected by
law) tolerable to them, without reliance on the chivalrous feelings of those who are in a position to tyrannize. The beauties
and graces of the chivalrous character are still what they were,
but the rights of the weak, and the general comfort of human
life, now rest on a far surer and steadier support; or rather,
they do so in every relation of life except the conjugal.

At present the moral influence of women is no less real,
but it is no longer of so marked and definite a character: it
has more nearly merged in the general influence of public
opinion. Both through the contagion of sympathy, and
through the desire of men to shine in the eyes of women, their
feelings have great effect in keeping alive what remains of the
chivalrous ideal—in fostering the sentiments and continuing
the traditions of spirit and generosity. In these points of
character, their standard is higher than that of men; in the
quality of justice, somewhat lower. As regards the relations of
private life it may be said generally, that their influence is, on
the whole, encouraging to the softer virtues, discouraging to
the sterner: though the statement must be taken with all the
modifications dependent on individual character. In the chief
of the greater trials to which virtue is subject in the concerns
of life—the conflict between interest and principle—the
tendency of women's influence is of a very mixed character.

et pour beaucoup il reste absolument sans effet. La société moderne est capable de réprimer le mal dans tous ses membres en se servant utilement de la force supérieure que la civilisation a mise entre ses mains, elle peut rendre l'existence tolérable pour les membres faibles (sous la protection désormais universelle et impartiale de la loi) sans qu'ils aient à mettre leur espoir dans les sentiments chevaleresques de ceux qui sont en position de les tyranniser. La beauté et la grâce du caractère chevaleresque sont restées ce qu'elles étaient, mais les droits du faible et le bien-être général reposent sur une base plus assurée. Il en est ainsi partout, excepté dans la vie conjugale.

Aujourd'hui l'influence morale de la femme n'est pas moins réelle, mais elle n'est pas aussi marquée ni aussi définie ; elle a en grande partie disparu dans l'influence générale de l'opinion publique. La sympathie en se communiquant, et le désir qu'ont les hommes de briller aux yeux des femmes, donnent aux sentiments de celles-ci une grande influence qui conserve les restes de l'idéal chevaleresque, cultive les sentiments élevés et généreux et continue cette noble tradition. De ce côté l'idéal de la femme est supérieur à celui de l'homme ; du côté de la justice il est inférieur. Quant aux relations de la vie privée, on peut dire d'une manière générale que son influence encourage les vertus douces et décourage les vertus austères : mais il faut tempérer cette proposition par toutes les exceptions que peuvent nous fournir les différences particulières des caractères. Dans les plus grands débats ou la vertu se trouve engagée en ce monde, les conflits entre l'intérêt et les principes, l'influence des femmes a une tendance fort peu décidée.

When the principle involved happens to be one of the very few which the course of their religious or moral education has strongly impressed upon themselves, they are potent auxiliaries to virtue: and their husbands and sons are often prompted by them to acts of abnegation which they never would have been capable of without that stimulus. But, with the present education and position of women, the moral principles which have been impressed on them cover but a comparatively small part of the field of virtue, and are, moreover, principally negative; forbidding particular acts, but having little to do with the general direction of the thoughts and purposes. I am afraid it must be said, that disinterestedness in the general conduct of life—the devotion of the energies to purposes which hold out no promise of private advantages to the family—is very seldom encouraged or supported by women's influence. It is small blame to them that they discourage objects of which they have not learnt to see the advantage, and which withdraw their men from them, and from the interests of the family. But the consequence is that women's influence is often anything but favourable to public virtue.

Women have, however, some share of influence in giving the tone to public moralities since their sphere of action has been a little widened, and since a considerable number of them have occupied themselves practically in the promotion of objects reaching beyond their own family and household. The influence of women counts for a great deal in two of the most marked features of modern European life—its aversion to war, and its addiction to philanthropy. Excellent characteristics both;

Quand le principe engagé dans le conflit est du petit nombre de ceux que leur éducation morale et religieuse a imprimés sur elles, les femmes sont des auxiliaires puissants de la vertu et poussent souvent leurs maris ou leurs fils à des actes d'abnégation dont ils n'auraient jamais été capables tout seuls. Mais avec l'éducation actuelle des femmes et la position qui leur est faite, les principes moraux qu'elles ont reçus ne s'étendent que sur une partie relativement faible du domaine de la vertu ; ce sont d'ailleurs des principes principalement négatifs ; ils défendent des actes particuliers, mais ils n'ont guère affaire avec la direction générale des pensées et des actions. J'ai peur d'avoir à avouer que le désintéressement dans la conduite de la vie, l'emploi dévoué des forces à des fins qui ne promettent à la famille aucun avantage particulier, reçoivent rarement l'appui ou l'encouragement des femmes. Peut-on les blâmer fortement de se détourner de buts dont elles n'ont pas appris à voir les avantages, qui éloignent d'elles les hommes qui leur appartiennent, et les enlèvent aux intérêts de la famille ? Toutefois il en résulte que l'influence des femmes est souvent loin d'être favorable à la vertu politique.

Les femmes exercent pourtant quelque influence en donnant le ton à la moralité politique, depuis que leur sphère d'action a été un peu élargie, et que beaucoup d'entre elles s'occupent en dehors de la famille et du ménage. Leur influence compte pour beaucoup dans deux des traits les plus frappants de la vie moderne en Europe, l'aversion pour la guerre, et le goût de la philanthropie. Deux traits excellents.

but unhappily, if the influence of women is valuable in the encouragement it gives to these feelings in general, in the particular applications the direction it gives to them is at least as often mischievous as useful. In the philanthropic department more particularly, the two provinces chiefly cultivated by women are religious proselytism and charity. Religious proselytism at home, is but another word for embittering of religious animosities: abroad, it is usually a blind running at an object, without either knowing or heeding the fatal mischiefs—fatal to the religious object itself as well as to all other desirable objects—which may be produced by the means employed. As for charity, it is a matter in which the immediate effect on the persons directly concerned, and the ultimate consequence to the general good, are apt to be at complete war with one another: while the education given to women—an education of the sentiments rather than of the understanding—and the habit inculcated by their whole life, of looking to immediate effects on persons, and not to remote effects on classes of persons—make them both unable to see, and unwilling to admit, the ultimate evil tendency of any form of charity or philanthropy which commends itself to their sympathetic feelings. The great and continually increasing mass of unenlightened and shortsighted benevolence, which, taking the care of people's lives out of their own hands, and relieving them from the disagreeable consequences of their own acts, saps the very foundations of the self-respect, self-help, and self-control which are the essential conditions both of individual prosperity

Mais, par malheur, si l'influence des femmes est précieuse en ce qu'elle encourage ces sentiments en général, elle est aussi souvent pernicieuse qu'utile dans la direction qu'elle donne aux applications particulières. Dans les questions de philanthropie, les deux points que les femmes cultivent de préférence sont le prosélytisme religieux et la charité. Le prosélytisme religieux au-dedans n'est que l'avivement des animosités religieuses ; au dehors le prosélytisme se jette aveuglément en avant sans connaître ou sans remarquer les effets funestes au but même de la religion aussi bien qu'au autres objets désirables, que produisent souvent les moyens employés. Quant à la charité, c'est une matière où l'effet immédiat sur les personnes qu'on veut secourir et la conséquence pour le bien général sont souvent radicalement en contradiction l'un avec l'autre. L'éducation donnée aux femmes portant sur le cœur plutôt que sur l'intelligence, et l'habitude qu'elles doivent à toutes les circonstances de leur vie, de considérer les effets immédiats sur les personnes et non les effets éloignés sur les classes de personnes, les rendent incapables de voir, et mal disposées à reconnaître les tendances mauvaises en définitive d'une forme de charité ou de philanthropie qui se recommande à leur sympathie. La masse énorme et toujours croissante de sentiments peu éclairés et dirigés par les vues courtes qui ôtent aux gens le soin de leur propre vie et les exonèrent des conséquences fâcheuses de leurs propres actes, détruit les vrais fondements des trois habitudes qui consistent à se respecter, à compter sur soi, à avoir de l'empire sur soi, conditions essentielles de la prospérité de l'individu

and of social virtue—this waste of resources and of benevolent feelings in doing harm instead of good, is immensely swelled by women's contributions, and stimulated by their influence. Not that this is a mistake likely to be made by women, where they have actually the practical management of schemes of beneficence. It sometimes happens that women who administer public charities—with that insight into present fact, and especially into the minds and feelings of those with whom they are in immediate contact, in which women generally excel men—recognise in the clearest manner the demoralizing influence of the alms given or the help afforded, and could give lessons on the subject to many a male political economist. But women who only give their money, and are not brought face to face with the effects it produces, how can they be expected to foresee them? A woman born to the present lot of women, and content with it, how should she appreciate the value of self-dependence? She is not self-dependent; she is not taught self-dependence; her destiny is to receive everything from others, and why should what is good enough for her be bad for the poor? Her familiar notions of good are of blessings descending from a superior. She forgets that she is not free, and that the poor are; that if what they need is given to them unearned, they cannot be compelled to earn it: that everybody cannot be taken care of by everybody, but there must be some motive to induce people to take care of themselves; and that to be helped to help themselves, if they are physically capable of it, is the only charity which proves to be charity in the end.

et de la vertu sociale. L'action directe des femmes et leur influence augmentent démesurément ce gaspillage de ressources et de bienveillance qui produisent ainsi du mal au lieu de faire du bien. Je ne veux pas accuser les femmes qui dirigent des institutions de bienfaisance, d'être particulièrement sujettes à cette erreur. Il arrive quelquefois que les femmes apportant dans l'administration des charités publiques cette observation des faits présents et surtout des esprits et des sentiments de ceux avec qui elles sont en rapport immédiat, observation où les femmes sont ordinairement supérieures aux hommes, reconnaissent de la façon la plus claire l'action démoralisatrice de l'aumône et des secours, et qu'elles pourraient en remontrer à bien des économistes de l'autre sexe. Mais les femmes qui se bornent à donner des secours et qui ne se mettent pas face à face avec les effets qu'ils produisent, comment pourraient-elles les prévoir ? Une femme née dans le sort actuel des femmes, et qui s'en contente, comment pourrait-elle apprécier la valeur de l'indépendance ? Elle n'est point indépendante et n'a pas appris à l'être ; sa destinée est de recevoir tout des autres, pourquoi donc ce qui est bon pour elle ne le serait-il pas pour les pauvres ? Le bien ne lui apparaît que sous une seule forme, celle d'un bienfait descendant d'un supérieur. Elle oublie qu'elle n'est pas libre et que les pauvres le sont ; que si on leur donne ce dont ils ont besoin sans qu'ils le gagnent, ils ne sont plus forcés de le gagner ; que tout le monde ne peut pas être l'objet des soins de tout le monde, mais qu'il faut aux gens des motifs qui les poussent à prendre soin d'eux-mêmes, et que la seule charité qui soit en définitive une charité, et se montre par le résultat digne de ce nom, c'est celle qui aide les gens à s'aider eux-mêmes s'ils en sont physiquement capables.

These considerations shew how usefully the part which women take in the formation of general opinion, would be modified for the better by that more enlarged instruction, and practical conversancy with the things which their opinions influence, that would necessarily arise from their social and political emancipation. But the improvement it would work through the influence they exercise, each in her own family, would be still more remarkable.

It is often said that in the classes most exposed to temptation, a man's wife and children tend to keep him honest and respectable, both by the wife's direct influence, and by the concern he feels for their future welfare. This may be so, and no doubt often is so, with those who are more weak than wicked; and this beneficial influence would be preserved and strengthened under equal laws; it does not depend on the woman's servitude, but is, on the contrary, diminished by the disrespect which the inferior class of men always at heart feel towards those who are subject to their power. But when we ascend higher in the scale, we come among a totally different set of moving forces. The wife's influence tends, as far as it goes, to prevent the husband from falling below the common standard of approbation of the country. It tends quite as strongly to hinder him from rising above it. The wife is the auxiliary of the common public opinion. A man who is married to a woman his inferior in intelligence, finds her a perpetual dead weight, or, worse than a dead weight, a drag, upon every aspiration of his to be better than public opinion requires him to be.

Ces considérations montrent combien la part que les femmes prennent à la formation générale de l'opinion gagnerait à être éclairée par une instruction plus étendue et une connaissance pratique des choses que l'opinion des femmes influence ; ce serait le résultat nécessaire de leur émancipation sociale et politique. Mais l'amélioration que l'émancipation produirait par l'influence que chaque femme exerce dans sa famille serait encore plus remarquable.

On dit souvent que dans les classes les plus exposées à la tentation, l'homme est retenu dans les voies de l'honnêteté et de l'honorabilité par sa femme et ses enfants, tant par l'influence de la première que par l'intérêt qu'il ressent pour le bien des siens. Il peut en être ainsi sans doute, et il en est souvent ainsi de ceux qui sont plus faibles que méchants ; et cette influence bienfaisante serait conservée et fortifiée par des lois d'égalité ; elle ne dépend pas de la servitude de la femme, au contraire elle est affaiblie par le dédain que les hommes inférieurs sentent toujours au fond du cœur pour ceux qui sont soumis à leur pouvoir. Mais si nous nous élevons dans l'échelle sociale, nous arrivons dans un monde de mobiles tout différents. L'influence de la femme tend effectivement à empêcher le mari de tomber au-dessous du type qui jouit de l'approbation générale dans le pays ; mais elle tend tout aussi fortement à l'empêcher de s'élever au-dessus. La femme est l'auxiliaire de l'opinion publique vulgaire. Un homme marié à une femme qui lui est inférieure en intelligence trouve en elle un boulet à traîner, et pis encore, une force de résistance à vaincre, toutes les fois qu'il aspire à devenir meilleur que l'opinion publique ne l'exige.

It is hardly possible for one who is in these bonds, to attain exalted virtue. If he differs in his opinion from the mass—if he sees truths which have not yet dawned upon them, or if, feeling in his heart truths which they nominally recognise, he would like to act up to those truths more conscientiously than the generality of mankind—to all such thoughts and desires, marriage is the heaviest of drawbacks, unless he be so fortunate as to have a wife as much above the common level as he himself is.

For, in the first place, there is always some sacrifice of personal interest required; either of social consequence, or of pecuniary means; perhaps the risk of even the means of subsistence. These sacrifices and risks he may be willing to encounter for himself; but he will pause before he imposes them on his family. And his family in this case means his wife and daughters; for he always hopes that his sons will feel as he feels himself, and that what he can do without, they will do without, willingly, in the same cause. But his daughters—their marriage may depend upon it: and his wife, who is unable to enter into or understand the objects for which these sacrifices are made—who, if she thought them worth any sacrifice, would think so on trust, and solely for his sake—who can participate in none of the enthusiasm or the self-approbation he himself may feel, while the things which he is disposed to sacrifice are all in all to her; will not the best and most unselfish man hesitate the longest before bringing on her this consequence?

Il n'est guère possible à un homme enchaîné de la sorte de parvenir à un degré éminent de vertu. S'il diffère d'opinion avec la masse, s'il voit des vérités dont le jour ne s'est pas encore levé pour elle, ou s'il sent dans son cœur des principes qu'on honore de bouche, et s'il veut y conformer sa vie avec plus de conscience que la plupart des hommes, il trouve dans le mariage le plus déplorable des obstacles, à moins que sa femme ne soit comme lui supérieure au niveau commun.

En effet, en premier lieu, il lui faut toujours sacrifier quelque chose de son intérêt soit dans les relations, soit dans la fortune, peut-être même lui faut-il risquer de perdre ses moyens d'existence. Ces sacrifices, ces risques, il les affronterait s'il ne s'agissait que de lui, mais, avant de les imposer à sa famille, il s'arrêtera : sa famille, c'est sa femme et ses filles, car il espère toujours que ses fils partageront ses sentiments, qu'ils pourront se passer de ce dont il se passe, et qu'ils en feront volontiers le sacrifice à la même cause. Mais ses filles, leur mariage peut dépendre de sa conduite ; mais sa femme est incapable de pénétrer dans le fond des choses pour lesquelles il fait ces sacrifices ; si elle croit que cette cause les vaille, c'est de confiance et uniquement pour l'amour de lui, elle ne peut partager l'enthousiasme qui le porte ou l'approbation que sa conscience lui donne ; tandis que ce qu'il veut sacrifier, c'est ce qui est pour elle le plus précieux. L'homme le meilleur et le plus désintéressé n'hésitera-t-il pas longtemps avant de faire tomber sur sa femme les conséquences de son choix ?

If it be not the comforts of life, but only social consideration, that is at stake, the burthen upon his conscience and feelings is still very severe. Whoever has a wife and children has given hostages to Mrs. Grundy. The approbation of that potentate may be a matter of indifference to him, but it is of great importance to his wife. The man himself may be above opinion, or may find sufficient compensation in the opinion of those of his own way of thinking. But to the women connected with him, he can offer no compensation. The almost invariable tendency of the wife to place her influence in the same scale with social consideration, is sometimes made a reproach to women, and represented as a peculiar trait of feebleness and childishness of character in them: surely with great injustice. Society makes the whole life of a woman, in the easy classes, a continued self-sacrifice; it exacts from her an unremitting restraint of the whole of her natural inclinations, and the sole return it makes to her for what often deserves the name of a martyrdom, is consideration. Her consideration is inseparably connected with that of her husband, and after paying the full price for it, she finds that she is to lose it, for no reason of which she can feel the cogency. She has sacrificed her whole life to it, and her husband will not sacrifice to it a whim, a freak, an eccentricity; something not recognised or allowed for by the world, and which the world will agree with her in thinking a folly, if it thinks no worse! The dilemma is hardest upon that very meritorious class of men, who, without possessing talents which qualify them to make a figure among those with whom they agree in opinion, hold their opinion from conviction,

Quand il ne s'agirait pas de sacrifier le bien-être de la vie, mais seulement la considération sociale, le fardeau qui pèserait sur sa conscience serait encore très lourd. Quiconque a une femme et des enfants a donné des otages à l'opinion du monde. L'approbation de cette puissance peut être pour un homme un objet indifférent, mais pour sa femme c'en est un très important. L'homme peut se mettre au-dessus de l'opinion ou se consoler de ses jugements par l'approbation de ceux qui pensent comme lui ; mais à sa femme et à ses filles il ne peut offrir aucune compensation. La tendance à peu près invariable qui porte la femme à mettre son influence du côté où l'on gagne la considération du monde lui a été souvent reprochée, on y a vu un trait de faiblesse ou de puérilité. Ce reproche est assurément une grande injustice. La société fait de la vie entière des femmes, dans les classes aisées, un sacrifice perpétuel ; elle exige que la femme comprime sans cesse toute ses inclinations naturelles, et, en retour de ce qu'on pourrait souvent appeler un martyre, elle ne lui donne qu'une seule récompense, la considération. Mais la considération de la femme ne se sépare pas de celle du mari ; et, après qu'elle l'a achetée et payée, elle s'en voit privée par des considérations dont elle ne peut pas sentir la puissance. Elle a sacrifié toute sa vie, et son mari ne peut pas lui faire le sacrifice d'un caprice, d'une singularité, d'une excentricité que le monde n'admet ni ne reconnaît, qui est pour le monde une folie, sinon quelque chose de pis. Le dilemme est surtout cruel pour cette classe très méritante d'hommes qui, sans posséder les talents qui permettent de faire figure parmi ceux dont ils partagent les opinions, les soutiennent par conviction,

and feel bound in honour and conscience to serve it, by making profession of their belief, and giving their time, labour, and means, to anything undertaken in its behalf. The worst case of all is when such men happen to be of a rank and position which of itself neither gives them, nor excludes them from, what is considered the best society; when their admission to it depends mainly on what is thought of them personally—and however unexceptionable their breeding and habits, their being identified with opinions and public conduct unacceptable to those who give the tone to society would operate as an effectual exclusion. Many a woman flatters herself (nine times out of ten quite erroneously) that nothing prevents her and her husband from moving in the highest society of her neighbourhood—society in which others well known to her, and in the same class of life, mix freely—except that her husband is unfortunately a Dissenter, or has the reputation of mingling in low radical politics. That it is, she thinks, which hinders George from getting a commission or a place, Caroline from making an advantageous match, and prevents her and her husband from obtaining invitations, perhaps honours, which, for aught she sees, they are as well entitled to as some folks. With such an influence in every house, either exerted actively, or operating all the more powerfully for not being asserted, is it any wonder that people in general are kept down in that mediocrity of respectability which is becoming a marked characteristic of modern times?

se sentent tenus par l'honneur et la conscience à les servir, à faire profession de leur croyance, à y sacrifier leur temps, leur travail, et à aider toutes les entreprises qu'on tente en leur faveur. Leur position est bien plus embarrassante encore quand ces hommes sont d'un rang et d'une position qui d'eux-mêmes ne leur donnent, ni ne leur ferment, l'accès de ce qu'on appelle la meilleure société. Quand leur admission dans cette société dépend de ce qu'on pense d'eux personnellement, quelque irréprochables que soient leurs habitudes, s'ils ont des opinions, et s'ils tiennent en politique une conduite, que n'admettent pas ceux qui donnent le ton à la société, cela suffit, c'est pour eux un motif d'exclusion. Bien des femmes se flattent, neuf fois sur dix tout à fait à tort, que rien ne les empêche, elles ni leur mari, de pénétrer dans la plus haute société de l'endroit, où des personnes qu'elles connaissent bien et de la même classe qu'elles se mêlent facilement ; mais par malheur leurs maris appartiennent à une église dissidente, ou ont la réputation de tremper dans la politique radicale qu'on veut flétrir en l'appelant démagogique. C'est cela, pensent-elles, qui empêche leurs fils d'obtenir une place, ou de l'avancement dans l'armée ; leurs filles, de trouver de bons partis ; elles-mêmes et leurs maris de recevoir des invitations, peut-être de se voir conférer des titres, car elles ne voient pas ce qui les en rendrait plus indignes que d'autres. Avec une telle influence dans chaque maison, qu'elle s'exerce ouvertement, ou qu'elle agisse avec d'autant plus de puissance qu'elle s'avoue moins, faut-il s'étonner qu'on s'attarde dans cette médiocrité du *comme il faut* qui devient le caractère saillant des temps modernes ?

There is another very injurious aspect in which the effect, not of women's disabilities directly, but of the broad line of difference which those disabilities create between the education and character of a woman and that of a man, requires to be considered. Nothing can be more unfavourable to that union of thoughts and inclinations which is the ideal of married life. Intimate society between people radically dissimilar to one another, is an idle dream. Unlikeness may attract, but it is likeness which retains; and in proportion to the likeness is the suitability of the individuals to give each other a happy life. While women are so unlike men, it is not wonderful that selfish men should feel the need of arbitrary power in their own hands, to arrest *in limine* the life-long conflict of inclinations, by deciding every question on the side of their own preference. When people are extremely unlike, there can be no real identity of interest. Very often there is conscientious difference of opinion between married people, on the highest points of duty. Is there any reality in the marriage union where this takes place? Yet it is not uncommon anywhere, when the woman has any earnestness of character; and it is a very general case indeed in Catholic countries, when she is supported in her dissent by the only other authority to which she is taught to bow, the priest. With the usual barefacedness of power not accustomed to find itself disputed, the influence of priests over women is attacked by Protestant and Liberal writers,

Il y a un autre côté très fâcheux où il vaut la peine d'étudier l'effet produit, non pas directement par les incapacités de la femme, mais par la grande différence que ces incapacités créent entre son éducation et son caractère d'une part, et l'éducation et le caractère de l'homme de l'autre. Rien ne peut être plus défavorable à cette union des esprits et des sentiments qui est l'idéal du mariage. Une société intime entre gens radicalement différents l'un de l'autre est une pure rêverie. La différence peut attirer, mais c'est la ressemblance qui retient, et c'est en raison de la ressemblance qui existe entre eux que l'un des époux est propre à faire le bonheur de l'autre. Tant que les femmes seront si différentes des hommes, quoi d'étonnant que les hommes égoïstes sentent le besoin de posséder un pouvoir arbitraire pour arrêter *in limine* un conflit d'inclination qui doit durer toute la vie, en décidant toute question en faveur de leur préférence personnelle ? Quand les gens ne se ressemblent pas assez, il ne peut y avoir entre eux aucune identité réelle d'intérêt. Or il y a souvent entre personnes mariées des différences tranchées dans l'opinion qu'elles se font des plus hautes questions de devoir. Qu'est-ce qu'une union conjugale où de pareilles différences peuvent se produire ? Cela arrive pourtant très souvent partout où les femmes ont des convictions sérieuses et se sentent obligées d'obéir. Cela se rencontre très fréquemment dans les pays catholiques, où la femme trouve dans son désaccord avec son mari un appui dans la seule autre autorité devant laquelle elle ait appris à se courber. Les écrivains protestants et libéraux, avec la naïveté ordinaire du pouvoir qui n'est pas accoutumé à se voir contester, attaquent l'influence des prêtres sur les femmes,

less for being bad in itself, than because it is a rival authority to the husband, and raises up a revolt against his infallibility. In England, similar differences occasionally exist when an Evangelical wife has allied herself with a husband of a different quality; but in general this source at least of dissension is got rid of, by reducing the minds of women to such a nullity, that they have no opinions but those of Mrs. Grundy, or those which the husband tells them to have. When there is no difference of opinion, differences merely of taste may be sufficient to detract greatly from the happiness of married life. And though it may stimulate the amatory propensities of men, it does not conduce to married happiness, to exaggerate by differences of education whatever may be the native differences of the sexes. If the married pair are well-bred and well-behaved people, they tolerate each other's tastes; but is mutual toleration what people look forward to, when they enter into marriage? These differences of inclination will naturally make their wishes different, if not restrained by affection or duty, as to almost all domestic questions which arise. What a difference there must be in the society which the two persons will wish to frequent, or be frequented by! Each will desire associates who share their own tastes: the persons agreeable to one, will be indifferent or positively disagreeable to the other; yet there can be none who are not common to both, for married people do not now live in different parts of the house and have totally different visiting lists, as in the reign of Louis XV. They cannot help having different wishes as to the bringing up of the children:

moins parce qu'elle est mauvaise en elle-même que parce qu'elle est pour l'infaillibilité de celle du mari une rivale qui excite la femme à la révolte. En Angleterre, on retrouve quelquefois des différends analogues, quand une femme évangélique a pour mari un homme qui a d'autres idées. Mais en général on se débarrasse de cette cause de dissension, en réduisant l'esprit des femmes à une nullité telle qu'elles n'ont d'autre opinion que celle de leur monde ou celle que leur mari leur souffle. N'y eût-il pas de différence d'opinion, une simple différence de goûts peut réduire beaucoup le bonheur du mariage. On stimule bien les penchants amoureux des hommes, mais on ne prépare pas le bonheur conjugal, en exagérant par des différences d'éducations celles qui peuvent résulter naturellement de la différence des sexes. Si les époux sont gens bien élevés et de bonne conduite, ils se passent réciproquement leurs goûts ; mais est-ce une pareille tolérance qu'on a en vue quand on entre dans le mariage ? Ces différences d'inclination leur inspireront naturellement des désirs différents sur presque toutes les questions d'intérieur, si elles ne sont pas réprimées par l'affection ou le devoir. Les deux conjoints voudront peut-être fréquenter ou recevoir des sociétés différentes. Chacun recherchera les personnes qui partagent ses goûts : les personnes agréables à l'un seront indifférentes ou positivement désagréables à l'autre ; il ne se peut pourtant pas que les deux époux n'aient les mêmes relations ; ils ne peuvent vivre dans des parties séparées de la même maison, ni recevoir chacun des visiteurs différents, comme au temps de Louis XV. Ils ne peuvent pas s'empêcher d'avoir des désirs différents sur l'éducation des enfants ;

each will wish to see reproduced in them their own tastes and sentiments: and there is either a compromise, and only a half-satisfaction to either, or the wife has to yield—often with bitter suffering; and, with or without intention, her occult influence continues to counterwork the husband's purposes.

It would of course be extreme folly to suppose that these differences of feeling and inclination only exist because women are brought up differently from men, and that there would not be differences of taste under any imaginable circumstances. But there is nothing beyond the mark in saying that the distinction in bringing-up immensely aggravates those differences, and renders them wholly inevitable. While women are brought up as they are, a man and a woman will but rarely find in one another real agreement of tastes and wishes as to daily life. They will generally have to give it up as hopeless, and renounce the attempt to have, in the intimate associate of their daily life, that *idem velle, idem nolle*, which is the recognised bond of any society that is really such: or if the man succeeds in obtaining it, he does so by choosing a woman who is so complete a nullity that she has no *velle* or *nolle* at all, and is as ready to comply with one thing as another if anybody tells her to do so. Even this calculation is apt to fail; dulness and want of spirit are not always a guarantee of the submission which is so confidently expected from them. But if they were, is this the ideal of marriage? What, in this case, does the man obtain by it, except an upper servant, a nurse, or a mistress? On the contrary, when each of two persons, instead of being a nothing, is a something;

chacun tiendra à voir ses enfants reproduire ses propres sentiments ; il se fera peut-être un compromis, où chacun d'eux se contentera d'une demi-satisfaction, ou bien la femme cédera, souvent avec une vive souffrance, soit qu'elle renonce, soit qu'elle persiste à contrarier sous-main l'œuvre de son mari.

Il y aurait sans doute une folie extrême à croire que ces différences de sentiments et d'inclination n'existent que parce que les femmes sont élevées autrement que les hommes, et que, sous d'autres circonstances qu'on pourrait imaginer, il n'y aurait pas de différence dans les goûts et les sentiments. Mais on ne dépasse pas les bornes de la raison en disant que ces différences sont immensément aggravées par celles de l'éducation, et rendues irrémédiables. Avec l'éducation que les femmes reçoivent, un homme et une femme ne peuvent que fort rarement trouver l'un dans l'autre une sympathie réelle de goûts et de désirs sur les affaires de tous les jours. Ils doivent s'y résigner sans espérance, et renoncer à trouver dans le compagnon de leur vie cet *idem velle*, cet *idem nolle* qui est pour tout le monde le lien d'une association véritable : ou bien, si l'homme y parvient, c'est en choisissant une femme d'une si complète nullité qu'elle n'a ni *velle* ni *nolle*, et se sent tout aussi disposée à une chose qu'à une autre, pourvu qu'on lui dise ce qu'elle a à faire. Ce calcul même peut ne pas réussir ; la stupidité et la faiblesse ne sont pas toujours une garantie de la soumission qu'on attend avec tant de confiance. Mais, quand cela serait, est-ce là l'idéal du mariage ? Qu'est-ce que l'homme se donne par là, sinon une servante ou une maîtresse ? Au contraire, quand deux personnes, au lieu de n'être rien, sont quelque chose,

when they are attached to one another, and are not too much unlike to begin with; the constant partaking in the same things, assisted by their sympathy, draws out the latent capacities of each for being interested in the things which were at first interesting only to the other; and works a gradual assimilation of the tastes and characters to one another, partly by the insensible modification of each, but more by a real enriching of the two natures, each acquiring the tastes and capacities of the other in addition to its own. This often happens between two friends of the same sex, who are much associated in their daily life: and it would be a common, if not the commonest, case in marriage, did not the totally different bringing-up of the two sexes make it next to an impossibility to form a really well-assorted union. Were this remedied, whatever differences there might still be in individual tastes, there would at least be, as a general rule, complete unity and unanimity as to the great objects of life. When the two persons both care for great objects, and are a help and encouragement to each other in whatever regards these, the minor matters on which their tastes may differ are not all-important to them; and there is a foundation for solid friendship, of an enduring character, more likely than anything else to make it, through the whole of life, a greater pleasure to each to give pleasure to the other, than to receive it.

I have considered, thus far, the effects on the pleasures and benefits of the marriage union which depend on the mere unlikeness between the wife and the husband: but the evil tendency is prodigiously aggravated when the unlikeness is inferiority. Mere unlikeness,

quand elles s'attachent l'une à l'autre et ne sont pas trop différentes, la part fréquente qu'elles prennent aux mêmes choses, aidée de leur sympathie mutuelle, développe les germes des aptitudes que chacune porte à s'intéresser aux choses qui auparavant n'intéressaient que l'autre, et peu à peu produit en chacune une parité de goûts et de caractères, en modifiant dans une certaine mesure, mais surtout en enrichissant les deux natures, et en ajoutant au capacités de l'être celles de l'autre. Ceci arrive souvent entre deux amis du même sexe qui vivent beaucoup ensemble, et se produirait communément sinon le plus communément dans le mariage, si l'éducation, en différant du tout au tout dans les deux sexes, ne rendait pas une union bien assortie à peu près impossible. Une fois ce mal guéri, quelles que fussent les autres différences de goûts qui divisent encore les époux, il y aurait en général unité et unanimité sur les questions qui touchent aux grands objets de la vie. Quand les deux personnes s'intéressent également à ces grands objets, se prêtent une assistance mutuelle, et s'encouragent l'une l'autre en tout ce qui les regarde, les autres questions ou leurs goûts différents leurs paraissent secondaires ; il y a une base pour une amitié solide et permanente, qui plus que toute autre chose fera que, pendant toute la durée de la vie, chacun des époux préférera le plaisir de l'autre au sien propre.

Jusqu'ici je n'ai considéré que la perte de bonheur et de biens de l'union conjugale qui résulte de la simple différence entre la femme et le mari ; mais il y a une chose qui aggrave prodigieusement les mauvaise tendances de la dissemblance, c'est l'infériorité. La simple dissemblance

when it only means difference of good qualities, may be more a benefit in the way of mutual improvement, than a drawback from comfort. When each emulates, and desires and endeavours to acquire, the other's peculiar qualities, the difference does not produce diversity of interest, but increased identity of it, and makes each still more valuable to the other. But when one is much the inferior of the two in mental ability and cultivation, and is not actively attempting by the other's aid to rise to the other's level, the whole influence of the connexion upon the development of the superior of the two is deteriorating: and still more so in a tolerably happy marriage than in an unhappy one. It is not with impunity that the superior in intellect shuts himself up with an inferior, and elects that inferior for his chosen, and sole completely intimate, associate. Any society which is not improving, is deteriorating: and the more so, the closer and more familiar it is. Even a really superior man almost always begins to deteriorate when he is habitually (as the phrase is) king of his company: and in his most habitual company the husband who has a wife inferior to him is always so. While his self-satisfaction is incessantly ministered to on the one hand, on the other he insensibly imbibes the modes of feeling, and of looking at things, which belong to a more vulgar or a more limited mind than his own. This evil differs from many of those which have hitherto been dwelt on, by being an increasing one. The association of men with women in daily life is much closer and

quand elle ne consiste qu'en une différence portant sur de bonnes qualités, peut faire plus de bien en favorisant le développement des conjoints l'un par l'autre, que de mal en dérangeant leur bien-être. Quand chacun des époux rivalise avec l'autre, désire d'acquérir les qualités particulières qui lui manquent, et y fait des efforts, la différence qui subsiste entre eux ne produit pas une diversité d'intérêts, mais elle rend l'identité d'intérêt plus parfaite, et grandit le rôle que chacun d'eux joue dans le bonheur de l'autre. Mais quand l'un des deux époux est de beaucoup l'inférieur de l'autre en capacité mentale et en éducation, et qu'il ne cherche pas activement avec l'assistance de l'autre, à s'élever à son niveau, l'influence entière de l'union intime sur le développement de celui des époux qui est supérieur est fâcheuse, et plus fâcheuse encore dans un mariage assez heureux que dans une union malheureuse. Ce n'est pas impunément que le supérieur par l'intelligence se condamne à vivre avec un inférieur qu'il choisit pour son compagnon intime et unique. Toute compagnie qui n'élève pas rabaisse ; et plus elle est intime et familière, plus elle a ce résultat. Un homme réellement supérieur commence presque toujours à perdre de sa valeur quand il est le roi de sa société. Le mari uni à une femme inférieure à lui est toujours roi dans sa société la plus habituelle. D'une part il trouve toujours à satisfaire son amour-propre, d'autre part il prend insensiblement les manières de sentir et de juger d'esprits plus vulgaires ou plus bornés. Ce mal diffère de la plupart des maux dont nous nous sommes déjà occupés, en ce qu'il tend à s'accroître. L'association des hommes avec les femmes dans la vie de chaque jour est bien plus étroite et

more complete than it ever was before. Men's life is more domestic. Formerly, their pleasures and chosen occupations were among men, and in men's company: their wives had but a fragment of their lives. At the present time, the progress of civilization, and the turn of opinion against the rough amusements and convivial excesses which formerly occupied most men in their hours of relaxation—together with (it must be said) the improved tone of modern feeling as to the reciprocity of duty which binds the husband towards the wife—have thrown the man very much more upon home and its inmates, for his personal and social pleasures: while the kind and degree of improvement which has been made in women's education, has made them in some degree capable of being his companions in ideas and mental tastes, while leaving them, in most cases, still hopelessly inferior to him. His desire of mental communion is thus in general satisfied by a communion from which he learns nothing. An unimproving and unstimulating companionship is substituted for (what he might otherwise have been obliged to seek) the society of his equals in powers and his fellows in the higher pursuits. We see, accordingly, that young men of the greatest promise generally cease to improve as soon as they marry, and, not improving, inevitably degenerate. If the wife does not push the husband forward, she always holds him back. He ceases to care for what she does not care for; he no longer desires, and ends by disliking and shunning, society congenial to his former aspirations, and which would now shame his falling-off from them; his higher faculties both of mind and heart cease to be called into activity. And this change coinciding

bien plus complète qu'autrefois. Auparavant, les hommes vaquaient entre eux à leurs plaisirs ou aux occupations de leur choix, et ne donnaient aux femmes qu'une petite part de leur vie. Aujourd'hui, le progrès de la civilisation et le revirement de l'opinion contre les passe-temps grossiers et les excès de table qui remplissaient jadis les loisirs de la plupart des hommes, et, il faut ajouter aussi, l'amélioration des sentiments modernes sur la réciprocité des devoirs qui lient le mari à la femme, ont amené l'homme à demander à sa maison et aux personnes qui l'habitent les plaisirs et la compagnie dont il a besoin : d'un autre côté le genre et le degré de perfectionnement qui s'est opéré dans l'éducation des femmes les a rendues, en une certaine mesure, capables de servir de compagnons à leurs maris dans les choses de l'esprit, tout en les laissant dans la plupart des cas irrémédiablement inférieures. C'est ainsi que le mari désireux d'une communion intellectuelle trouve, pour se satisfaire, une communion où il n'apprend rien ; une compagnie qui ne perfectionne pas, qui ne stimule pas, prend la place de celle qu'il aurait été obligé de rechercher : la société de ses égaux par les facultés de l'esprit ou par l'élévation des vues. Aussi voyons-nous qu'un jeune homme qui faisait les plus belles promesses cesse de se perfectionner dès qu'il se marie ; et, dès qu'il ne se perfectionne plus, il dégénère. La femme qui ne pousse pas son mari en avant le retient. Le mari cesse de s'intéresser à ce qui n'a pas d'intérêt pour sa femme ; il ne désire plus, bientôt il n'aime plus et enfin il fuit la société qui partageait ses premières aspirations, et qui le ferait rougir de les avoir abandonnées ; les plus nobles facultés de son cœur et de son esprit cessent d'agir, et ce changement coïncidant

with the new and selfish interests which are created by the family, after a few years he differs in no material respect from those who have never had wishes for anything but the common vanities and the common pecuniary objects.

What marriage may be in the case of two persons of cultivated faculties, identical in opinions and purposes, between whom there exists that best kind of equality, similarity of powers and capacities with reciprocal superiority in them—so that each can enjoy the luxury of looking up to the other, and can have alternately the pleasure of leading and of being led in the path of development—I will not attempt to describe. To those who can conceive it, there is no need; to those who cannot, it would appear the dream of an enthusiast. But I maintain, with the profoundest conviction, that this, and this only, is the ideal of marriage; and that all opinions, customs, and institutions which favour any other notion of it, or turn the conceptions and aspirations connected with it into any other direction, by whatever pretences they may be coloured, are relics of primitive barbarism. The moral regeneration of mankind will only really commence, when the most fundamental of the social relations is placed under the rule of equal justice, and when human beings learn to cultivate their strongest sympathy with an equal in rights and in cultivation.

avec les intérêts nouveaux et égoïstes créés par la famille, il ne diffère plus, après quelques années, par aucun point essentiel, de ceux qui n'ont jamais eu d'autre désir que de satisfaire une vanité vulgaire et l'amour du lucre.

Que serait le mariage de deux personnes instruites, avec les mêmes opinions, les mêmes visées, égales par la meilleure espèce d'égalité, celle que donne la ressemblance des facultés et des aptitudes, inégales seulement par le degré de développement de ces facultés, l'une l'emportant par celle-ci, l'autre par celle-là ; qui pourraient savourer la volupté de lever l'une vers l'autre des yeux pleins d'admiration et goûter tour à tour le plaisir de guider sa compagne dans le sentier du développement, et de l'y suivre ? Je n'essayerai pas d'en faire le tableau. Les esprits capables de se le représenter n'ont pas besoin de mes couleurs, les autres n'y verraient que le rêve d'un enthousiaste. Mais je soutiens, avec la conviction la plus profonde, que là, et seulement là, est l'idéal du mariage ; et que toutes les opinions, toutes les coutumes, toutes les institutions qui en entretiennent une autre, ou tournent les idées et les aspirations qui s'y rattachent dans une autre direction, quel que soit le prétexte dont elles se colorent, sont des vestiges de la barbarie originelle. La régénération morale de l'humanité ne commencera réellement que lorsque la relation sociale la plus fondamentale sera mise sous la règle de l'égalité, et lorsque les membres de l'humanité apprendront à prendre pour objet de leur plus vive sympathie un égal en droit et en lumières.

Thus far, the benefits which it has appeared that the world would gain by ceasing to make sex a disqualification for privileges and a badge of subjection, are social rather than individual; consisting in an increase of the general fund of thinking and acting power, and an improvement in the general conditions of the association of men with women. But it would be a grievous understatement of the case to omit the most direct benefit of all, the unspeakable gain in private happiness to the liberated half of the species; the difference to them between a life of subjection to the will of others, and a life of rational freedom. After the primary necessities of food and raiment, freedom is the first and strongest want of human nature. While mankind are lawless, their desire is for lawless freedom. When they have learnt to understand the meaning of duty and the value of reason, they incline more and more to be guided and restrained by these in the exercise of their freedom; but they do not therefore desire freedom less; they do not become disposed to accept the will of other people as the representative and interpreter of those guiding principles. On the contrary, the communities in which the reason has been most cultivated, and in which the idea of social duty has been most powerful, are those which have most strongly asserted the freedom of action of the individual—the liberty of each to govern his conduct by his own feelings of duty, and by such laws and social restraints as his own conscience can subscribe to.

En examinant le bien que le monde gagnerait à ne plus faire du sexe une raison d'incapacité politique et une marque de servitude, nous nous sommes occupé jusqu'ici moins des bénéfices particuliers que de ceux que la société en pourrait retirer, à savoir, l'accroissement du fonds général de la pensée et de l'action, et un perfectionnement des conditions de l'association des hommes et des femmes. Mais ce serait bien mal estimer ce progrès que de ne pas tenir compte d'un bien plus direct, à savoir, le gain inexprimable qui se réaliserait au profit du bonheur de la moitié libérée de l'espèce, la différence qu'il y a pour elle entre une vie d'assujettissement à la volonté d'autrui, et une vie de liberté fondée sur la raison. Après les nécessités de premier ordre, la nourriture et le vêtement, la liberté est le premier et le plus impérieux besoin de la nature humaine. Tant que les hommes n'avaient pas de droits légaux, ils désiraient une liberté sans limite. Depuis qu'ils ont appris à comprendre le sens du devoir, et la valeur de la raison, ils tendent de plus en plus à se laisser guider par le devoir et la raison dans l'exercice de leur liberté ; mais ils n'en désirent pas moins la liberté, ils ne sont pas disposés à accepter la volonté d'autrui comme le représentant et l'interprète de ces principes régulateurs. Au contraire, les communautés où la raison a été le plus cultivée, et où l'idée du devoir social a été le plus puissante, sont celles qui ont le plus énergiquement affirmé la liberté d'action des individus, la liberté de chacun à gouverner sa conduite d'après le sentiment qu'il a du devoir, et par des lois et des règles sociales auxquelles sa conscience peut souscrire.

He who would rightly appreciate the worth of personal independence as an element of happiness, should consider the value he himself puts upon it as an ingredient of his own. There is no subject on which there is a greater habitual difference of judgment between a man judging for himself, and the same man judging for other people. When he hears others complaining that they are not allowed freedom of action—that their own will has not sufficient influence in the regulation of their affairs—his inclination is, to ask, what are their grievances? what positive damage they sustain? and in what respect they consider their affairs to be mismanaged? and if they fail to make out, in answer to these questions, what appears to him a sufficient case, he turns a deaf ear, and regards their complaint as the fanciful querulousness of people whom nothing reasonable will satisfy. But he has a quite different standard of judgment when he is deciding for himself. Then, the most unexceptionable administration of his interests by a tutor set over him, does not satisfy his feelings: his personal exclusion from the deciding authority appears itself the greatest grievance of all, rendering it superfluous even to enter into the question of mismanagement. It is the same with nations. What citizen of a free country would listen to any offers of good and skilful administration, in return for the abdication of freedom? Even if he could believe that good and skilful administration can exist among a people ruled by a will not their own, would not the consciousness of working out their own destiny under their own moral responsibility be a compensation to his feelings for great rudeness and imperfection in the details of public affairs?

Pour apprécier justement ce que vaut l'indépendance de la personne comme élément du bonheur, considérons ce qu'elle vaut à nos yeux pour notre propre bonheur. Il n'y a pas de sujet où les jugements diffèrent plus, selon qu'on juge pour soi ou pour autrui. Quand on entend quelqu'un se plaindre qu'il n'a pas sa liberté d'action, que sa propre volonté n'a pas une influence suffisante sur ses propres affaires, on est porté à se demander : de quoi souffre-t-il ? Quel dommage réel a-t-il subi ? En quoi voit-il que ses affaires soient mal administrées ? Et si, en répondant à ces questions, on ne parvient pas à nous faire voir un grief qui nous paraisse suffisant, nous fermons l'oreille, nous regardons ces plaintes comme l'effet du mécontentement d'une personne que nulle concession raisonnable ne pourrait satisfaire. Mais nous avons une tout autre façon de juger quand il s'agit de prononcer dans notre propre cause. Alors l'administration la plus irréprochable de nos intérêts par le tuteur qui nous est donné ne nous satisfait point : nous sommes exclus du conseil qui décide, voilà le plus grand des griefs, et nous n'avons pas même besoin de démontrer que l'administration est mauvaise. Il en est de même des nations. Quel citoyen d'un pays libre voudrait prêter l'oreille à des offres d'une bonne et habile administration qu'il faudrait payer de sa liberté ? Lors même qu'il croirait qu'une administration bonne et habile peut exister chez un peuple gouverné par une autre volonté que la sienne, la conscience qu'il a de faire lui-même sa destinée sous sa responsabilité morale, serait une compensation qui effacerait à ses yeux beaucoup de grossièretés et d'imperfections de détail dans l'administration des affaires publiques.

Let him rest assured that whatever he feels on this point, women feel in a fully equal degree. Whatever has been said or written, from the time of Herodotus to the present, of the ennobling influence of free government—the nerve and spring which it gives to all the faculties, the larger and higher objects which it presents to the intellect and feelings, the more unselfish public spirit, and calmer and broader views of duty, that it engenders, and the generally loftier platform on which it elevates the individual as a moral, spiritual, and social being—is every particle as true of women as of men. Are these things no important part of individual happiness? Let any man call to mind what he himself felt on emerging from boyhood—from the tutelage and control of even loved and affectionate elders—and entering upon the responsibilities of manhood. Was it not like the physical effect of taking off a heavy weight, or releasing him from obstructive, even if not otherwise painful, bonds? Did he not feel twice as much alive, twice as much a human being, as before? And does he imagine that women have none of these feelings? But it is a striking fact, that the satisfactions and mortifications of personal pride, though all in all to most men when the case is their own, have less allowance made for them in the case of other people, and are less listened to as a ground or a justification of conduct, than any other natural human feelings; perhaps because men compliment them in their own case with the names of so many other qualities, that they are seldom conscious how mighty an influence these feelings exercise in their own lives.

Soyons assurés que tout ce que nous sentons là-dessus, les femmes le sentent au même degré. Tout ce qui a été dit ou écrit depuis Hérodote jusqu'à nos jours de l'influence des gouvernements libres sur les esprits qu'elle ennoblit ; sur les facultés qu'elle élève ; sur les sentiments et l'intelligence auxquels elle présente des objets plus vastes et d'une plus grande portée ; sur l'individu à qui elle inspire un patriotisme plus désintéressé, des vues plus larges et plus sereines du devoir, et qu'elle fait vivre pour ainsi dire à un niveau supérieur de la vie du cœur, de l'esprit et de la société ; tout cela est aussi vrai pour la femme que pour l'homme. Est-ce que ces choses ne sont pas des parties du bonheur individuel ? Rappelons-nous ce que nous avons éprouvé en sortant de l'enfance, de la tutelle et de la direction des parents, fussent-ils chéris et tendres, et en entrant dans la responsabilité de l'âge viril. Ne nous a-t-il pas semblé qu'on nous débarrassait d'un poids lourd, qu'on nous ôtait des liens gênants sinon douloureux ? Ne nous sommes-nous pas sentis deux fois plus vivants, deux fois plus hommes qu'auparavant ? Est-ce que l'on s'imagine que la femme n'a aucun de ces sentiments ? Mais tout le monde sait que les satisfactions et les mortifications de l'orgueil personnel qui sont tout absolument pour la plupart des hommes quand il s'agit d'eux-mêmes, sont comptés pour bien peu quand il s'agit d'autrui, et ne semblent pas des motifs aussi puissants pour légitimer les actions, que tout autre sentiment naturel de l'homme. Peut-être est-ce parce que les hommes les décorent, quand il s'agit d'eux-mêmes, des noms de tant d'autres qualités, qu'ils sentent rarement la puissance avec laquelle ces sentiments dirigent leur vie.

No less large and powerful is their part, we may assure ourselves, in the lives and feelings of women. Women are schooled into suppressing them in their most natural and most healthy direction, but the internal principle remains, in a different outward form. An active and energetic mind, if denied liberty, will seek for power: refused the command of itself, it will assert its personality by attempting to control others. To allow to any human beings no existence of their own but what depends on others, is giving far too high a premium on bending others to their purposes. Where liberty cannot be hoped for, and power can, power becomes the grand object of human desire; those to whom others will not leave the undisturbed management of their own affairs, will compensate themselves, if they can, by meddling for their own purposes with the affairs of others. Hence also women's passion for personal beauty, and dress and display; and all the evils that flow from it, in the way of mischievous luxury and social immorality. The love of power and the love of liberty are in eternal antagonism. Where there is least liberty, the passion for power is the most ardent and unscrupulous. The desire of power over others can only cease to be a depraving agency among mankind, when each of them individually is able to do without it; which can only be where respect for liberty in the personal concerns of each is an established principle.

But it is not only through the sentiment of personal dignity, that the free direction and disposal of their own faculties is a source of individual happiness,

Soyons certains que le rôle de ces sentiments n'est pas moins grand ni moins puissant dans la vie des femmes. Les femmes sont instruites à les supprimer dans la direction où ils trouveraient l'emploi le plus naturel et le plus sain, mais le principe interne reste et se révèle au dehors sous d'autres formes. Un caractère actif et énergique, qui se voit refuser la liberté, cherche le pouvoir : privé de la disposition de soi-même, il affirme sa personnalité en essayant de gouverner les autres. N'accorder à des personnes aucune existence propre, ne leur permettre l'existence que sous la dépendance d'autrui, c'est leur donner trop d'encouragement à soumettre les autres à leurs desseins. Quand on ne peut espérer la liberté, mais qu'on peut viser au pouvoir, le pouvoir devient le grand objet des désirs de l'homme ; ceux qu'on ne laisse pas gérer leurs propres affaires, se satisfont comme ils peuvent en s'occupant des affaires d'autrui dans des visées égoïstes. De là vient aussi la passion des femmes pour la beauté, la parure, l'ostentation, et tous les maux qui en découlent sous les formes du luxe et de l'immoralité sociale. L'amour du pouvoir et l'amour de la liberté sont dans un antagonisme éternel. Où la liberté est moindre, la passion du pouvoir est plus ardente et plus éhontée. Le désir du pouvoir ne peut cesser d'être une force dépravante dans l'espèce humaine que lorsque chaque individu pourra faire ses affaires sans s'en emparer ; ce qui ne peut exister que dans les pays où la liberté de l'individu dans ses propres affaires est un principe reconnu.

Mais ce n'est pas seulement le sentiment de la dignité personnelle qui fait de la libre disposition et de la libre direction de ses facultés une source de bonheur,

and to be fettered and restricted in it, a source of unhappiness, to human beings, and not least to women. There is nothing, after disease, indigence, and guilt, so fatal to the pleasurable enjoyment of life as the want of a worthy outlet for the active faculties. Women who have the cares of a family, and while they have the cares of a family, have this outlet, and it generally suffices for them: but what of the greatly increasing number of women, who have had no opportunity of exercising the vocation which they are mocked by telling them is their proper one? What of the women whose children have been lost to them by death or distance, or have grown up, married, and formed homes of their own? There are abundant examples of men who, after a life engrossed by business, retire with a competency to the enjoyment, as they hope, of rest, but to whom, as they are unable to acquire new interests and excitements that can replace the old, the change to a life of inactivity brings ennui, melancholy, and premature death. Yet no one thinks of the parallel case of so many worthy and devoted women, who, having paid what they are told is their debt to society—having brought up a family blamelessly to manhood and womanhood—having kept a house as long as they had a house needing to be kept—are deserted by the sole occupation for which they have fitted themselves; and remain with undiminished activity but with no employment for it, unless perhaps a daughter or daughter-in-law is willing to abdicate in their favour the discharge of the same functions in her younger household. Surely a hard lot for the old age

et de leur asservissement une source de malheur pour l'homme, et non moins pour la femme. Après la maladie, l'indigence et le sentiment de la culpabilité, il n'y a rien de si fatal au bonheur de la vie que le manque d'une voie honorable, d'un débouché pour les facultés actives. Les femmes qui ont une famille à soigner, pendant tout le temps que cette charge porte sur elles, y trouvent un débouché pour leur activité, et généralement cela suffit ; mais quel débouché pour ces femmes, chaque jour plus nombreuses, qui n'ont eu aucune occasion favorable d'exercer la vocation qu'on appelle, par moquerie sans doute, leur vocation particulière ? Quel débouché pour les femmes qui ont perdu leurs enfants enlevés par la mort ou éloignés par leurs affaires, ou qui se sont mariés et ont fondé de nouvelles familles ? Il y a beaucoup d'exemples d'hommes qui, après une vie tout adonnée aux affaires, se retirent avec une fortune qui leur permet de jouir de ce qu'ils croient le repos, mais qui, incapables de se donner de nouveaux intérêts et de nouveaux mobiles pour remplacer les anciens, ne trouvent dans leur changement de vie qu'ennui, tristesse et une mort prématurée. Pourtant, personne ne paraît songer qu'un sort analogue attend un grand nombre de femmes dignes et dévouées, qui ont payé ce qu'on dit qu'elles doivent à la société, élevé leur famine d'une manière irréprochable, dirigé leur maison tant qu'elles ont eu une maison à diriger, et qui, délaissées par cette occupation unique à laquelle elles s'étaient formées, demeurent avec une activité entière désormais sans emploi, à moins peut-être qu'une fille ou une belle-fille ne veuille bien abdiquer en leur faveur l'exercice de ces fonctions dans leur jeune ménage. Triste sort assurément pour la vieillesse

of those who have worthily discharged, as long as it was given to them to discharge, what the world accounts their only social duty. Of such women, and of those others to whom this duty has not been committed at all—many of whom pine through life with the consciousness of thwarted vocations, and activities which are not suffered to expand—the only resources, speaking generally, are religion and charity. But their religion, though it may be one of feeling, and of ceremonial observance, cannot be a religion of action, unless in the form of charity. For charity many of them are by nature admirably fitted; but to practise it usefully, or even without doing mischief, requires the education, the manifold preparation, the knowledge and the thinking powers, of a skilful administrator. There are few of the administrative functions of government for which a person would not be fit, who is fit to bestow charity usefully. In this as in other cases (pre-eminently in that of the education of children), the duties permitted to women cannot be performed properly, without their being trained for duties which, to the great loss of society, are not permitted to them. And here let me notice the singular way in which the question of women's disabilities is frequently presented to view, by those who find it easier to draw a ludicrous picture of what they do not like, than to answer the arguments for it. When it is suggested that women's executive capacities and prudent counsels might sometimes be found valuable in affairs of state, these lovers of fun hold up to the ridicule of the world, as sitting in parliament or in the cabinet, girls in their teens, or young wives of

des femmes qui ont dignement accompli, aussi longtemps qu'elles en ont eu la charge, ce que le monde appelle leur unique devoir social. Pour ces femmes, et pour celles à qui ce devoir n'est pas incombé, qui la plupart languissent toute leur vie avec la conscience d'une vocation traversée et d'une activité qu'on a empêchée de se manifester, il n'y a pas d'autre ressource, en général, que la religion et la charité. Mais leur religion, toute de sentiment et d'observances religieuses, ne porte pas à l'action, si ce n'est sous la forme de la charité. Beaucoup de femmes sont très bien douées par la nature pour la charité ; mais pour la pratiquer utilement ou même sans produire de mauvais effets, il faut l'éducation, la préparation compliquée, les connaissances et les facultés d'esprit d'un administrateur habile. Il y a peu de fonctions dans l'administration ou le gouvernement auxquelles ne soit propre une personne capable de bien faire la charité. Dans ce cas et dans d'autres (et principalement dans l'éducation des enfants), les femmes ne peuvent remplir convenablement les devoirs qu'on leur reconnaît, à moins d'avoir été élevées de manière à remplir ceux qui leur sont interdits au grand détriment de la société. Qu'on me permette ici de rappeler le bizarre tableau que font de la question des incapacités des femmes, ceux qui trouvent plus commode de plaisanter sur ce qu'ils n'aiment pas, que de répondre aux arguments. Quand on dit que les talents des femmes pour le gouvernement et la prudence de leurs conseils seraient utiles dans les affaires d'État, nos badins adversaires nous invitent à rire au spectacle d'un parlement et d'un cabinet où siègent des jeunes filles de dix-huit ou dix-neuf ans et des jeunes femmes de

two or three and twenty, transported bodily, exactly as they are, from the drawing-room to the House of Commons. They forget that males are not usually selected at this early age for a seat in Parliament, or for responsible political functions. Common sense would tell them that if such trusts were confided to women, it would be to such as having no special vocation for married life, or preferring another employment of their faculties (as many women even now prefer to marriage some of the few honourable occupations within their reach), have spent the best years of their youth in attempting to qualify themselves for the pursuits in which they desire to engage; or still more frequently perhaps, widows or wives of forty or fifty, by whom the knowledge of life and faculty of government which they have acquired in their families, could by the aid of appropriate studies be made available on a less contracted scale. There is no country of Europe in which the ablest men have not frequently experienced, and keenly appreciated, the value of the advice and help of clever and experienced women of the world, in the attainment both of private and of public objects; and there are important matters of public administration to which few men are equally competent with such women; among others, the detailed control of expenditure. But what we are now discussing is not the need which society has of the services of women in public business, but the dull and hopeless life to which it so often condemns them, by forbidding them to exercise the practical abilities which many of them are conscious of,

vingt-deux ou vingt-trois, qui passent purement et simplement de leur salon à la chambre des communes. Ils oublient que les hommes ne sont pas appelés à cet âge à siéger au parlement, ni à remplir des fonctions responsables. Le simple bon sens devrait leur apprendre que si de telles fonctions étaient confiées aux femmes, ce serait à celles qui, n'ayant pas de vocation spéciale pour le mariage, ou qui, préférant employer ailleurs leurs talents (ainsi qu'on voit aujourd'hui beaucoup de femmes préférer au mariage quelques-unes des rares occupations qui leur sont concédées), auraient dépensé les meilleures années de leur jeunesse à se rendre capables de marcher dans la voie où elles veulent s'engager ; on y admettrait le plus souvent peut-être des veuves ou des femmes mariées de quarante ou cinquante ans, qui pourraient avec des études convenables utiliser, sur un plus grand théâtre, l'expérience et le talent de gouvernement qu'elles ont acquis dans leur famille. Il n'y a pas de pays en Europe où les hommes les plus capables n'aient éprouvé fréquemment et apprécié grandement la valeur des avis et de l'aide des femmes du monde intelligentes et expérimentées, pour arriver au succès dans les affaires privées ou publiques. Il y a même des questions importantes d'administration pour lesquelles peu d'hommes ont autant de capacité que certaines femmes, entre autres la direction du courant des dépenses. Mais ce dont nous nous occupons à présent, ce n'est pas le besoin que la société a des services des femmes dans les affaires publiques, c'est la vie terne et sans but à laquelle elle les condamne si souvent, en leur défendant d'exercer les talents que beaucoup d'entre elles se sentent pour les affaires,

in any wider field than one which to some of them never was, and to others is no longer, open. If there is anything vitally important to the happiness of human beings, it is that they should relish their habitual pursuit. This requisite of an enjoyable life is very imperfectly granted, or altogether denied, to a large part of mankind; and by its absence many a life is a failure, which is provided, in appearance, with every requisite of success. But if circumstances which society is not yet skilful enough to overcome, render such failures often for the present inevitable, society need not itself inflict them. The injudiciousness of parents, a youth's own inexperience, or the absence of external opportunities for the congenial vocation, and their presence for an uncongenial, condemn numbers of men to pass their lives in doing one thing reluctantly and ill, when there are other things which they could have done well and happily. But on women this sentence is imposed by actual law, and by customs equivalent to law. What, in unenlightened societies, colour, race, religion, or in the case of a conquered country, nationality, are to some men, sex is to all women; a peremptory exclusion from almost all honourable occupations, but either such as cannot be fulfilled by others, or such as those others do not think worthy of their acceptance. Sufferings arising from causes of this nature usually meet with so little sympathy, that few persons are aware of the great amount of unhappiness even now produced by

dans un champ plus vaste que celui d'aujourd'hui, champ qui n'a jamais été ouvert qu'à quelques-unes, et ne l'est plus à d'autres. Si quelque chose a une importance vitale pour le bonheur des hommes c'est qu'il leur soit possible d'aimer leur carrière. Cette condition d'une vie heureuse est imparfaitement garantie ou refusée complètement à une grande partie de l'humanité, et, faute de cette condition, bien des vies sont que des faillites cachées sous l'apparence de la fortune. Mais si les circonstances que la société n'a pas encore l'adresse de dominer rendent souvent ces faillites inévitables pour le présent, rien n'oblige la société à les infliger elle-même. Des parents inconsidérés, l'inexpérience de la jeunesse, le manque d'occasion pour dévoiler leur vocation naturelle, et au contraire la rencontre d'occasions pour pousser à une vocation antipathique, condamnent quantité d'hommes à passer leur vie dans des occupations dont ils s'acquittent mal et avec répugnance, tandis qu'il y en a d'autres qu'ils auraient remplies avec succès et avec bonheur. Cette condamnation, c'est la loi (ou des habitudes aussi fortes que des lois), qui la porte sur les femmes. Ce que dans les sociétés où les lumières n'ont pas pénétré, la couleur, la race, la religion, ou la nationalité dans les pays conquis, sont pour certains hommes, le sexe l'est pour toutes les femmes ; c'est une exclusion radicale de presque toutes les occupations honorables autres que celles qui ne peuvent être remplies par d'autres, ou que ces autres ne trouvent pas dignes d'eux. Les souffrances provenant de ces sortes de causes rencontrent d'ordinaire si peu de sympathie, que peu de personnes ont connaissance de la masse de souffrance que produit aujourd'hui encore

the feeling of a wasted life. The case will be even more frequent, as increased cultivation creates a greater and greater disproportion between the ideas and faculties of women, and the scope which society allows to their activity.

When we consider the positive evil caused to the disqualified half of the human race by their disqualification—first in the loss of the most inspiriting and elevating kind of personal enjoyment, and next in the weariness, disappointment, and profound dissatisfaction with life, which are so often the substitute for it; one feels that among all the lessons which men require for carrying on the struggle against the inevitable imperfections of their lot on earth, there is no lesson which they more need, than not to add to the evils which nature inflicts, by their jealous and prejudiced restrictions on one another. Their vain fears only substitute other and worse evils for those which they are idly apprehensive of: while every restraint on the freedom of conduct of any of their human fellow creatures, (otherwise than by making them responsible for any evil actually caused by it), dries up *pro tanto* the principal fountain of human happiness, and leaves the species less rich, to an inappreciable degree, in all that makes life valuable to the individual human being.

le sentiment d'une vie gaspillée ; ces souffrances deviendront plus fréquentes à mesure que l'accroissement de l'instruction créera une disproportion de plus en plus grande entre les idées et les facultés des femmes et le but que la société reconnaît à leur activité.

Quand nous considérons le mal positif causé à une moitié de l'espèce humaine par l'incapacité qui la frappe, d'abord la perte de ce qu'il y a de plus noble et de pleinement satisfaisant dans le bonheur personnel, et ensuite le dégoût, la déception, le mécontentement de la vie qui en prennent souvent la place, nous sentons que de tout ce que les hommes ont besoin de faire pour lutter contre les misères inévitables de leur lot sur la terre, rien n'est plus urgent que d'apprendre à ne pas ajouter aux maux que la nature leur fait subir, pour donner satisfaction à des sentiments de jalousie et à des préjugés, en restreignant mutuellement leur liberté. Nos vaines craintes ne font que substituer aux maux que nous redoutons sans raison, d'autres maux et de pires, tandis qu'en restreignant la liberté d'un de nos semblables pour d'autres motifs que pour lui demander compte des maux réels qu'il a causés en s'en servant, nous tarissons d'autant la source principale où les hommes puisent le bonheur, et nous appauvrissons l'humanité en lui ravissant les plus inestimables des biens qui rendent la vie précieuse à ses membres.

End

Fin

DANS LA MÊME ÉDITION BILINGUE + AUDIO INTÉGRÉ :

- LE PORTRAIT DE DORIAN GRAY (Oscar Wilde)   *anglais-français*

- LE FANTÔME DE CANTERVILLE (Oscar Wilde)   *anglais-français*

- SALOMÉ (Oscar Wilde)   *anglais-français*

- L'ÎLE AU TRÉSOR (R. L. Stevenson)   *anglais-français*

- L'ÉTRANGE CAS DE DR JEKYLL ET M. HYDE (Stevenson)   *anglais-français*

- AGNES GREY (Anne Brontë)   *anglais-français*

- WUTHERING HEIGHTS (Emily Brontë)   *anglais-français*

- LE NOMMÉ JEUDI (G. K. Chesterton)   *anglais-français*

- LE TOUR D'ÉCROU (Henry James)   *anglais-français*

- LES PAPIERS D'ASPERN (Henry James)   *anglais-français*

- JOHN BARLEYCORN (Jack London)   *anglais-français*

- LES VAGABONDS DU RAIL (Jack London)   *anglais-français*

- LE LIVRE DE LA JUNGLE (Rudyard Kipling)   *anglais-français*

- LA MACHINE À EXPLORER LE TEMPS (H. G. Wells))   *anglais-français*

- LE VAMPIRE (John Polidori, Lord Byron)   *anglais-français*

- WALDEN, OU LA VIE DANS LES BOIS (Thoreau) *anglais-français*

- LA DÉSOBÉISSANCE CIVILE (Thoreau) *anglais-français*

- MA VIE, MON ŒUVRE (Henry Ford) *anglais-français*

- MA VIE D'ESCLAVE AMÉRICAIN (Frederick Douglass) *anglais-français*

- ROMÉO ET JULIETTE (William Shakespeare) *anglais-français*

- HAMLET (William Shakespeare) *anglais-français*

- OTHELLO (William Shakespeare) *anglais-français*

- LA FILLE DE RAPPACCINI (Nathaniel Hawthorne) *anglais-français*

- LE LIVRE DES MERVEILLES (Nathaniel Hawthorne) *anglais-français*

- RASSELAS, PRINCE D'ABYSSINIE (Samuel Johnson) *anglais-français*

- CONTES CHOISIS (Frères Grimm) *allemand-français*

- LE JOUEUR D'ÉCHECS (Stefan Zweig) *allemand-français*

- LE BOUQUINISTE MENDEL (Stefan Zweig) *allemand-français*

- LES CAHIERS DE MALTE LAURIDS BRIGGE (R.M. Rilke) *allemand-français*

- LES SOUFFRANCES DU JEUNE WERTHER (J.W. Goethe) *allemand-français*

- CONTES (H.C. Andersen) *danois-français*

- CORNÉLIA (Cervantès) *espagnol-français*

- RINCONÈTE ET CORTADILLO (Cervantès) *espagnol-français*

- ALICE AU PAYS DES MERVEILLES (Lewis Carroll) *espéranto-français*

- LES AVENTURES DE PINOCCHIO (Carlo Collodi) *italien-français*

- LE PRINCE (Nicolas Machiavel) *italien-français*

- MAX HAVELAAR (Multatuli) *néerlandais-français*

- LE PETIT JOHANNES (Frederik van Eeden) *néerlandais-français*

- BARTEK VAINQUEUR (Henryk Sienkiewicz) *polonais-français*

- MÉMOIRES POSTHUMES DE BRÁS CUBAS (M. de Assis) *portugais-français*

- LA DAME DE PIQUE (Alexandre Pouchkine) *russe-français*

- LA FILLE DU CAPITAINE (Alexandre Pouchkine) *russe-français*

- LE PORTRAIT (Nicolas Gogol) *russe-français*

- TARASS BOULBA (Nicolas Gogol) *russe-français*

- NIETOTCHKA NEZVANOVA (Fiodor Dostoïevski) *russe-français*

- ROUDINE (Ivan Tourgueniev) *russe-français*

- NOUS AUTRES (Ievgueni Zamiatine) *russe-français*

- LA MÈRE (Maxime Gorki) *russe-français*

- UNE MAISON DE POUPÉE (Henrik Ibsen) *norvégien-français*

- LA SAGA DE NJAL (Anonyme) *islandais-français*

*Impression CreateSpace
à Charleston SC, en septembre 2018.*

Imprimé aux États-Unis.

En couverture :
Jean-Léon Gérôme,
« Marché romain aux esclaves » (1884)
Walters Art Museum, Baltimore (Maryland, États-Unis).

Découvrez l'ensemble de nos ouvrages
sur notre site :

www.laccolade-editions.com

www.ingramcontent.com/pod-product-compliance
Lightning Source LLC
LaVergne TN
LVHW091657190726
843493LV00001B/46